NOBILIAIRE

DE

PONTHIEU ET DE VIMEU.

NOBILIAIRE

DE

PONTHIEU ET DE VIMEU

PAR

RENÉ DE BELLEVAL.

TOME II.

AMIENS,
LEMER AINÉ, IMPRIMEUR-LIBRAIRE
PLACE PÉRIGORD, 3.

1864.

AVANT-PROPOS.

Le Nobiliaire de Ponthieu et de Vimeu ne devait être composé que d'un seul volume comprenant les familles encore actuellement existantes ou celles éteintes depuis moins d'un siècle et dont le souvenir n'est pas encore effacé. Mais peu à peu le cadre s'élargissait, et la découverte d'une vaste quantité de matériaux entièrement inédits et pour la plupart même entièrement inconnus, permit à l'auteur de compléter son œuvre. Ce second volume est surtout consacré aux généalogies des familles éteintes ou disparues au Moyen-Age, avant que le souverain put établir un contrôle quelconque des prétentions nobiliaires de chacun, et alors que les gentilshommes ne tenaient leur noblesse que de Dieu ou de leur épée. Ici la généalogie, sèche et aride d'ordinaire, emprunte à l'histoire un certain attrait, car elle fait revivre les premiers propriétaires du sol et retrace par conséquent les annales de bon nombre des seigneuries et fiefs de Ponthieu.

Parmi ce nécrologe, si l'on peut s'exprimer ainsi, de la première aristocratie du Ponthieu, qui ne contient pas moins de cent quarante quatre noms, l'auteur, se corrigeant lui-même, a jugé à propos d'intercaler des adjonctions à celles des généalogies contenues dans le premier volume qui n'étaient pas complètes, ou des remaniements partiels ou généraux de celles dans la rédaction desquelles s'étaient glissées des erreurs, certes fort involontaires. L'auteur termine enfin par la publication de listes des dignitaires religieux, militaires et civils qui, à quelque époque et à quelque titre que ce soit, ont honoré le Ponthieu et le Vimeu, et pour rendre les descriptions héraldiques plus intelligibles aux personnes peu familières avec les termes du blason, il a joint à ce deuxième et dernier volume un album réunissant les écussons des familles dont les généalogies sont insérées dans les deux volumes.

L'auteur affirme de nouveau, comme il l'a fait au commencement de son premier volume, que l'on ne trouvera ici que des choses sérieuses reposant sur les bases les plus solides et puisées aux sources les plus authentiques, car, pour parler avec Montaigne, « c'est ici un livre de bonne foi. »

A.

AGENVILLERS.

Le peu de documents que l'on a pu réunir sur cette famille prouve du moins que le village d'Agenvillers a eu jadis des seigneurs de son nom, mais il ne leur appartenait plus à la fin du xive et au commencement du xve siècles, seule époque à laquelle il soit fait mention des d'Agenvillers.

— Jean d'Agenvillers, dit Ramage, écuyer, Aélis de la Motte sa femme et Liane de Thubeauville, veuve de Luce de La Motte, sa belle-sœur, vendent un cens sur une maison située à Abbeville, le 5 juillet 1392.

— Aléaume d'Agenvillers, écuyer, donne l'aveu et dénombrement de ce qu'il tient noblement en fief de l'abbaye de Saint-Riquier, savoir son manoir de Noyères-l'Abbé, la prévôté de Noyères, et celle de Portes avec tout ce qui en dépend, à la charge de l'hommage de bouche et de main, du service de roncin, de 60 sols de relief et 20 sols de cambellage, et du service des plaids tous les quinze jours, le 1ᵉʳ décembre 1407. — Le même donne encore, la même année, le dénombrement du fief de Polhoy et de la prévôté de Portes et de Noyères à l'abbaye de Saint-Riquier.

AILLY.

Cette maison, qui fut incontestablement l'une des plus anciennes, sinon la plus ancienne de Ponthieu, a reçu son nom du village d'Ailly-le-Haut-Clocher; elle est aujourd'hui complétement éteinte. Ses armes étaient : *de gueules à deux branches d'alisier d'argent passées en double sautoir, au chef échiqueté d'argent et d'azur de trois traits.* — Une branche de cette maison, établie à Neuville, près de Saint-Valery, remplaçait les *deux branches d'alisier* par *un lion d'or*.

1. — Robert, sire d'Ailly-le-Haut-Clocher, vivant en 1090, fut père du suivant :

2. — Raoul, sire d'Ailly-le-Haut-Clocher, en 1132, dont

3. — Arnould, sire d'Ailly-le-Haut-Clocher, en 1144; il fut père de Simon.

4. — Simon D'AILLY, chevalier, sire dudit lieu; de sa femme nommée Mathilde, il eut le suivant :

5. — Raoul D'AILLY, chevalier, seigneur dudit lieu; de sa femme que l'on ne connait que sous le nom d'Aélips, il eut :

6. — Jean D'AILLY, chevalier, seigneur dudit lieu, vivant en 1233, et père de

7. — Huon D'AILLY, chevalier, seigneur dudit lieu et de Fontaines : de sa femme dont le nom est inconnu il eut le suivant :

8. — Robert D'AILLY, chevalier, seigneur d'Ailly et de Fontaines : de sa femme, dont le nom est inconnu, il eut : 1° Robert, qui suit; 2° Hugues, seigneur de Rumes, qui de Catherine de

Constans, sa femme, laissa une fille, N. femme de Mahieu de Launoy.

9. — Robert d'Ailly, chevalier, seigneur d'Ailly, Fontaines et Boubers-sur-Canche, épousa en premières noces N.., dame du Breucq en Flandre, dont il eut : 1° Robert, seigneur d'Ailly, Boubers et Fontaines, allié à Marie d'Auxy, dont Catherine, dame d'Ailly, Boubers et Fontaines, alliée à Oger d'Anglure, avoué de Thérouanne, puis à Jean de Fosseux, seigneur de Nivelles ; 2° Isabeau, femme de Jean d'Argies, chevalier. — En secondes noces il épousa, en 1342, Marguerite de Picquigny, dame dudit lieu, héritière de la baronnie de Picquigny et du vidamé d'Amiens. De cette union sont issus ; 3° Tristan, mort sans suite ; 4° Baudouin, qui suit ; 5° Colart, dit Payen, seigneur de Sains, auteur d'une branche qui suivra ; 6° Mathieu, dit Sarrazin, auteur de la branche des seigneurs d'Airaines ; 7° Jacques, dit Hutin, seigneur de Famechon, allié à Jeanne de Grigny, dont une fille, femme de Baudouin de Cantaing ; 8° Isabeau, femme de Jean de Cayeu, seigneur de Senarpont et de Vismes ; 9° Jeanne, alliée à Pierre de Vendures.

10. — Baudouin d'Ailly, chevalier, dit Beaugeois, seigneur de Picquigny, vidame d'Amiens, chambellan du roi, tué à Azincourt en 1415. Il avait épousé en 1387 Jeanne de Rayneval de laquelle il eut : 1° Raoul, qui suit ; 2° Jeanne, alliée d'abord à Philippe d'Harcourt, seigneur de Montgommery, puis à Cornille de Gavre, seigneur de Lens.

11. — Raoul d'Ailly, chevalier, seigneur et baron de Picquigny, vidame d'Amiens, seigneur de Rayneval et La Broye, mort en 1468. Il avait épousé en 1413 Jacqueline de Béthune, dame d'Englemoutiers et de Vive : de leur union naquirent : 1° Jean, qui suit ; 2° Antoine, auteur de la branche des seigneurs de Varennes, qui suivra plus loin ; 3° Jean dit Hannotin, seigneur de Bellons, mort sans enfants ; 4° François, archidiacre de Reims ; 5° Robert, dit Robinet, chanoine d'Amiens, archidiacre de Noyon ; 6° Jacqueline, femme de Jean de Bourgogne, duc de Brabant et de Luxembourg, comte de Nevers et de Réthel ;

7° Marguerite, alliée en 1444 à Goulard de Moüy, seigneur de Chin et de Busigny ; 8° Marie, femme d'Antoine Raulin, seigneur d'Aymeries ; 9° Isabeau, femme d'Alard de Rabodenges ; 10° Anne, alliée à Baudouin de Hennin, seigneur de Sebourg et de Fontaines ; 11° Jeanne, abbesse du Moncel près Pont-Sainte-Maxence.

12. — Jean D'AILLY, chevalier, baron de Picquigny, vidame d'Amiens, seigneur de Rayneval, Pierrepont et la Broye, épousa Jolande de Bourgogne, de laquelle il eut : 1° Charles, qui suit ; 2° Isabeau, femme de Jean de Mailly, chevalier ; 3° Jeanne, religieuse.

13. — Charles D'AILLY, chevalier, baron de Picquigny, vidame d'Amiens, seigneur de Rayneval, Vignacourt et la Broye. De Philippe de Crèvecœur, il eut ; 1° Antoine, qui suit ; 2° Marguerite, femme du seigneur de Thiembronne ; 3° Jeanne, mariée au seigneur de Framezelles.

14. — Antoine D'AILLY, chevalier, baron de Picquigny, vidame d'Amiens, capitaine de gens d'armes, allié en 1518 à Marguerite de Melun, dont il eut : 1° François, mort en 1560, sans enfants de Françoise de Batarnay, son épouse ; 2° Louis, allié à Catherine de Laval, et mort à la bataille de Saint-Denis, sans enfants ; 3° Charles, qui suit.

15. — Charles D'AILLY, chevalier, baron de Picquigny, vidame d'Amiens, seigneur de Saigneville, Friville, Fressenneville et Emonville, capitaine de 50 hommes d'armes, gouverneur de Montcalve en Piémont, épousa Françoise de Warty de laquelle il eut : 1° Philibert-Emmanuel, qui suit ; 2° Marguerite, mariée en 1581 à François de Coligny, seigneur de Chatillon ; 3° Suzanne, femme de Tanneguy de Chambray.

16. — Philibert-Emmanuel D'AILLY, chevalier, baron de Picquigny, vidame d'Amiens, chevalier des ordres du roi, épousa Louise d'Ongnies, comtesse de Chaulnes ; de ce mariage sont nés : 1° Henri, mort enfant ; 2° François, mort au berceau ; 3° Anne-Louis, aussi mort enfant ; 4° Charlotte, qui suit.

17. — Charlotte d'AILLY, héritière des terres de Picquigny et de Chaulnes, et du vidamé d'Amiens, porta ces grands biens à son mari, Honoré d'Albert, duc de Chaulnes, maréchal de France, chevalier des ordres du roi, lieutenant-général au gouvernement de Picardie.

BRANCHE
des Seigneurs de Sains.

10. — Colart d'AILLY, dit Payen, seigneur de Sains, se maria deux fois, d'abord avec une demoiselle noble nommée Agnès, puis avec Gillette d'Estourmel. Elles le rendirent père de : 1° Colart, qui suit ; 2° Gilles, écuyer ; 3° Renaut, écuyer.

11. — Colart d'AILLY, écuyer, seigneur de Sains, épousa en 1418 N... de Warelles. Il laissa plusieurs enfants, entre autres : 1° Renaut, qui suit ; 2° Antoine, écuyer, seigneur de Caveron.

12. — Renaut d'AILLY, écuyer, seigneur de Sains, épousa Catherine de La Barre, et fut père d'Antoine, qui suit, et de Jean, seigneur de Herboval, qui de Jeanne de Fléchin eut plusieurs enfants.

13. — Antoine d'AILLY, écuyer, seigneur de Beaudignies, prévôt de Valenciennes en 1484, fut allié à Florence de La Saulx de laquelle sont issus : 1° Antoine, qui suit ; 2° François, sans enfants de ses deux femmes, Jeanne de Lannoy, et Catherine du Bois de Hove ; 3° Catherine, mariée avec Jean de Berlettes, seigneur de Chiply.

14. — Antoine d'AILLY, écuyer, seigneur de Beaudignies, et de Watignies, prévôt de Valenciennes en 1512. Il épousa Anne de Ravenstein, fille naturelle du duc de Clèves, et n'eut que deux filles : 1° Françoise, dame de Beaudignies, femme de Ferry de Grez, seigneur de Meulaert ; 2° Charlotte, alliée à N. Hinckaert, seigneur d'Ollehain.

BRANCHE

des Seigneurs d'Airaines.

10. — Mathieu d'Ailly, dit Sarrazin, seigneur du Quesnoy-les-Airaines, d'Acheu et d'Havernast, sénéchal du Boulonnais et du Ponthieu, capitaine d'Abbeville, épousa Isabeau d'Orgesin, dont il eut :

11. — Jean d'Ailly, écuyer, seigneur d'Airaines, en 1440 ; de Jeanne de Riquebourg, sa femme, naquirent : 1° Raoul, qui suit ; 2° Isabeau, femme de Christophe Quiéret, seigneur de Tours-en-Vimeu.

12. — Raoul d'Ailly, écuyer, seigneur d'Airaines, épousa Marguerite de Fillescamps, et fut père de : 1° Charles, mort sans postérité ; Jacqueline, dame d'Airaines, alliée à Jacques Sèvre, seigneur de Noirémont.

BRANCHE

des Seigneurs de Varennes.

12. — Antoine d'Ailly, écuyer, seigneur de Varennes, épousa 1° Jeanne de Luxembourg, 2° Louise de Hallwin : de ses deux femmes il n'eut que : 1° Antoine, qui suit ; 2° Louise, femme de Charles, sire de Rubempré.

13. — Antoine d'Ailly, écuyer, seigneur de Varennes et de Lesdaing, épousa Charlotte de Bournonville, dame de La Vallée ; il mourut le 10 décembre 1509, laissant pour enfants : 1° Louis-Antoine, qui suit ; 2° Charlotte, femme d'Adrien de Pisseleu ; 3° Anne, femme d'Antoine de Hames, seigneur de Bondues ; 4° Jeanne, femme d'Adrien de Humières, seigneur

de Witermont ; 5° Jossine, alliée à Nicolas de Monchy, seigneur de Montcavrel.

14. — Louis-Antoine D'AILLY, écuyer, seigneur de Varennes et de Lesdaing, épousa Marie de Montenay de laquelle il n'eut que : 1° Hugues, mort en bas-âge ; 2° Adrienne, femme de Jean d'Ailly, seigneur d'Oissy.

La Chesnaye-Desbois, dans son dictionnaire, (t. 1, p. 89), dans une notice très embrouillée sur la maison d'Ailly, et après avoir constaté l'extinction de toutes les branches dont nous avons donné ci-dessus la filiation, en rapporte une nouvelle qu'il continue jusqu'à l'époque à laquelle il publiait son livre. Cette branche, dite des seigneurs de la Mairie, pourrait tout aussi bien être une famille à part, étrangère à notre maison d'Ailly, car on ne trouve pas où et comment elle se serait séparé du tronc. Quoiqu'il en soit, il y a cependant apparence que les seigneurs de La Mairie étaient des cadets de la maison d'Ailly, et nous allons rapporter, d'après La Chesnaye-Desbois, leur généalogie complète.

1. — Valeran D'AILLY, écuyer, seigneur de Brach, Quirit-le-Ver, Malnart, Cateux et Neuvy-le-Roi, demeurant à Pierrepont, près Montdidier, en 1470, avec Nicole de Saint-Quentin, sa femme, de laquelle il eut :

2. — Charles D'AILLY, écuyer, seigneur de La Mairie, épousa en premières noces Michelle de Mailly, morte en couches en 1500. D'elle il eut : 1° Antoine, qui suit ; en secondes noces il épousa Pérette Cossart d'Espiés, et eut plusieurs enfants : 2° Hugues, auteur d'une branche des seigneurs de Louville et d'Anneri, qui suivra à son rang ; 3° Claude, chevalier, seigneur de Montgerout, Lannoy, Clerson, Montcornel, enseigne de la compagnie des gens d'armes de M. d'Estouteville : il épousa d'abord Jeanne de Blondel de Joigny, puis Catherine de Graveron ; 4° Jeanne, femme de Jean de Launoy, écuyer.

3. — Antoine d'Ailly, chevalier, seigneur de la Mairie, fut allié à Charlotte de Famechon. D'eux sont issus : 1° Hector, qui suit ; 2° N... femme de Nicolas Massue, écuyer, seigneur de Saint-Aubin.

4. — Hector d'Ailly, chevalier, seigneur de la Mairie et d'Hardinval, mort sans enfants de Catherine de Longueval, sa femme.

BRANCHE

des seigneurs de Louville et d'Anneri.

3. — Hugues d'Ailly, chevalier, seigneur de Louville et d'Anneri, près Pontoise, où il se fixa, homme d'armes des ordonnances du roi, épousa Madeleine d'Auvergne qui lui donna : 1° Charles, qui suit ; 2° Marie, femme d'Emmanuel Blondel de Joigny.

4. — Charles d'Ailly, chevalier, seigneur de Louville et d'Anneri, épousa le 27 août 1595 Géneviève Testu de Balincourt, dont il eut entre autres enfants : 1° Charles qui suit ; 2° Géneviève, femme d'André de Cléri, chevalier, seigneur de Serans.

5. — Charles d'Ailly, chevalier, baron d'Anneri, gentilhomme ordinaire de la chambre du roi, maréchal de camp, conseiller d'Etat, épousa le 23 janvier 1639, Renée de Vieuxpont, dont :

6. — Jacques d'Ailly, chevalier, marquis d'Annebaut, comte de Pont-Audemer et de Pontcauton, seigneur d'Anneri, capitaine de chevau-légers, aide-de-camp du roi : Il fut allié : 1° à Marie-Thérèse de Chatel-de-Saint-Aignan, 2°, le 8 novembre 1682, à Françoise-Joséphine de Gouffier. De ces deux unions naquirent : 1° Pierre-Louis, qui suit ; 2° Philippe, chevalier d'Ailly, maréchal de camp ; 3° N... femme de Claude-Amable d'Enfernet.

7. — Pierre-Louis d'Ailly, chevalier, comte d'Ailly, marquis de Senecei, baron de Layves, Marnai et Chassant, capitaine au

régiment du roi, infanterie, mort le 7 août 1741. Il avait épousé le 4 août 1733, Marie-Louise-Madeleine de Beauvais, dont le seul :

8. — Louis-Joseph d'AILLY, chevalier, comte d'Ailly, marquis de Senecei, baron de Layves, Marnai et Chassant, encore à marier en 1770.

AIRAINES.

La maison d'Airaines, l'une des plus anciennes de Ponthieu, a pris son nom du village d'Airaines qui lui appartenait et où elle avait une forteresse. Elle n'est pas du tout issue de la maison de Fontaines, comme on l'a inséré à tort dans une généalogie de cette maison publiée au siècle dernier, ni de la maison de Croy ainsi que l'ont prétendu des généalogistes officieux. Les seuls rapports que les sires d'Airaines aient eus avec leurs puissants voisins de Croy et de Long et de Longpré furent des alliances : et même la dernière représentante de la branche aînée des d'Airaines ayant épousé un sire de Croy, vers 1287, apporta à son mari la seigneurie et le château de ses ancêtres. Tous les d'Airaines postérieurs à cette époque appartiennent à une branche cadette, apanagée d'autres seigneuries, et ne sont ni Croy ni Fontaines, aucune de ces deux familles n'ayant d'abord substitué à son nom patronymique des noms de fief, et ne pouvant ensuite donner place dans son histoire aux personnages que nous allons citer.

La maison d'Airaines portait : *d'argent à trois fasces de gueules.*

— On trouve en 1100 un chevalier du nom de Godard d'AIRAINES, et le fait de l'existence de ce personnage est la meilleure preuve à l'appui de notre système sur l'origine de la famille d'AIRAINES.

— Raoul d'AIRAINES, qualifié « Princeps nobilissimus, » et Gauthier et Hugues, ses frères, en 1150.

— Henri d'Airaines, chevalier, vivant en 1180 et 1199, époux de Mathilde, et père de Raoul.

— Raoul d'Airaines, chevalier, sire dudit lieu, employé comme témoin dans des chartes de 1209 : fut père de Henri, et de Guillaume. Sa femme s'appelait Mahaut. — Il était mort avant 1246.

— Henri d'Airaines, chevalier, sire dudit lieu, cousin de Jeanne, reine de Castille et de Léon, comtesse de Ponthieu, en 1260. — Il aurait pu avoir pour fille la suivante :

— Marguerite, dame d'Airaines, alliée à Jacques, sire de Croy, en 1287.

— Guillaume d'Airaines, fils de Raoul, et ses fils Jean et Rénaut, en 1269.

— Hues d'Airaines, sire de Saint-Maxent, sert un aveu à Hue de Roye, seigneur de La Ferté, pour une partie de la « ville » de Saint-Maxent, en 1279.

— Gérard d'Airaines, chevalier, tient des fiefs de Guy de Belloy, chevalier, en 1280.

— Noble dame Yfaine d'Airaines, femme de Guillaume de Longvillers, chevalier, seigneur en partie d'Airaines, en 1289.

— La demoiselle d'Airaines, fille de monseigneur Enguerrand d'Airaines, était encore jeune en 1289.

— Ferrand d'Airaines, écuyer, seigneur de Dromaisnil, approuve une vente faite à l'abbaye du Gard en 1289. Il se dit héritier de sa nièce alors en bas-âge, Jeanne, fille de feu Enguerrand d'Airaines, son frère ; il fut peut-être beau-frère de Guillaume de Cayeu, chevalier, sire de Longvillers, qui épousa Yfaine d'Airaines.

— Jeanne, dame d'Airaines et de Waumain, femme de Mathieu de Trie, chevalier, en 1316.

— Isabelle d'Airaines, dame de Saint-Maxent-en-Vimeu, probablement fille de Hue d'Airaines, cité plus haut, épouse vers 1300 Aléaume de Brimeu, seigneur de Huppy.

— Beatrix d'Airaines, femme de Grongnart de Belloy, chevalier, en 1349, était tante d'Enguerran d'Airaines, dit Lionnel, qu'elle charge, cette même année, de faire avec Renaud de Bouchon un paiement de rentes pour elle.

— Lancelot d'Airaines, chevalier, reçoit 70 sous tournois pour les gages de lui et des gens d'armes de sa compagnie, le 8 juillet 1353.

— Jean d'Airaines, sergent du roi et châtelain de Quiertignoux, reconnaît devoir à Jean Le Juif, trésorier de Carcassonne, 12 francs que celui-ci lui a prêtés, le 12 janvier 1369.

— Jean d'Airaines, dit Lionnel, chevalier, servait en 1369 avec une compagnie d'hommes d'armes en Berry et en Auvergne dans la compagnie de Guillaume des Bordes, et sous le gouvernement de Louis de Sancerre. — Il avait accompagné le roi de Navarre quand celui-ci s'était retiré en Normandie après sa rupture avec le connétable, en 1354, et il l'accompagnait encore quand le roi de Navarre se rendit à Paris, après avoir été remis en liberté, en 1357.

— Un autre Lionnel d'Airaines, chevalier, sans doute fils du précédent, qualifié seigneur de Rambures en partie, en 1390, reçut, le 1ᵉʳ février 1390, du trésorier des guerres 72 livres tournois pour lui, 2 chevaliers et 8 écuyers de sa compagnie servant en Picardie sous les ordres du sire de Sempi. — Il reçut 225 livres tournois pour lui, 1 chevalier et 6 écuyers servant en Flandres, le 2 juillet 1396. — En 1405 il était chargé par le roi de la garde des frontières du Boulonnais et de l'Artois.

— Saigremor d'Airaines, écuyer, servait dans la compagnie de Valeran de Rainneval, le 1ᵉʳ mai 1369.

— Herment d'Airaines, chevalier, servait dans la compagnie de Perceval d'Esneval, chevalier, le 1ᵉʳ octobre 1387.

— Simon d'Airaines, écuyer, servait dans la compagnie de Raoul de Gaucourt, chevalier, le 14 août 1395.

— Jean d'Airaines, écuyer, viguier de Fenoillades et de Termine, en 1391, était fils d'une demoiselle de Chepoy.

ALLIEL.

Famille noble en possession, encore au xve siècle, de la seigneurie de son nom, et sur laquelle on ne sait que fort peu de chose. Cette seigneurie passa dans la maison de Briet par le mariage de Marie d'Alliel, héritière de la branche aînée, avant 1400, avec Guillaume Briet, dit Férain, écuyer, seigneur de Domqueurel. Des personnages qui suivent, les deux premiers seulement appartenaient donc à la branche aînée.

— Colin d'Alliel s'était rendu coupable, en 1273, d'un crime pour lequel sa maison de Long avait été « justichiée ».

— Hue d'Alliel, écuyer, époux de Marie de Villers, sert deux aveux au roi d'Angleterre, les 16 janvier 1367 et 1er juin 1373.

1. — Jean d'Alliel, écuyer, achète aux religieux de Saint-Pierre d'Abbeville, le 22 septembre 1422, le quint de Famechon qu'ils avaient reçu eux-mêmes de la veuve de Hutin d'Ailly. Il fut père du suivant :

2. — Hue d'Alliel, écuyer, demeurant à Dours, allié à Jeanne Houselle, veuve d'Edmond de Rely, écuyer, et mère de Jeannet de Rely. Celui-ci chargea son beau-père, Hue, par procuration du 1er février 1448, de vendre la moitié d'un tènement nommé le *Port-Sangler*, situé à Abbeville, qui lui était échu dans la succession de son père.

On trouve à la même époque :

— Fremin d'Alliel, écuyer, seigneur de Villers-sur-Mareuil et d'Housarville, qui, avec Jeanne Formentin, sa femme, vend à l'abbaye de Saint-Riquier une maison située à Bray, le 16 novembre 1451. — Il demeurait à la Ferté-les-Saint-Riquier lorsque, après avoir vendu 28 journaux de terre à Mareuil qu'il avait jadis acquis de feu Jean de Villers, écuyer, jadis seigneur dudit Villers, il en fit donner l'investiture à l'acquéreur par Valeran de Soissons, chevalier, seigneur de Moreuil et de Mareuil, le 9 février 1456.

ANDAINVILLE.

Le village d'Andainville a eu autrefois ses seigneurs particuliers auxquels il avait donné son nom. On trouve en effet André d'ANDAINVILLE, seigneur de Rioménil, et Jean d'ANDAINVILLE, prêtre, en 1216; Bernard d'ANDAINVILLE, Marie, sa femme, et Arnould, leur fils, dans une donation au chapitre de Saint-Wlfran d'Abbeville, en 1280; et enfin André d'ANDAINVILLE, écuyer, seigneur dudit lieu, qui, en juin 1350, vend du consentement de sa femme et de tous ses héritiers à Jean Mauvoisin le jeune, demeurant à Aumâtre, un fief qu'il tenait de la chatellenie d'Arguel. — C'est tout ce que nous savons sur cette famille dont nous n'avons même pu retrouver les armoiries.

ARGOULES.

Très-ancienne famille qui prit le nom de la seigneurie d'Argoules, en Ponthieu, qu'elle posséda jusqu'au milieu du XIIIe siècle environ. Voici tout ce que nous savons sur elle :

1. — Robert d'ARGOULES, chevalier, seigneur dudit lieu, vivait avant 1160 avec Léceline, sa femme, et ses fils : 1° Anscher, qui suit ; 2° Guy ; 3° Hugues.

2. — Anscher d'ARGOULES, chevalier, seigneur dudit lieu,

en 1170, est témoin dans une charte de 1207. De Mabile, sa femme, il eut : 1° Richard, qui suit ; 2° Guy, chevalier ; 3° Hugues, chevalier ; 4° Dreux, chevalier.

3. — Richard d'Argoules, chevalier, seigneur dudit lieu, en 1214, avec Ilhe, sa femme, dont il eut : 1° Jean, chevalier, seigneur d'Argoules, avant 1247, allié à Isabeau, sans suite ; 2° Elisabeth.

4. — Elizabeth d'Argoules, dame et héritière dudit lieu, alliée à Jean de Cambron, chevalier, après 1233.

ARREST.

De nouvelles recherches sur cette famille nous ont permis de compléter la généalogie que nous en avions déjà donnée dans notre 1er volume (p. 15). Outre sept nouvelles générations que l'on va déduire, on trouvera encore ici une troisième branche omise dans le premier travail dont celui-ci forme le complément. La filiation rétablie commence donc ainsi qu'il suit :

1. — Raoulet d'Arrest, demeurant à Abbeville en 1320, eut, à ce que l'on croit, pour fils : 1° Pierre, chanoine de Noyelles, vivant encore en 1380 ; 2° Jean, qui suit.

2. — Jean d'Arrest, vivant en 1360, fut père de Jacques et de Vincent.

3. — Jacques d'Arrest ; de sa femme, dont le nom est inconnu, il eut :

4. — Mathieu d'Arrest, mort échevin en charge le 5 mars 1459. Il avait épousé Jeanne Godart dont il eut :

5. — Guillaume d'Arrest, père de : 1° Robert, dit Robin ; 2° Colart, bourgeois et marguillier de Saint-Georges, en 1490 ; 3° Louis ; 4° Mathieu, qui suit.

6. — Mathieu d'Arrest eut deux fils : 1° Mathieu ; 2° Jean, qui suit.

7. — Jean d'Arrest, écuyer, allié à Marie de Lamiré, dont il eut : 1° Ochias ou Ézéchias, auteur de la première branche (voir tome 1, p. 15) ; 2° Jean, qui suit.

8. — Jean d'Arrest, écuyer, allié à Antoinette Laignel : ses enfants furent : 1° Jean, qui suit ; 2° François ; 3° Ézéchias, allié à Michelle Suleau.

9. — Jean d'Arrest, écuyer, seigneur de Francières et de Vincheneu, par achat de Jean Carpentin, écuyer, seigneur de Berlettes, épousa N... Griffon qui lui donna : 1° François, qui suit ; 2° Ézéchias, époux d'Anne Douville.

10. — François d'Arrest, écuyer, lieutenant de robe courte au présidial d'Abbeville, épousa en 1618 Anne Le Gillon de laquelle il eut : 1° Guy, lieutenant au bailliage d'Abbeville, allié à N... Robault, dont N... femme de Guillaume Sanson, conseiller ; 2° Antoine, qui suit.

11. — Antoine d'Arrest, écuyer, seigneur de Catigny, conseiller au présidial d'Abbeville, allié à Marie de Dourlens, dont : 1° Antoine, sans suite ; 2° Pierre, seigneur de Catigny, retiré à Paris.

AUXY.

La maison d'Auxy, l'une des plus illustres de toute la Picardie, tire son nom du bourg d'Auxy-le-Château situé sur la limite extrême du Ponthieu et de l'Artois. Elle s'éteignit au siècle dernier après avoir fourni un très grand nombre de personnages distingués. Ses armes étaient : *échiqueté de 25 traits d'or et de gueules.* Les branches cadettes de Monceaux et d'Hanvoiles portaient *sur le tout un écusson d'azur en abîme chargé d'un autre écusson d'argent :* mais elles reprirent à la fin du xviie siècle les pleines armes de leur maison.

1. — Hugues, sire et ber (baron) d'Auxy, vivant en 1152, avait épousé avant cette époque Marie de Rubempré. Le nom de sa femme est très controversé, et quelques auteurs prétendent qu'elle n'avait d'autre nom que celui de Mathilde. Quoiqu'il en soit, celle-ci le rendit père du suivant :

2. — Hugues, IIe du nom, sire et ber d'Auxy, vivant en 1224, eut de Marguerite d'Aubigny, sa femme, un grand nombre d'enfants, parmi lesquels Hugues, qui suit.

3. — Hugues, IIIe du nom, sire et ber d'Auxy. Le P. Anselme (t. 8, p. 104) ne rapporte pas le nom de sa femme que La Chesnaye-Desbois (t. 1, p. 592) appelle Éléonore de Vermandois. Hugues fut père de : 1° Eustache, qui fut caution de Simon de Dammartin, comte de Ponthieu, envers le roi Saint-Louis, en 1230 ; 2° Hugues, qui suit.

4. — Hugues, IVe du nom, sire et ber d'Auxy, vivait en 1225. De sa femme dont le nom est inconnu, il eut : 1° Jean, évêque de Troyes ; 2° Philippe, dont l'article suit.

5. — Philippe, sire et ber d'Auxy, chevalier, pair de Ponthieu, fit le voyage d'Afrique en 1267 avec Saint-Louis qui l'y arma chevalier. De Catherine de Picquigny, sa femme, il n'eut qu'un fils.

6. — Jean, sire et ber d'Auxy, Ier du nom, chevalier, seigneur de Fontaines et de Hangest-sur-Somme, mort à la bataille de Courtray, en 1302. D'Isabeau de Craon il avait eu : 1° Jean, qui suivra ; 2° Hugues, chevalier, seigneur de Dompierre, à qui l'on donne pour femme Isabelle de Marigny, de laquelle il aurait eu deux fils, Pierre, capitaine du château de Saint-Martin, assassiné dans ladite forteresse en 1364, et Enguerran, seigneur de Dompierre, allié à Isabelle de Goulons, qui le rendit père de :

A. Philippe, seigneur de Dompierre, Escouys, Bosc-Roger et Manneville, sénéchal de Ponthieu et capitaine d'Abbeville par lettres du 24 mars 1402 ; il avait épousé Jeanne d'Estouteville, et n'en avait pas eu d'enfants quand il fut tué à la bataille d'Azincourt ; — B. Jean, tué comme son frère à Azincourt ; — C. Catherine, héritière de ses frères, porta les seigneuries de Dompierre et d'Escouys à son mari, David, sire de Rambures, grand-maître des arbalétriers de France.

7. — Jean, sire et ber D'Auxy, II° du nom, chevalier, seigneur de Fontaines, mourut à la bataille de Crécy, en 1346. Sa femme, Marie d'Encre, dame de Lully, de Bulles et de Monceaux, lui avait donné six enfants, savoir : 1° Jean, qui suit; 2° Pierre, auteur de la branche des seigneurs de Monceaux, qui suivra; 3° Marie, femme d'Arnoul de Créquy, seigneur de Raimboval ; 4° Alips, femme de Jean de Lully, puis de Robert Guy ; 5° Blanche, dont on ne connaît pas l'alliance; 6° N.....

8. — Jean, sire et ber D'Auxy, III° du nom, chevalier, seigneur de Fontaines et de Bulles, mort avant 1364, laissant pour enfants de Catherine de Melun, dame de Saint-Maurice-sur-Laveron : 1° Louis, sire et ber D'Auxy, vivant encore en 1379 et mort sans avoir été marié; 2° Colart, allié à Jeanne d'Enghien et mort sans postérité; 3° Pierre, évêque de Tournay (le P. Anselme ne parle pas de lui); 4° David, qui suit ; 5° Marie, femme de Robert d'Ailly, seigneur de Boubers-sur-Canche, puis de Jean de Longvilliers, seigneur d'Engoudessent; 6° Yolande, femme de Guillaume de Hardenthun, seigneur de Maisons.

9. — David, sire et ber D'Auxy, chevalier, seigneur de Fontaines, fut tué à la bataille d'Azincourt. De Marguerite de La Trémoille, sa femme, il avait eu : 1° Philippe, sire et ber D'Auxy, chevalier, seigneur de Dompierre et d'Escouys, chambellan du roi, mort en 1418, sans alliance; 2° Jacques, allié le 16 janvier 1414 à Isabelle de Chaumont, et mort sans postérité en 1422; 3° Jean, qui suit; 4° Hugues, seigneur de Gennes, allié le 24 août 1441 à Marguerite de Regneauville, et mort en 1466 laissant une fille, Catherine, femme de Louis de

Dreux, dit Perceval, seigneur de Pierrecourt ; 5° Catherine, femme de Gilles de Mailly, seigneur d'Authuille.

Fils naturel de David, sire d'Auxy :

Jean, dit Hector, bâtard d'Auxy, vivant en 1400.

10. — Jean, sire et ber D'AUXY, IV° du nom, chevalier, seigneur de Fontaines et de Famechon, chevalier de la Toison-d'Or, grand maître des arbalétriers de France, épousa le 17 septembre 1447, Jeanne de Flavy, dame de Basentin et d'Averdoing de laquelle il n'eut que des filles : 1° Isabeau, dame D'AUXY, femme de Philippe de Crevecœur, seigneur des Querdes, maréchal et grand chambellan de France ; 2° Marie, femme de Jean de Bruges, seigneur de la Gruthuse, prince de Steenhuyse, maréchal de France.

Enfants naturels de Jean, sire d'Auxy, et de Félicie de Marchant :

1° Jean, auteur de la branche des seigneurs de Vareilles, qui va suivre ;

2° Antoine, auteur de la branche des seigneurs de La Tour, qui suivra également ;

3° Georges, maître d'hôtel du roi Louis XII, mort sans alliance.

4° Marguerite, alliée le 7 janvier 1462 à Charles Bonneteau, seigneur de Festus près Houdaing.

BRANCHE

des Seigneurs de Vareilles.

11. — Jean, bâtard D'AUXY, seigneur de Vareilles et de Boussois, épousa Isabeau de Trasignies de laquelle il eut : 1° Jacques,

mort sans alliance; 2° Jean, qui suit; 3° Philippe, qui suivra après son frère.

12. — Jean d'Auxy, seigneur de Vareilles-les-Enghien, maître d'hôtel du duc de Clèves. De sa femme dont le nom est inconnu il eut: 1° Jacques, prêtre; 2° Anne, femme de Josse d'Illinghem, seigneur de Borgval, bailli d'Enghien; 3° Marie, femme de Jean Dines, seigneur Deudelincourt, prévôt de Mons-en-Hainaut; 4° Catherine, femme de Guillaume de Ciclers, échevin de Gand.

12bis. — Philippe d'Auxy, seigneur de Lanois, bourgmestre et échevin perpétuel du Franc à Bruges, allié à Péronnelle de Latan, dont: 1° Philippe, qui suit; de sa seconde femme, Marie Balbani, naquirent: 2° Guillaume, seigneur de Louvois, allié à Marie Vandanberghe, dont Philippe, seigneur de Vareilles, marié avec Jeanne Colins, puis avec N... de Manalloy, dont Édouard, époux de Prudence de Vandussen; 3° Louis, religieux; 4° Adolphe, allié à N... de Crane; 5° Anne, femme de Jean Crouser, puis de Charles de Provin, échevin de Bruges; 6° Jacqueline, alliée à Adolphe d'Hamsfede, capitaine d'un vaisseau du roi d'Espagne; 7° Françoise, femme d'Arnoul d'Hamsfede, frère du mari de sa sœur; 8° Louise et deux filles dont le nom de baptême est demeuré inconnu.

13. — Philippe d'Auxy, époux de Cornille de Heer, dont Philippe, Marie, Hélène, Isabeau et Cornille.

BRANCHE
des Seigneurs de La Tour.

11. — Antoine, Bâtard d'Auxy, capitaine des archers de l'empereur Maximilien, épousa en premières noces Marguerite de Hallwin qui lui donna un fils, Antoine, qui suit; son union avec Antoinette de Saveuses fut stérile.

12. — Antoine d'Auxy, II° du nom, seigneur de La Tour, gentilhomme de Philippe, roi d'Espagne, épousa Antoinette de Brunetel qui lui donna : 1° Antoine, dont l'article suit ; 2° Augustin, mort sans enfants ; 3° Jacques, allié à Catherine de Vaux ; 4° Louis ; 5° Anne, femme de Florent de Sorel, écuyer ; 6° Antoinette, religieuse à Sainte-Claire de Péronne.

13. — Antoine d'Auxy, III° du nom, seigneur de la Tour, allié à Anne de Miremont dont 1° Louis, mort à marier ; 2° Jeanne, alliée le 17 avril 1573 à Antoine de Blécourt, seigneur de Béthencourt ; 3° Antoinette,

---

BRANCHE

des Seigneurs de Monceaux.

8. — Pierre d'Auxy, chevalier, seigneur de Monceaux et de Lully, premier chambellan du duc de Bourgogne, capitaine de Douay, épousa Françoise de Mailly et fut père de : 1° Jean, grand-aumônier de France, évêque, duc de Langres et pair de France ; 2° Mathieu, qui suit.

9. — Mathieu d'Auxy, dit de Monceaux, chevalier, seigneur dudit lieu de Monceaux, chambellan du duc de Bourgogne et capitaine de Valenciennes, épousa Jeanne de Bailleul, dont naquit le suivant :

10. — Jean d'Auxy, chevalier, seigneur de Monceaux, gouverneur de Béthune et sénéchal de Ponthieu, marié à Catherine de Brimeu, dont

11. — Jean d'Auxy, chevalier, seigneur de Monceaux, Houden, Hanvoille et Martincourt, maître d'hôtel du roi Louis XI, gouverneur d'Arques et trésorier-général de Picardie, allié, en 1478, à Jeanne de Villiers-l'Isle-Adam : il fut père du suivant :

12. — Jean d'Auxy, chevalier, seigneur de Monceaux, Houden,

Hanvoille et Blacourt, capitaine de 50 hommes d'armes, et gentilhomme de la Chambre du roi, épousa Géneviève Dauvet, dame de Saint-Sanson et de la Bruyère, dont : 1° Guy, qui suit ; 2° François, auteur de la branche des seigneurs d'Hanvoille, qui suivra à son rang ; 3° Jean, seigneur de la Villecoublay et de la Houssaye, qui, de Jeanne de la Haye eut deux fils, Claude, et François-Jean.

13. — Guy d'Auxy, chevalier, seigneur de Monceaux, gentilhomme de la Chambre du roi Henry II, capitaine de 200 hommes de pied, maître d'hôtel des rois François II et Charles IX, épousa Jeanne de la Chatre, baronne de Landon et de Résigny, qui lui donna deux fils : 1° Gaspard, seigneur de Monceaux, allié en 1589 à Jacqueline d'O, dont Charlotte, femme de Geoffroy de Tiercelin, marquis de Brosse, et Suzanne, alliée d'abord à Pierre-Adrien de Bréauté, marquis de Haultes, puis à François Duval, marquis de Fontenay-Mareuil, ambassadeur en Angleterre ; 2° François, qui suit.

14. — François d'Auxy, chevalier, seigneur de Monceaux, baron de Landon et de la Houssaye, capitaine de chevau-légers et gouverneur de Beauvais et de Dieppe, conseiller d'état d'Epée, chevalier de l'ordre du roi, épousa Jourdaine de Pellevé. De cette union naquirent : Jean-Louis et Marie.

BRANCHE

des Seigneurs d'Hanvoille.

13. — François d'Auxy, seigneur de Monceaux, d'Hanvoille et de Saint-Sanson, épousa Marie Raguier, de laquelle il eut :

14. — Guy d'Auxy, chevalier, seigneur de Monceaux, d'Hanvoille et de Saint-Sanson, capitaine de 50 hommes d'armes et gentilhomme de la Chambre du roi, épousa en 1587 Suzanne de Soyecourt. De ce mariage naquit un fils, qui suit.

15. — François d'Auxy, chevalier, seigneur de Monceaux, Hanvoille et Saint-Sanson, allié à Marthe-Jeanne de Boufflers, dont :

16. — Adrien d'Auxy, chevalier, marquis d'Hanvoille, allié en 1646 à Elizabeth Le Grand. Il fut père de : 1° François, qui suivra ; 2° Jacques *dit* le marquis d'Auxy, seigneur d'Hanvoille, Saint-Sanson et Martincourt, chevalier des ordres du roi et de Saint-Louis, colonel du régiment Royal-Comtois, mort le 2 mai 1745 dans son château d'Hanvoille, âgé de 72 ans. Il avait épousé, le 20 août 1714, Marie-Madeleine de La Grange-Trianon, et n'en eut qu'une fille unique, Anne-Madeleine-Françoise, mariée le 16 juin 1736 à André-Hercules de Rosset, duc de Fleury, pair de France, chevalier des ordres du roi et Ier gentilhomme de la Chambre ; 3° Henry, *dit* le comte d'Hanvoille, colonel de dragons, allié à Marie-Anne-Madeleine de Créquy, dont Jacqueline-Louise-Charlotte, mariée le 5 avril 1721 à Claude, marquis de Saint-Blimond, colonel de cavalerie, et Françoise-Elisabeth-Henriette-Marie, *dite* mademoiselle d'Hanvoille ; 4° Jacques, seigneur de la Bruyère et de la Fresnoye, capitaine de cavalerie, qui de Madeleine Le Fèvre eut une fille unique, Anne-Madeleine-Françoise, dame d'honneur de la Princesse de Conti, mariée le 9 mars 1720, à Jacques-Charles, marquis de Créquy, lieutenant-général, grand-croix de Saint-Louis ; 5° Marthe, femme de Georges du Fay, comte de Maulevrier.

17. — François d'Auxy, chevalier, marquis d'Auxy, par lettres patentes du mois de septembre 1687, épousa Madeleine de Jubert-du-Thil : de cette union naquit une fille unique, Marie-Anne, qui épousa, en 1717, Angélique-Léon-Antoine de Maulde, marquis de Buissière, capitaine de carabiniers.

B.

BEAUCHAMP.

L'ancienneté et l'illustration de la noble famille de Beauchamp lui méritaient plus que la simple notice que nous avions donnée dans notre 1er volume, à la page 36. A l'aide d'un grand nombre de chartes puisées à différentes sources, on est parvenu à reconstituer la généalogie qui va suivre. Armes : *fascé de sinople et d'hermines de six pièces.*

1. — N... DE BEAUCHAMP, sire dudit lieu, fut père de : 1° Simon, qui suit ; 2° Hugues ; 3° Robert ; 4° Eustache.

2. — Simon DE BEAUCHAMP, chevalier, sire dudit lieu, vivant en 1178 avec Ermengarde, sa femme, dont il eut : 1° Rorgon, qui suit ; 2° Goscelin ; 3° Guillaume, clerc ; 4° Éve ; 5° Marguerite.

3. — Rorgon DE BEAUCHAMP, chevalier, seigneur dudit lieu, comparait dans divers actes en 1191 et 1195. De Marie, sa

femme, il eut : 1° Godard, qui va suivre ; 2° André, dit de Bovencourt, chevalier, en 1218.

4. — Godard DE BEAUCHAMP, chevalier, seigneur dudit lieu, père de :

5. — Jean DE BEAUCHAMP, chevalier, seigneur dudit lieu, de 1242 à 1290. On lui connaît deux femmes, Agnès et Emmeline, rappelées, selon l'usage du temps, dans les chartes par leur seul nom de baptême. D'elles naquirent : 1° Gérard, chevalier, sans enfants de Denise de Bailleul, sa femme ; 2° Jean, qui suit ; 3° Marie.

6. — Jean DE BEAUCHAMP, chevalier, seigneur dudit lieu et de Lambercourt en partie, allié 1° à Alix de Beusemont, et 2° à Isabelle de Caumont. Étant au service du connétable, au siége de Saint-Valery, il s'approcha dans une barque trop près des murs de la ville et fut frappé d'un carreau d'arbalète qui lui traversa le corps et le tua sur la place (1358-1359). Son fils et héritier fut :

7. — Jacques DE BEAUCHAMP, chevalier, seigneur dudit lieu et de Lambercourt, allié à Guyotte de Filières, vivant en 1360 et 1377 : on lui connaît deux fils : 1° Charles, qui suit ; 2° Engromer, écuyer, seigneur en partie de Biencourt, vivant avec Léonore de Drucat, sa femme, en 1410 : il fut père de David, écuyer, seigneur de Neslette et du Fresne, en 1449, qui fut père à son tour de Nicolas DE BEAUCHAMP, écuyer, seigneur de Neslette, en 1462 et encore en 1480.

8. — Charles DE BEAUCHAMP, chevalier, seigneur de Beauchamp, Lambercourt et Namps en 1407. De sa femme dont le nom est inconnu il n'eut qu'une fille :

9. — Aelips DE BEAUCHAMP, dame de Beauchamp, Lambercourt, Lambersart, Namps près Ardres, Montigny et Anceville, épousa Hue Bournel, chevalier, seigneur de Thiembronne, capitaine de la ville et du château de Rue. Son fils puîné, Guichart Bournel, fut apanagé par elle des seigneuries de Namps et de Puisseux à la condition qu'il quitterait ses armes,

d'argent à l'écu de gueules, à l'orle de 8 papegaux de sinople, pour prendre celles de Beauchamp, *fascé de sinople et d'hermine de six pièces ;* ce qui eut lieu en effet.

BECQUET.

De longues recherches dans le cabinet des titres de la Bibliothèque impériale nous permettent de remplacer par une notice plus substantielle la simple mention que nous avions faite de cette famille au tome 1ᵉʳ de notre Nobiliaire (p. 37). Nous disions alors que ses membres se vantaient de leur parenté avec le saint archevêque de Canterbury et d'appartenir à la meilleure noblesse du pays : à l'appui de cette allégation nous nous étions bornés à constater l'existence d'Edmond BECQUET, écuyer, possesseur en 1400 des seigneuries d'Erveloy et de Martainneville. Les pièces suivantes, si elles n'attestent pas la communauté d'origine des BECQUET de Ponthieu et des BECKET d'Angleterre, prouveront du moins que les premiers n'avaient pas tort en se disant gentilshommes de bonne race.

— Gauthier BECQUET, chevalier, témoin dans une charte de 1203.

— Alard BECQUET, neveu d'Anselme d'Airaines, renonça, après la mort de son oncle, à toutes ses prétentions sur un manoir assis à Airaines qu'Anselme avait donné à l'abbaye du Gard avant son départ pour la Terre-Sainte. — Février 1231.

— Enguerran BECQUET figure parmi les nobles et fieffés du bailliage d'Amiens qui furent convoqués pour la guerre par ordre de Philippe de Valois, le 25 août 1337.

— Aléaume et Guillaume BECQUET et leurs amis étant en guerre avec Henri de Biencourt, du Translay, et ses amis, se trouvaient dans une maison, à Visme, habitée par la femme de Mathieu BECQUET, lorsque cette maison fut incendiée. Les BECQUET accusèrent de ce méfait Henri de Biencourt qui, tout en se prétendant innocent, n'obtint pas moins du roi des lettres de rémission en janvier 1360.

— Willame BECQUET, écuyer, demeurant à Visme, avoue tenir en fief du comte de Ponthieu, à cause de son château d'Abbeville, son fief séant à Visme et contigu au manoir de Guillaume de Fontaines, chevalier, seigneur de la Neuville-au-Bois, le 3 décembre 1377.

— Pierre BECQUET, écuyer, seigneur du Plouy, tenait sa dite seigneurie en fief de la seigneurie de Franleu qui appartenait à Guérard de Boubers, chevalier, en 1383.

— Edmond BECQUET, écuyer, seigneur de Martainneville et d'Erveloy, en 1400.

— Guy BECQUET, écuyer, demeurant à Conteville (canton de Crécy) consent que les religieux de Saint-Riquier jouissent d'une maison située audit Saint-Riquier, donnée à l'abbaye pour une fondation, mais à la charge de lui fournir homme vivant et mourant, le 31 octobre 1422. — Le même vend à la même abbaye le cens qu'il avait sur ladite maison et s'engage à y faire consentir demoiselle Eustache, sa femme, qui y avait son douaire, le 13 novembre 1440.

— Antoinette BECQUET, dame du Plouy, apporte cette seigneurie vers 1490 à son mari, Pierre d'Acheu, écuyer, seigneur de Foucaucourt.

— N... BECQUET, femme de Jean de Belleval, écuyer, seigneur d'Aigneville, vers 1530.

(Les armes, comme on l'a dit au tome 1er.)

BÉHEN.

Deux chartes seulement nous révèlent l'existence d'une famille noble de ce nom, qui à la fin du xive siècle était encore en possession de la seigneurie de Béhen, village du canton de Moyenneville et de l'arrondissement d'Abbeville.

— Messire Jean DE BÉHEN, chevalier, sire de Vignacourt, et maître H. des Courtils, écolatre d'Amiens, qui devaient avec l'héritier de Mautort une rente de sept livres sur Mautort à Robert, chevalier, sire de Laviers, reçurent mandement dudit chevalier de payer cette rente aux dames de Moreaucourt auxquelles il l'avait donnée, en mars 1248.

— Gosselin DE BÉHEN, écuyer, tenait son fief de Béhen de la seigneurie-pairie de Villers-sur-Authie qui appartenait à Colaye de Moreuil, selon l'aveu du 22 juin 1384.

BELLENCOURT.

Les trois personnages qui suivent devaient certainement leur nom au village de Bellencourt, situé près d'Abbeville, dans le canton-nord de ladite ville.

— Enguerran DE BELLENCOURT, chevalier, témoin dans une charte du XIIe siècle.

— Boson DE BELLENCOURT, chevalier, également témoin dans une charte du XIIe siècle.

— Guillaume DE BELLENCOURT, écuyer, servait avec une compagnie composée de neuf écuyers, en 1339, dans la guerre contre Édouard III et les princes allemands.

C'est tout ce que nous avons pu réunir sur cette famille. S'il faut en croire le sceau dont Guillaume faisait usage en 1339 au bas des quittances de ses gages, les armes de la famille auraient été *un aigle éployé*.

BELLENGREVILLE.

Armes : *d'azur à la croix d'or cantonnée de quatre molettes d'éperon de même.* — Supports et cimier : *trois griffons d'or.*

Il est peu de maisons en Ponthieu dont l'origine ait été attaquée avec autant d'aigreur par les généalogistes que celle de Bellengreville. Cela provient sans doute du peu d'accord qui existait entre les divers membres de la famille, à une certaine époque, touchant le lieu d'où elle tirait son origine. Les uns disaient qu'ils avaient emprunté leur nom au village de Bellengreville, situé dans l'arrondissement de Dieppe, dans le canton d'Envermeu : le grand prévôt, la principale illustration de la famille, se prétendait bourguignon. Quelques généalogistes, désintéressés dans la question, ont cru pouvoir affirmer que ce n'était ni la Normandie ni la Bourgogne mais bien le Vimeu qui était la véritable patrie des Bellengreville, et qu'ils y durent leur rapide élévation à la protection de MM. de Rouault-Gamaches : ce dernier fait est rigoureusement vrai. En admettant que les Bellengreville aient quitté le village de ce nom pour s'établir en Vimeu à la fin du xive siècle, nous croyons avoir trouvé la seule et véritable origine de cette famille qui occupa en Vimeu, pendant deux siècles, une fort belle position.

Voici plusieurs membres de la famille que l'on n'a pu rattacher directement à la généalogie suivie :

— Robinet DE BELLENGREVILLE, écuyer, figure dans la compagnie de Jean de Neufville, écuyer, selon la montre qui en fut faite, le 4 août 1356, et dans celle du sire de Béthisy, le 1er septembre 1378.

— Robin DE BELLENGREVILLE, écuyer, comparaît dans la montre de Jean Bodart, écuyer, du 1er septembre 1380.

— Wistache DE BELLENGREVILLE possède du bien à Trenquie, en 1380.

— Robert DE BELLENGREVILLE, tué au siége de Mercq, en 1402, selon Monstrelet.

La généalogie suivie et prouvée doit s'établir ainsi qu'il suit :

1. — Eustache DE BELLENGREVILLE, vivant en 1480, fut père de : 1° Jean, qui suit ; 2° Guillaume, auteur de la seconde branche, qui suivra à son rang ; 3° Péronne, femme de Thierry Massue, écuyer.

2. — Jean DE BELLENGREVILLE, écuyer, seigneur des Alleux. De sa femme dont le nom est inconnu, il eut : Melchior, qui suit.

3. — Melchior DE BELLENGREVILLE, chevalier, seigneur des Alleux, lieutenant de 1000 hommes de pied sous la charge du sieur de Saint-Aubin, son oncle, épousa Antoinette Le Vasseur, qui lui donna quatre enfants : 1° Nicolas, chevalier, seigneur des Alleux et de Béhen, gentilhomme ordinaire de François, duc d'Alençon, sans suite ; 2° Jean, chevalier, seigneur de La Cour-du-Bois, sans suite ; 3° Joachim, chevalier, seigneur de Neuville-Gambetz, Cloches, Boutigny, Abondant, Bouvincourt, Mons, Monthen, Bretel, Behen, Bulleux, Lignières, Latinville et Mézy, conseiller du roi en ses conseils d'État et privé, gouverneur d'Ardres et de Meulan, prévôt de l'hôtel de Sa Majesté, grand prévôt de France, chevalier des ordres du roi, colonel des vieilles bandes de Cambrai. Il avait épousé Claude de Maricourt, veuve de Nicolas Rouault de Gamaches, et n'en eut pas d'enfants.

SECONDE BRANCHE.

2. — Guillaume DE BELLENGREVILLE, écuyer, seigneur de Fresnoy, lieutenant d'Airaines et d'Arguel, conseiller du roi. De sa femme, dont le nom est inconnu, naquirent : 1° Jean, qui suit ; 2° Josse ; 3° Antoine ; 4° Marie, femme de Gérard de Maillefeu, écuyer, seigneur de Bouillancourt.

3. — Jean DE BELLENGREVILLE, écuyer, seigneur de Fresnoy ; il fut père du suivant.

4. — Antoine DE BELLENGREVILLE, écuyer, seigneur de Fresnoy, épousa Marie de Fontaines. Il fut père du suivant :

5. — Jean DE BELLENGREVILLE, chevalier, marquis de Bellengreville et de Buleux, seigneur de Buleux, Béhen, Mons, Montant, et Bretel, fut d'abord abbé de Forestmontiers et du Tréport : puis il résigna en 1617 ces abbayes à Charles de Fontaines, son cousin, et recueillit en 1623 la succession et substitution faite à son profit par son cousin, Joachim DE BELLENGREVILLE, grand prévôt de France ; la terre de Buleux lui fut adjugée par arrêt du Parlement, du 26 juillet 1626. Il vendit, en 1650, la terre de Fresnoy à Sanson Ternisien. Il avait épousé, le 11 décembre 1623, Claude de Mailly et mourut en 1678, laissant : Jean, qui suit ; 2° Anne, alliée en 1639 à Jean L'Yver, chevalier, seigneur et vicomte de Bouillancourt ; 3° Catherine.

6. — Jean DE BELLENGREVILLE, chevalier, marquis de Bellengreville et de Buleux, seigneur de Buleux, Béhen, Mons et Montant, épousa, par contrat du 26 novembre 1672, Catherine L'Yver, sa nièce : il vendit Bretel et le Montant, et mourut vers 1700, laissant plusieurs enfants : 1° Nicolas, qui suit ; 2° Guillaume, chevalier ; 3° Joachim-African ; 4° Jean-Charles, chevalier, seigneur de Béhen ; 4° Anne ; 5° Gabrielle ; 6° Catherine.

7. — Nicolas DE BELLENGREVILLE, chevalier, marquis de Bellengreville et de Buleux, seigneur de Buleux et Béhen, né le 31 mai 1679, épousa le 16 février 1722, Marguerite-Charlotte Le Boucher du Castelet. Il mourut le 7 février 1733 laissant trois enfants : 1° Nicolas-Pascal, qui suit ; 2° Marie-Charlotte, née le 3 septembre 1723 ; 3° Catherine-Victoire, née le 3 novembre 1724.

8. — Nicolas-Pascal DE BELLENGREVILLE, chevalier, marquis de Bellengreville et de Buleux, seigneur de Buleux et de Béhen, né le 6 décembre 1728, mourut le 5 février 1775. Il ne laissa

que deux filles, l'une, dite mademoiselle de Pellevert, morte au château de Buleux, sans alliance, vers 1825; l'autre, qui, à ce que je crois, épousa M. Godart, dont le fils a relevé, avec l'autorisation du roi Louis-Philippe, le nom de Bellengreville.

Mais, par le fait même, la famille de Bellengreville est éteinte.

BELLEPERCHE.

Cette famille a été très-considérable en Vimeu, et elle a possédé à Rambures un fief auquel elle a donné son nom. La seigneurie de Fressenneville lui a appartenu également, et ses membres y ont fondé des chapelles. Après avoir occupé de hautes fonctions et contracté des alliances avec les meilleures familles du Vimeu, la famille de Belleperche s'est éteinte au commencement du XVIᵉ siècle dans celle de Fontaines.

Les armes de la famille de Belleperche étaient: *d'argent au croissant de gueules,* que les cadets brisaient *d'un lambel d'azur en chef,* et aussi quelquefois *d'une fleur de lys d'azur en pointe.* Les sceaux conservés dans la collection de Clairembault en font foi.

L'origine de la famille de Belleperche avait donné lieu à des erreurs de diverse nature. On l'avait, il faut croire, confondue avec d'autres familles du même nom: il nous est permis de la rétablir ici telle qu'elle doit être, et de la manière la plus scrupuleusement exacte puisque la pièce authentique qui tranche définitivement cette question est entre nos mains.

L'auteur de la famille de Belleperche fut un cadet de la famille de Belleval. Martin, sire de Belleval, chevalier, comparait avec son frère Robert dit DE BELLEPERCHE, chevalier, « Roberto quoque de Bellapertica, fratre suo..... tunc militibus, » en qualité de témoins dans une charte du mois de mars 1211 de Robert de Frettemeule, chevalier. Roger, sire de Belleval, chevalier, vivant en 1180 (voir la généalogie de Belleval, p. 38 et suiv. du tome 1ᵉʳ), aurait donc eu entre autres enfants : 1° Martin, qui continue la filiation de la famille de Belleval, et 2° Robert, dit DE BELLEPERCHE, chevalier, qui devint la tige de la famille de ce nom. Les documents que nous avons réunis sur ces derniers ne nous permettent malheureusement pas d'en établir la généalogie suivie. Nous nous bornerons donc, bien malgré nous, à des citations, par ordre chronologique, de tous les personnages sur lesquels nous possédons des titres et des notes.

— Robert, dit DE BELLEPERCHE, chevalier, frère de Martin, sire de Belleval, chevalier, et fils de Roger, sire de Belleval, chevalier, sert de témoin avec son frère Martin, dans une charte de Robert de Frettemeule, chevalier, du mois de mars 1211.

— Jean DE BELLEPERCHE, chevalier, reçoit du roi de France 106 livres 5 sols tournois, dont 55 livres 5 sols pour ses services et 50 livres tournois pour l'indemniser des dommages que l'on a faits à son vivier de Mortemer. Les lettres du roi qui lui font cette donation sont du 28 septembre 1297 et la quittance du sire DE BELLEPERCHE du mois « d'octembre » suivant.

— Le même Jean DE BELLEPERCHE, chevalier, confesse avoir reçu de Guillaume de Montmor, trésorier du roi, onze cents écus vingt-deux sols tournois pour une année de ses gages, le 8 octobre 1299.

— Mathieu DE BELLEPERCHE, chevalier, seigneur de Broutelles, permit en 1321 que les bestiaux de la ferme de Beaurepaire, appartenant à l'abbaye de Sery, allassent paître dans toute l'étendue de ses marais de Broutelles.

— Hérouart DE BELLEPERCHE, chevalier, maître d'hôtel du roi, reçoit en don du roi « la terre et la maison des Aumaus, avec toutes les appendances et appartenances dicelle, laquele est assise en la chatelenie de Lille, » qui provenaient par confiscation de « Jehan Le Chambellenc de Neuport » tué à la bataille de Cassel, en combattant contre le roi ; la donation est datée de janvier 1328 (1329, nouveau style.)

— Renaut DE BELLEPERCHE sert de témoin dans des citations d'un procès survenu entre les comtes de Ponthieu et de Dreux, en 1335.

— Jean DE BELLEPERCHE, chevalier, sire de Fontaine-le-Sec, avec quatre écuyers, va de Belleperche-en-Vimeu à Rennes pour « lost de Ploërmel, en 1342. — Le même reconnaît avoir reçu de Nicolas Braque, trésorier du duc de Normandie et de Guyenne 100 florins d'or à l'écu que le duc lui donne « pour certaine cause » qui est restée inconnue, le 12 décembre 1349.

— Robert DE BELLEPERCHE, chevalier, servait avec trois écuyers en Picardie et sur les frontières de Flandres sous monseigneur d'Angoulême, connétable de France, le 17 avril 1354. — Le même reçut en don de Jean, sire de Hangest, capitaine-souverain d'Anjou, du Maine et de Normandie, 25 livres parisis pour l'indemniser d'un cheval qu'il avait perdu à la guerre, le 8 septembre 1353. — Il reçut encore de Barthélemy du Drach, trésorier des guerres, 54 livres tournois pour les gages de lui et de ses gens d'armes servant dans le pays d'Angoulême sous les ordres de Guillaume de Nesle, sire du Saulchoy, le 30 juin 1354. — Il reçut encore, le 14 avril 1363, du receveur-général d'Anjou, de Maine et de Touraine, 105 livres tournois pour un mois des gages de lui et de cinq hommes d'armes servant en Anjou et en Touraine sous les ordres du sire de Craon.

— Robillart DE BELLEPERCHE, chevalier, achète à Mahieu de Bos-Raoul, dit Perceval, écuyer, 40 journaux de terre appartenant au fief et manoir du Bos-Raoul, avant 1361. — Il avait épousé N... de Croquoison, dont il eut une fille, alliée vers 1380 à Jean Boutery, chevalier, seigneur de Huppy, vicomte de Maisnières.

— Mathieu DE BELLEPERCHE, écuyer, reçoit d'Étienne Braque, trésorier des guerres, 37 livres 10 sols tournois pour les gages de lui et 4 écuyers de sa compagnie servant sous le comte d'Eu, le 4 août 1369.

— Ansoult DE BELLEPERCHE, écuyer, obtient en mars 1370 des lettres de rémission du roi pour avoir tué dans une querelle, à Abbeville, Jean de Nibas, dont il avait lui-même reçu trois coups de dague. — Il laissa des enfants qui, en 1377, guerroyaient, comme on le verra plus loin, contre Jean et Renaut DE BELLEPERCHE, leurs parents.

— Jean DE BELLEPERCHE, chevalier, et Renaut DE BELLEPERCHE, écuyer, frères, obtiennent, le 22 juillet 1377, du roi de France des lettres de rémission pour avoir guerroyé contre les enfants d'Ansoult DE BELLEPERCHE, écuyer. Le roi accorde les lettres en considération des services que Jean lui rend à la guerre, en Gascogne, sous les ordres de Robert d'Artois.

— Hérouart DE BELLEPERCHE, écuyer, servait le 1er mai 1378 dans la compagnie de Jean Boutery, chevalier. — Il assista à la bataille de Rosebecque, en 1382, et avait, deux ou trois jours auparavant, traversé la Lys avec Jean de Roye dans une barque qu'ils avaient apporté dans leurs bagages. (Chron. de Froissart, liv. 2, ch. 180). — Il servait, le 1er février 1387, dans la compagnie d'Enguerran de Bézu, chevalier, et le 1er juillet suivant dans celle de Robert de Béthune, chevalier banneret. — Hérouart, en qualité de cadet, brisait son écu *d'un lambel d'azur.*

— Hanseaudin DE BELLEPERCHE, écuyer, servait, le 1er décembre 1380, dans la compagnie de Jean de Girollez, chevalier.

— Raoul et Renaut DE BELLEPERCHE, écuyers, frères, servaient le 19 juillet 1380 dans la compagnie de Jean de Cayeu, chevalier.

— N... DE BELLEPERCHE épouse demoiselle N... de Saint-Blimond, vers 1460.

— Jean DE BELLEPERCHE, écuyer, seigneur de Nibas et de Mauconduit, épouse Isabeau de Teuffles; d'eux naquit une fille unique, Nicole DE BELLEPERCHE, qui épousa par contrat du 12 novembre 1518, Jean de Fontaines, écuyer, seigneur de Wiameville.

BERSACLES.

Au court exposé généalogique de cette famille que nous avons donné dans notre 1er volume (p. 55) il convient d'ajouter les notes suivantes puisées dans divers cartulaires du Ponthieu et de l'Amiénois. On aura alors sur les Bersacles un ensemble qui permettra de les apprécier à leur juste valeur.

Le plus ancien membre de la famille que l'on connaisse est Herbert DE BERSACLES, possesseur de dîmes qui furent données par Anscher de Saint-Riquier, chevalier, son suzerain, au prieuré de Biencourt, en 1090. Après lui viennent par ordre chronologique :

1. — Wautier, chevalier, seigneur de Bersacles, auquel l'abbaye de Saint-Riquier céda une rente annuelle de deux setiers de blé à prendre sur son grenier, en échange du terrage qu'il avait le droit de prendre sur certains héritages donnés à l'abbaye par Hue Ly Veille en s'y faisant moine, en 1241. — Ade, veuve de feu Wautier, chevalier, jadis seigneur de Bersacles, qui renonce moyennant une rente annuelle de huit livres parisis et d'un muids de blé, à tout son droit de douaire sur la terre de Bersacles, en mars 1268, était femme de notre Wautier. On leur donne pour enfants : 1° Adam, qui suit ; 2° Simon ; 3° Jean ; 4° Hugues, tous trois possesseurs par indivis de l'usufruit de vingt-quatre journaux de terre à Bersacles, en 1265.

2. — Adam DE BERSACLES, chevalier, seigneur dudit lieu, et Isabelle, sa femme, vendirent à l'abbaye de Saint-Riquier, en novembre 1263 leur seigneurie de Bersacles qui relevait par hommage-lige de ladite abbaye, et à cause de laquelle Adam devait le service de chevalier à l'abbaye chaque fois qu'il en

était requis. Cette vente fut faite moyennant quatre cents livres. On en excepta seulement le fief d'Adam de Neuilly, dit Perche, qui resta entre les mains de Jean de Hallencourt, son seigneur immédiat.

On trouve en 1270 un Willame DE BERSACLES, époux de Jeanne, qui vraisemblablement appartenait à cette famille. Après lui vient, mais sans que rien le rattache aux précédents dont au contraire un siècle le sépare :

1. — Jacques DE BERSACLES, écuyer, demeurant à Saint-Riquier, père de :

2. — Jean DE BERSACLES, écuyer, possesseur d'un fief tenu de la seigneurie-pairie de Ponches, vers 1380. De lui est issu :

3. — Jacques DE BERSACLES, écuyer, châtelain du château d'Éperlecques, et seigneur de Welme par acquisition de Robert de Lisques, chevalier, en 1446. Il eut pour fils Philippe.

4. — Philippe DE BERSACLES, écuyer, châtelain du château d'Éperlecques par brevet du 16 octobre 1473, son père s'étant dessaisi en sa faveur de cet office.

Les armes des Bersacles furent bien, comme nous l'avons dit dans le 1ᵉʳ volume de ce Nobiliaire : *d'azur à trois molettes d'éperon d'or*, mais dans les sceaux antérieurs au xivᵉ siècle on ne voit jamais *qu'une seule molette*.

BEUZIN.

Armes : *d'azur au chevron d'or accompagné de trois trèfles soutenus de trois croissants de même, au chef d'or chargé de trois croix de gueules.*

On pense que cette famille était originaire de l'extrême limite du Ponthieu et de l'Artois, des environs d'Auxy-le-Château. Elle a eu des fonctions et une position honorables à Abbeville pendant plusieurs générations. Elle est depuis longtemps éteinte.

1. — Jean DE BEUZIN, habitant à Auxy-le-Château, en 1466, fut tué en défendant le château d'Auxy. Il fut, à ce que l'on pense, père du suivant :

2. — Jean DE BEUZIN, écuyer, seigneur de Saint-Foursy, auditeur pour le roi à Doullens, épousa Isabeau Le Bon. Il vivait encore en 1509, époque à laquelle il signa la coutume d'Auxy-le-Château. De son union naquit :

3. — Guillaume DE BEUZIN, écuyer, seigneur de Saint-Foursy, auditeur du roi à Doullens, fut allié à Marie Le Hareng, dont il eut : 1° Antoine, auditeur à Doullens, en 1508 ; 2° Adrien, qui suit :

4. — Adrien DE BEUZIN, écuyer, seigneur de Saint-Foursy et de Galandre, receveur de Brucamps pour le duc de Vendomois en 1543, échevin d'Abbeville en 1546, épousa Antoine de Lamaurry, qui lui donna :

5. — Adrien DE BEUZIN, écuyer, seigneur de Saint-Foursy et de Pincemont, licencié-ès-lois, siéger d'Abbeville en 1554, allié à Marguerite de Bristel, de laquelle sont nés : 1° Antoine, qui suit ; 2° Marguerite, mariée en 1565 à Jacques de Belloy, écuyer, seigneur de Vercourt ; 3° Marie, mariée en 1575 à François de Buines ; 4° Isabeau, femme de Jean Gaude, écuyer, licencié-ès-lois, seigneur de Saint-Élier.

6. — Antoine DE BEUZIN, écuyer, seigneur de La Barre, châtelain du Titre et du Gard, épousa en premières noces Louise de Belloy de Rogeant qui lui apporta les titres de châtelain du Gard et du Titre. Il épousa en secondes noces N... de Preuville. Du premier lit est issu :

7. — Antoine DE BEUZIN, écuyer, seigneur de la Barre, châtelain du Gard et du Titre, allié à Marie de Friencourt, dont : 1° Antoine-François, qui suit ; 2° François, écuyer, seigneur de Beauchesne et Agenvillers, mort en 1700, laissant des enfants de Catherine de Lestendart, sa femme.

8. — Antoine-François DE BEUZIN, écuyer, seigneur de la Barre, châtelain du Gard et du Titre, père de : 1° Claude, écuyer, seigneur de La Barre, châtelain du Gard et du Titre ; 2° Jean-François, écuyer, seigneur de Frenicourt.

BOIS-RAOUL.

Le fief qui avait donné son nom à cette famille ou qui peut-être avait reçu d'elle le sien était situé sur le territoire de Selincourt. Nous ignorons quelle était son importance. S'il faut en croire un sceau d'Aléaume DE BOIS-RAOUL, de 1361, les armes de la famille auraient été : *écartelé, au 1er et 4me un créquier, au 2me et 3me fascé à une bande brochante*. Rien d'ailleurs n'indique les émaux et les métaux de cet écusson, et l'on en est réduit sur ce point à des conjectures. Il est pourtant présumable que le 2me et le 3me quartiers n'étaient que des armes d'alliances, peut-être celles de la mère d'Aléaume, selon un usage dont les titres scellés de Clairembault, à la Bibliothèque impériale, et la collection de sceaux des Archives de l'Empire offrent de fréquents exemples. Le véritable blason des Bois-Raoul aurait donc été *un créquier*.

Voici, par ordre chronologique, les personnages isolés que nous avons pu retrouver :

— Guillaume DE BOIS-RAOUL, témoin dans une charte de 1252 avec d'autres gentilshommes de Ponthieu.
— Mahieu DE BOIS-RAOUL, dit Perceval, écuyer, époux d'Aëlis Catonne, vend avant 1361 à Robillart de Belleperche, chevalier, 40 journaux de terre appartenant à son fief et manoir du Bois-Raoul. Il eut pour fils Bernard DE BOIS-RAOUL, écuyer.
— Aléaume DE BOIS-RAOUL, écuyer, figure en qualité d'homme-lige du Ponthieu dans une charte du 4 février 1361 et la valide de son sceau que l'on a décrit plus haut.

La famille de Bois-Raoul était éteinte sans doute en 1456, car le

24 août de cette année, Jeanne, dame de Selincourt, était en possession du fief de ce nom et en donnait le rentage aux religieux de Selincourt.

BOUVAINCOURT.

Le village de Bouvaincourt, situé tout auprès de Beauchamp, fut choisi par les puissants seigneurs de ce nom pour être l'apanage d'un de leurs fils puînés. Telle est l'origine de la famille de Bouvaincourt sur laquelle nous ne possédons que fort peu de renseignements et dont nous n'avons pu constater l'existence au-delà de la première moitié du XIII° siècle. Elle avait conservé à peu de chose près les armes de Beauchamp et sur un sceau d'André de Bouvaincourt de 1218 on voit : *trois fasces*. La brisure avait donc consisté dans la suppression de *l'hermine* et son remplacement par un émail ou un métal.

— Guillaume DE BOUVAINCOURT est dit, en 1147, possesseur de la seigneurie de Méneslies.

1. — Rorgon DE BEAUCHAMP, dit de Bouvaincourt, remit à l'abbaye du Lieu-Dieu, du consentement de Marie, sa femme, un muids de blé de rente qu'il prenait sur la grange de ladite abbaye, à Embreville, en janvier 1215. Le sceau qu'il suspendit à cette pièce le représentait à cheval et armé. Il avait eu deux fils : 1° André qui suit ; 2° Godefroi.

2. — André DE BOUVAINCOURT, chevalier ; avec Ide, sa femme, il souscrivit en mai 1216, la donation d'une rente d'un muids de blé sur le moulin de Beauchamp faite à l'abbaye du Lieu-Dieu par Ricolde, veuve d'Auscher de Fressenneville. — En 1218 il donna à la même abbaye tout ce qu'il tenait à Ault du sire de Saint-Valery. C'est à cette pièce qu'est suspendu le sceau qui a permis de reconstituer le blason des Bouvaincourt.

BRESTEL.

Nous avons déjà donné (page 79 du Ier volume) une notice sur cette famille, depuis longtemps éteinte : Voici sa généalogie :

1. — Raoul DE BRESTEL, écuyer, demeurant à Bonnelles avec Jeanne Brocquet de Ponthoiles, sa femme. D'eux naquit :

2. — Nicolas DE BRESTEL, écuyer, seigneur de Drancourt, vivant en 1516 avec Jeanne Abraham, sa femme. D'elle il eut :

3. — Louis DE BRESTEL, écuyer, seigneur de Bonnelles, capitaine d'une compagnie de gens de pied ; de sa femme, dont le nom est inconnu, il eut :

4. — Mathieu DE BRESTEL, écuyer, seigneur de Bonnelles, qui épousa : 1° Marie Le Clerc ; 2° Blanche du Quesnel, par contrat du 3 juin 1585. De cette dernière est né :

5. — Oudard DE BRESTEL, écuyer, seigneur de Bonnelles, allié par contrat du 6 octobre 1608 à Marie Le Vasseur, dame d'Hiermont. Il fut père d'André, qui suit.

6. — André DE BRESTEL, écuyer, seigneur d'Hiermont. Celui-ci épousa par contrat du 30 juillet 1636 Catherine de Sarcus : de cette union naquirent : 1° Charles, qui suit ; 2° François, écuyer, seigneur d'Hiermont, allié à N... du Monchel, dont suite ; 3° Antoine, écuyer, seigneur de Linay.

7. — Charles DE BRESTEL, écuyer, seigneur d'Hiermont, capitaine des portes de Narbonne : de sa femme, dont le nom est inconnu, il n'eut qu'une seule fille, Marie-Anne, qui hérita de toutes ses terres et seigneuries, et les apporta à Henri Danzel, seigneur de Busmenard, son mari.

Nous ajouterons maintenant ici la nomenclature des personnages du même nom et de la même famille que l'on n'a pu faire entrer dans la courte généalogie qui précède. Elle servira du moins à prouver la respectable ancienneté de la noblesse des Brestel.

— Hugues DE BRESTEL fait avec Robert de Longroy, son seigneur, un accord qui règle les devoirs du fief de Basinval envers ledit seigneur, en mars 1240. De lui est issu :

— Jean DE BRESTEL, fils du précédent, vendit à l'abbaye du Lieu-Dieu toute la dîme qu'il tenait de Gérard de Boubers, au territoire de Boubers, en avril 1258. — Au mois de janvier 1272 il fit amortir par Robert de Longroy, son seigneur, le fief de Basinval qu'il donna en échange à l'abbaye du Lieu-Dieu. On pense qu'il aurait eu pour fils :

— Jean DE BRESTEL, chevalier, sire dudit lieu. Il demeurait avec Marie, sa femme, à Mons-Boubers, quand il vendit à l'abbaye du Lieu-Dieu toute la dîme qu'il possédait sur le territoire de Mons-Boubers, en février 1324.

— Thomas DE BRESTEL était possesseur en 1377 d'un fief dépendant de celui que Sohier de la Viefville, comme mari de Jeanne d'Equennes, tenait à Andainville de la seigneurie du Mazis.

— Jean DE BRESTEL tenait en 1381 un fief à Villers-sur-Authie dépendant de la seigneurie-pairie dudit lieu.

— N... DE BRESTEL, écuyer, allié vers 1395 à Marguerite de Boubers, sœur et héritière de Robinet de Boubers, chevalier, seigneur de Chepy. D'elle il eut :

— Jean DE BRESTEL, écuyer, seigneur de Chepy, par succession de son oncle, en fut mis en possession du consentement de sa suzeraine, Jeanne d'Harcourt, dame de Bailleul-en-Vimeu, le 24 août 1425. De sa femme, dont le nom est resté inconnu, il n'eut qu'une fille, Marguerite, qui, en qualité d'héritière de son père releva la terre et seigneurie de Chepy tenue de Bailleul, à la charge de 15 livres de rente hypothécaire envers Philippe d'Ivregny, le 11 septembre 1476.

— Clément DE BRESTEL, écuyer, en qualité d'époux de Jeanne d'Abbeville, releva, le 15 décembre 1432, le fief de la vénerie de l'évêché de Beauvais, à cause duquel il était tenu de faire au dressoir, avant le service de l'écuelle de l'évêque, l'essai de la venaison et d'aller depuis le dressoir jusqu'à la table devant l'évêque, tenant une verge à la main.

— Thomas DE BRESTEL, dit Flameno, écuyer, seigneur de Lannoy, d'Acquet et de Caurrel, en présence de « ses hommes tenants en son terroir de Cauroel » atteste une vente faite par Jean de Willencourt et Jeanne, sa mère, le 8 mai 1439. Vingt ans après, le 18 avril 1459, il donne à Yvon de Tornes l'investiture de six journaux de terre au Caurrel que celui-ci avait acquis de Jean du Four.

BROULLART.

On ne possède que fort peu de renseignements sur cette famille, qui est depuis longtemps éteinte. On ignore même quelles furent ses armoiries. Tout ce que l'on sait, c'est que sa noblesse était fort ancienne, et que ses membres étaient, au commencement du xve siècle, qualifiés écuyers. Voici le seul fragment de généalogie suivie que l'on ait pu rétablir.

1. — Robert BROULLART, écuyer, possesseur de fiefs à Martainneville et au Translay, époux d'Aélips Becquet, de laquelle il eut :

2. — Aléaume BROULLART, écuyer, seigneur de Longuemort en 1414 et 1424, père de

3. — Robert BROULLART, écuyer, seigneur de Longuemort. De sa femme, dont le nom est inconnu, il eut : 1° Guillaume, qui suit ; 2° Marie, qui suivra après son frère.

4. — Guillaume BROULLART, écuyer, seigneur de Longuemort et de Pendé, beau-frère de Guillaume de Montmorency, mort sans postérité.

5. — Marie BROULLART, dame et héritière de Pendé, par la mort

de son frère, épousa Nicolas Gourle, chevalier, seigneur de Monsures et de Maraines, capitaine d'Amiens en 1460.

Parmi les membres de la famille que l'on n'a pu rattacher au fragment généalogique qui précède, il faut citer :

— Jacques BROULLART, demeurant à Abbeville, en 1384.
— Jeannin BROULLART, chevaucheur de l'écurie du roi, demeurant à Abbeville en 1411.
— Isabelle BROULLART, femme de Jean L'Obligeois, demeurant à Abbeville en 1421.
— Nicolas BROULLART, demeurant à Abbeville en 1524.
— Jeanne BROULLART, femme d'Antoine, baron de Mouy, vers 1540.

BROUTIN.

Nous n'avons nulle part trouvé trace de l'existence de cette famille en Ponthieu, au xvi° siècle. Les notes suivantes qui comprennent les xiv° et xv° siècles établissent qu'elle était de temps immémorial en possession de la noblesse et que ses membres occupaient une excellente position parmi les gentilshommes du pays.

1. — Philippe BROUTIN, écuyer, vivant en 1333 avec Frémine Becquet, sa femme, fut père des suivants : 1° Jean, qui suit ; 2° Guillaume, écuyer, demeurant à Martainneville en 1377 et possesseur de biens au Translay à la même époque.

2. — Jean BROUTIN, écuyer, seigneur de Boiville-lès-Morival, servit au comte de Ponthieu un aveu pour sa dite seigneurie, le 10 janvier 1377. En juin 1378 il servit un autre aveu pour un fief situé à Martainneville qu'il tenait de Robert de Crésecques, chevalier, sire de Martainneville. On ignore le nom de sa femme et on croit qu'il fut père d'Alard, qui suit.

3. — Alard BROUTIN, écuyer, père de Raoul, qui suit ; Alard

vendit des arbres à Martainneville en 1402, et il possédait à Abbeville une maison en 1406.

4. — Raoul BROUTIN, écuyer, possesseur en 1441 du fief à Martainneville pour lequel son aïeul Jean avait servi aveu en 1378. On lui donne pour fils : Jean, écuyer, fieffé en 1465 et qui paya cette même année dix sous à l'arrière-ban ; Bernard, écuyer, possesseur de biens à Martainneville et y demeurant en 1457 et en 1466. Il paye en 1466 douze sous à l'arrière-ban.

Citons encore :

— Jean et Philippot BROUTIN, écuyers, possesseurs de fiefs à Martainneville en 1380.
— Bertrand et Enguerran BROUTIN, écuyers, également possesseurs de biens à Martainneville en 1377.
— Mahieu BROUTIN, écuyer, mourut vers le 14 octobre 1390 laissant ses biens à Mahieu de Morvillers, écuyer, son neveu.
— Agnès BROUTIN, femme d'Alexandre de Havrech, écuyer, demeurant au Pont-aux-Cardons en 1420.
— Jeanne BROUTIN vend en 1487 à Jean Journe, écuyer, son fief du Personnage, sis à Martainneville et tenu du fief Clabaut.

BUINES.

Armes : *d'azur à trois molettes d'éperon d'or.* — Supports : *deux lions.*

Cette famille est originaire des frontières du Ponthieu et de l'Artois. Le fief de Buines, qui lui a donné son nom, était situé dans les environs d'Auxy-le-Château. Elle était ancienne, puisqu'on trouve un de ses membres, Raoul DE BUINES, sans aucune qualification, il est vrai, Radulphus de Bunâ, vivant dans le même pays avant l'an 1200. — La filiation suivie et prouvée commençait avec le suivant :

1. — Jacques DE BUINES, écuyer, seigneur de Tigny-les-Nampont-sur-Authie, allié en 1480 à Jacqueline de Boubers, dame de Tuncq, dont le seul :

2. — Philippe DE BUINES, écuyer, seigneur de Tigny, demeurant à Auxy-le-Château en 1509. Il fut père du suivant.

3. — Jean DE BUINES, écuyer, seigneur de Tuncq, vivant en 1553 avec Jeanne du Bus de Wailly, qui lui donna :

4. — François DE BUINES, écuyer, seigneur de Tuncq, allié par contrat du 26 avril 1573, à Marguerite de Beuzin, dont : 1° Louis, écuyer, seigneur de Tigny, allié à Marie de Gouy ; 2° Jacques, écuyer, seigneur du Hamel, allié par contrat du 2 février 1602 à Claude Roussel ; 3° Claude, qui suit ; 4° Gabrielle, femme de Jean de Sainte-Aldegonde, écuyer, seigneur de Noircarmes.

5. — Claude DE BUINES, écuyer, seigneur des Goulets, épousa, par contrat du 12 janvier 1629, Catherine d'Ailly de Montgeron, de laquelle il eut : 1° Philippe, qui suit ; 2° Marc-Antoine ; 3° François.

6. — Philippe DE BUINES, écuyer, seigneur du Hamel, allié par contrat du 12 juin 1662 avec Louise de Morand de Brachy, dont : 1° N..., qui suit ; 2° N.....

7. — N... DE BUINES, écuyer, seigneur du Hamel, lieutenant d'infanterie, allié en 1708 à Marie Le Roy de Saint-Lau, dont 1° N..., écuyer, seigneur de Noyelles-sur-Authie.

BULEUX.

Le village de Buleux (Cérisy-Buleux) qui fait partie aujourd'hui du canton de Gamaches, a eu ses seigneurs particuliers à qui il avait donné son nom. Le Carpentier, dans son histoire du Cambrésis, ne manque pas de revendiquer pour son pays, comme tant d'autres familles, celle-ci qui ne lui a jamais appartenu, et qui fut au contraire originaire du Ponthieu. Les armes de Buleux étaient : *d'azur au chef d'or.*

1. — Guillaume DE BULEUX, chevalier, vivait époux de Jeanne de Hervilly, en 1257. D'eux sont issus : 1° Guillaume, qui suit ; 2° Jean.

2. — Guillaume DE BULEUX, chevalier, allié à Alix des Marets, eut d'elle : 1° Jean ; 2° Hugues ; 3° Wautier.

On trouve encore en Vimeu plusieurs membres de la même famille :

— Mahaut DE BULEUX, femme de Mathieu de La Rivière, chevalier, gouverneur d'Arleux, mort en 1361.

— N... DE BULEUX, femme de Brillet Cornu, écuyer, vers 1380.

— Eustache, sire DE BULEUX, chevalier, tenait à Neslettes vers 1390 un fief mouvant de la seigneurie dudit lieu qui appartenait à Fremin de Drucat, écuyer.

— Jean DE BULEUX, écuyer, fils du précédent, possédait le même fief en 1409.

— Jeanne DE BULEUX, femme de Joachim de Dompierre, écuyer, seigneur dudit lieu, et héritière de feu Aléaume DE BULEUX, et de Périne d'Ais, sa femme, avait vendu le 6 mars 1485 à Antoine Le Prévost, bourgeois d'Abbeville, une maison située à Abbeville qui avait appartenu audit Aléaume ; mais Charles DE BULEUX, cousin de Jeanne, en ayant voulu faire le retrait lignager, Antoine Le Prévost s'en dessaisit en sa faveur le 24 avril 1486.

— N... DE BULEUX, dame de Buleux et de Sotteville, femme de Jacques d'Aoust, écuyer, seigneur de Saint-Aubin, en 1542.

BUISSY.

Armes : *d'argent à une fasce de gueules chargée de trois fermaux d'or.* — Supports : *deux levriers d'argent avec un collier de gueules, bouclé d'or.* — Cimier : *un dogue ailé issant du casque.* — Devise : *Attente nuit, Buissy.*

Cette noble et ancienne famille est originaire du village de Buissy-Baralle dans le Pas-de-Calais, canton de Marquion, et ce n'est qu'au XVe siècle qu'elle vint s'établir en Ponthieu où elle n'a cessé de résider assiduement depuis. Un séjour de quatre siècles dans notre pays, la possession à Abbeville d'importantes fonctions, des alliances constantes avec les meilleures familles lui assurent le droit d'être placée au premier rang parmi la noblesse du Ponthieu. Les Buissy ne figurent pas, on ne peut s'expliquer pourquoi, dans les maintenues de Bignon et de Bernage : ce n'est que par un arrêt du 24 juin 1758, enregistré à la Cour des Aides le 11 août suivant, que le Conseil d'État reconnut leur qualité de gentilshommes. On trouve leur généalogie fort bien faite et avec certains développements dans le Dictionnaire de la Noblesse de La Chesnaye-Desbois, tome 3, p. 355 et suivantes, et nous nous en sommes inspirés pour celle qui va suivre :

1. — Thibaut DE BUISSY, chevalier, seigneur de Buissy-Baralle, ainsi qualifié dans des titres de l'an 1102, laissa pour fils Hugues.

2. — Hugues DE BUISSY, chevalier, seigneur de Buissy-Baralle, laissa de sa femme, dont le nom est inconnu, trois fils, 1° Thibault, qui suit; 2° Wlfran; 3° Wion.

3. — Thibaut DE BUISSY, chevalier, seigneur de Buissy-Baralle, est dit avoir épousé N... de Mazicourt en Ostrevant : il vivait encore en 1262. On lui connaît trois fils et quatre filles, savoir : 1° Thibaut, qui va suivre; 2° Jean; 3° Robert; 4° Maric; 5° Millessende; 6° Clodevunde; 7° Rietrude.

4. — Thibaut DE BUISSY, chevalier, seigneur de Buissy-Baralle, allié à Jeanne de Prémont, de laquelle il eut : 1° Wautier, qui suit ; 2° Cornu, chevalier, père de Roger et de Gilles.

5. — Wautier DE BUISSY, chevalier, seigneur de Buissy-Baralle, père de :

6. — Jean DE BUISSY, écuyer, seigneur de Villers-Brulin, de Villerotte et de Noulettes. Il épousa Sainte de Griboval, dont il eut Jean, qui suit.

7. — Jean DE BUISSY, écuyer, seigneur de Villers-Brulin, de Villerotte et de Noulettes, épousa par contrat du 7 mai 1414 Catherine de Mailly. De cette union naquirent : 1° Jean, dit Ramage, écuyer, receveur-général de monseigneur Jean de Bourgogne, évêque de Cambrai ; 2° Pierre, écuyer, allié à Marguerite de Bertries, et sans suite ; 3° Robert, écuyer : le nom de sa première femme est inconnu ; en secondes noces il épousa Marguerite de Beaulincourt, il mourut fort âgé et sans enfants en 1512 ; 4° Pasques, écuyer ; 5° Guillaume, écuyer, prévôt de Cambrai ; 6° Antoine, qui suit ; 7° Colart, écuyer, mort jeune ; 8° Colaye, femme de Jean de Villers, écuyer, seigneur de Senlis.

8. — Antoine DE BUISSY, écuyer, seigneur de Villers-Brulin, Noulettes et Villerotte, allié 1° par contrat du 5 juin 1439 à Catherine de Liestre ; 2° par contrat du 7 août 1459 à Marie de Honvault. Du premier mariage naquit Marguerite, alliée à François Desprez, chevalier, seigneur de la Loze et de Châtres. Du second naquit Jean, qui suit.

9. — Jean DE BUISSY, écuyer, seigneur de Villers-Brulin, de Villerotte et de Noulettes, épousa, par contrat passé le 18 mai 1479 Jeanne de La Rivière, dame de Grandmoulin qui lui donna : 1° Jacques, qui suit ; 2° Philippe, auteur de la seconde branche dite des seigneurs de Noulettes, qui suivra ; 3° François, écuyer, mort jeune ; 4° Pierre, auteur de la branche des seigneurs du Mesnil, qui suivra à son rang ; 5° Marie, alliée le 15 janvier 1515 à Jacques de Vignacourt, écuyer, seigneur de Bugnette.

10. — Jacques DE BUISSY, écuyer, seigneur de Villers-Brulin et de Noulettes, épousa par contrat du 8 avril 1518 Françoise d'Estrées, dont naquirent : 1° Antoine, qui suit ; 2° autre Antoine, religieux à St.-Pierre de Corbie ; 3° Jeanne, sans alliance.

11. — Antoine DE BUISSY, écuyer, seigneur de Villers-Brulin, allié par contrat du 18 juin 1548 à Jeanne d'Incourt, dont Jean, écuyer, mort sans postérité, et deux autres fils, morts sans alliance.

BRANCHE

des Seigneurs de Noulettes.

10. — Philippe DE BUISSY, écuyer, seigneur de Noulettes et de Villers-Brulin, épousa en 1516 Catherine de Poix, de laquelle il n'eut que le seul François.

11. — François DE BUISSY, écuyer, seigneur de Noulettes et de Villers-Brulin, allié 1° à Catherine de Boufflers ; 2° à Claire Asset, dame d'Agny, Cracourt, Naves et Chiracourt. D'eux sont issus : 1° François, écuyer, seigneur de Villers-Brulin et de Noulettes, capitaine d'infanterie, mort sans alliance ; 2° Marie, dame de Noulettes, Naves, Hamry et Chiracourt, mariée à Jacques de Brias, chevalier, gouverneur de Marienbourg ; 3° Isabelle, dame de Noulettes et Villers-Brulin, femme de Charles de Bonnières, comte de Souastre.

BRANCHE

des Seigneurs du Mesnil.

10. — Pierre DE BUISSY, écuyer, homme d'armes des ordonnances du roi, allié par contrat du 18 septembre 1509 à Agnète de

Caulin. Il fut père de : 1° Philippe, qui suit ; 2° Yves, écuyer, seigneur de Noulettes.

11. — Philippe DE BUISSY, écuyer, seigneur du Mesnil, épousa par contrat du 27 avril 1529 Antoinette de Gueldes. D'eux sont issus : 1° Jacques, qui suit ; 2° Balthazard, écuyer ; 3° Grégoire, écuyer ; 4° Philippe, écuyer ; 5° Vincent, écuyer ; 6° Jeanne.

12. — Jacques DE BUISSY, écuyer, seigneur du Mesnil, épousa Marie Manessier de Préville, dont il eut le suivant.

13. — Claude DE BUISSY, écuyer, seigneur du Mesnil-Yvrench, allié le 25 juillet 1597 à Jeanne Belle, dont :

14. — Jacques DE BUISSY, écuyer, seigneur du Mesnil-Yvrench ; il s'allia par contrat en date du 27 septembre 1622, à Catherine Gallet de Sombrin. On ne lui connaît pas d'autre fils que :

15. — Claude DE BUISSY, chevalier, seigneur du Mesnil-Yvrench, qui épousa en 1656 Marie-Marguerite Lherminier. Il eut d'elle : 1° Nicolas, chevalier, sans suite; 2° Pierre, qui suit ; 3° Honoré, auteur de la branche des seigneurs de Long, qui suivra ; 4° Claude-Joseph, auteur de la branche des seigneurs de Moromaisnil et Fontaine-le-Sec, qui suivra à son tour.

16. — Pierre DE BUISSY, chevalier, seigneur du Mesnil-Yvrench, épousa par contrat du 8 juillet 1688 Marie-Marguerite Le Blond, dame d'Acquest, Mons et Béalcourt. De ce mariage sont nés : 1° Pierre-Paul, prêtre, religieux de Cluny, prieur de Saint-Pierre d'Abbeville, de Saint-Gelais et de Saint-Brisson et vicaire-général de l'abbaye de Cluny ; 2° François-Jacques, mort enfant ; 3° Honoré-Jean, mort sans postérité ; 4° François-Pascal, mort en bas-âge ; 5° François-Joseph, qui suit ; 6° Marie-Marguerite-Agnès, religieuse de la Visitation ; 7° Anne-Françoise-Élizabeth, religieuse carmélite ; 8° Marie-Thérèse, religieuse de Saint-François.

17. — François-Joseph DE BUISSY, chevalier, vicomte du Mesnil, pair d'Yvrench, seigneur d'Acquest, Mons et Béalcourt, épousa

par contrat du 27 avril 1727 Marie-Marguerite Le Bel d'Huchenneville. D'eux sont issus : 1° Pierre-Jacques-Joseph, mort en bas-âge; 2° Paul-François, chevalier, vicomte du Mesnil, mousquetaire de la garde du roi, allié à Marie-Charlotte-Géneviève DE BUISSY de Long, sa cousine-germaine ; 3° Claude, chevalier, capitaine d'infanterie au régiment de Lorraine ; 4° Honoré, prêtre; 5° Marie-Marguerite-Marthe, mariée en 1752 à Marc-Antoine de Carpentin, chevalier, seigneur de Gapennes et Neuville; 6° Thérèse-Françoise, morte jeune.

Cette branche, dont le dernier représentant mâle est mort depuis peu d'années, n'est plus représentée que par des femmes.

BRANCHE

des Seigneurs de Long.

16. — Honoré DE BUISSY, chevalier, seigneur et châtelain de Long, seigneur, fondateur et patron de l'église collégiale de Notre-Dame de Longpré-les-Corps-Saints (titre qui lui fut justement contesté par la famille de Fontaines à qui il appartenait légitimement et qui le fit quitter à Honoré DE BUISSY à la suite d'un procès perdu par lui), épousa en 1692 Marie-Marguerite de Fuzelier. De ce mariage sont nés : 1° Honoré-Charles, qui suit ; 2° Jacques, prêtre, chanoine de la cathédrale et grand-vicaire de l'évêché d'Arras; 3° N... seigneur de Castelet, mousquetaire du roi ; 4° quatre filles, mortes sans alliance.

17. — Honoré-Charles DE BUISSY, seigneur et châtelain de Long et de Longpré, du Catelet, Hurtevent, Boufflers, Hanconnay et Ligescourt, allié 1° par contrat du 3 juillet 1720 à Marie-Madeleine d'Hollande, dont il n'eut pas d'enfants ; 2° par contrat du 20 février 1733 à Thérèse-Géneviève Ravot d'Ombreval. De ce mariage sont issus : 1° Honoré-Charles mort en bas âge; 2° Charles-François-Gabriel, mort jeune ; 3° Jacques-Honoré,

aussi mort jeune ; 4° Pierre, chevalier, lieutenant aux gardes-françaises ; 5° Marie-Thérèse-Adélaïde, femme de N... de Fontaines, mousquetaire du roi ; 6° Marie-Charlotte-Géneviève, mariée en 1764 à son cousin Paul-François DE BUISSY, chevalier, vicomte du Mesnil, et lui apporta les terres de Long et de Longpré ; 7° N... morte fille.

La terre et le beau château de Long passèrent dans la famille de Boubers-Abbeville quand Amédée-Charles-Marie, comte de Boubers-Abbeville-Tunc, eut épousé le 22 avril 1789 Anne-Charlotte-Elizabeth DE BUISSY de Long, châtelaine de Long et de Catelet, de la branche du Mesnil.

Cette branche s'est donc éteinte dans celle des seigneurs du Mesnil.

BRANCHE

des Seigneurs de Moromesnil et de Fontaine-le-Sec.

16. — Claude-Joseph DE BUISSY, chevalier, seigneur de Moromesnil, Fontaine-le-Sec et Ponthoile, épousa par contrat passé le 10 janvier 1704 Françoise de La Caille, dont il eut : 1° Pierre-Joseph, qui suit ; 2° N... morte sans alliance.

17. — Pierre-Joseph DE BUISSY, chevalier, seigneur de Moromesnil, Fontaine-le-Sec, Quesnel et Bricourt, allié par contrat du 24 février 1729 à Marie-Elizabeth de Fuzelier. De ce mariage sont issus, 1° Jacques-Joseph-François-Wlfran, chevalier, seigneur de Fontaine-le-Sec ; 2° Claude-Antoine, chevalier, seigneur de Moromesnil ; 3° Pierre-Joseph, chevalier, seigneur du Quesnel ; 4° Charles-Nicolas-Jacques, appelé le chevalier DE BUISSY ; 5° Françoise-Félicité, mademoiselle de Fontaine ; 6° Marie-Thérèse, mademoiselle de Bricourt ; 7° Marie-Anne, mademoiselle du Quesnel.

Cette branche n'est plus représentée que par une seule personne qui n'a eu que des filles.

BUSSERADE.

Bien que cette famille ne soit pas originaire de notre province, mais de Brabant, elle doit trouver sa place ici, car le second du nom de Busserade se fixa en Ponthieu où ses descendants résidèrent assidûment après lui. La filiation de cette famille n'est clairement établie que depuis le milieu du xv° siècle, mais elle a fourni plusieurs personnages de distinction, entre autres un grand-maître de l'artillerie de France, en 1504. — Armes : *Palé d'or et de gueules*.

1. — Jean DE BUSSERADE, écuyer, allié à Jeanne de Lierre, laissa deux enfants : 1° Paul, qui suit ; 2° Jacques, écuyer, né en Brabant, et naturalisé français en 1512.

2. — Paul DE BUSSERADE, chevalier, seigneur de Chepy-en-Vimeu, grand-maître de l'artillerie de France par lettres du 23 juin 1504, tué au siége de Ravenne, le 16 avril 1512. Il avait épousé Marguerite de Bretel, en premières noces : il eut d'elle : 1° Marguerite, dame de Chepy, femme de Jean de La Rivière, chevalier, seigneur de Villers-Campsart ; 2° Jeanne, femme de Guillaume de Tœufles, écuyer, seigneur de Huppy ; 3° Anne, alliée à Guillaume de Heuges, seigneur de Nonvilliers. En secondes noces Paul épousa Jeanne de Ligny, dame d'Argoules, qui lui donna : 4° Louis, écuyer, seigneur d'Argoules, de Rieux et de Dominois, qui épousa Marguerite de Boufflers de laquelle naquirent Paul, seigneur d'Argoules et de Dominois, mort jeune et sans alliance d'une chute de cheval, et Anne, mariée avec André de Bourbon, seigneur de Rubempré, gouverneur d'Abbeville ; 5° Nicolas, qui suit ; 6° Charles, écuyer, seigneur d'Airon, marié le 20 août 1534 avec Jacqueline de Hellenvilliers ; 7° Françoise, femme de Balthazard d'Estin, seigneur de Villerets.

3. — Nicolas DE BUSSERADE, écuyer, seigneur de la Motte, épousa Catherine de la Viefville, de laquelle il eut le seul

4. — Louis DE BUSSERADE, écuyer, seigneur de la Motte et d'Argoules, maître des eaux et forêts du bailliage de Gisors, épousa le 20 juin 1563 Louise de Dampierre : de cette union naquirent : 1° Pierre, qui suit ; 2° Henri ; 3° Jacques ; 4° Jean.

5. — Pierre DE BUSSERADE, écuyer, seigneur de la Motte et d'Argoules, maître des eaux et forêts du bailliage de Gisors, fut allié par contrat du 6 septembre 1593 à Catherine Tiercelin de laquelle il eut : 1° Jean, écuyer, seigneur de la Motte et d'Argoules, maître des eaux et forêts de Gisors, par provision du 8 avril 1621 ; 2° Charles ; 3° Henri.

BUSSU.

La famille DE BUSSU fut originaire du village de ce nom situé dans le canton d'Ailly-le-Haut-Clocher. On ne sait presque rien d'elle et ses armes n'ont même pas pu être retrouvées.

— Robert DE BUSSU, chevalier, témoin dans une charte de 1180.

— Le sire DE BUSSU, chevalier, servait en 1369 dans la compagnie de Valéran de Rayneval, chevalier.

— Jeanne DE BUSSU, fille de Jacques, seigneur DE BUSSU, épousa le 26 mai 1410 Guillaume dit Enguerran Quiéret, chevalier, seigneur de Fransu.

— Louis DE BUSSU, épousa vers 1482 Marguerite Bournel.

C.

CAMBRON.

Armes : *Fascé de gueules et d'or de huit pièces.*

La généalogie de cette noble et ancienne famille, originaire du village de Cambron, près d'Abbeville, est très difficile à établir, à cause de la quantité de personnages du même nom que l'on trouve aux mêmes époques. Les probabilités ne suffisent pas en matière généalogique, et il faut avant tout des certitudes, des preuves. Or, pour nous conformer à ce principe nous serons obligés de donner d'abord par ordre chronologique les premiers seigneurs de Cambron que rien ne rattache les uns aux autres que le nom commun et la résidence dans le même pays. Nous donnerons ensuite la filiation suivie telle qu'on a pu l'établir par les chartes, et nous terminerons enfin par la nomenclature de quelques autres membres de la famille de Cambron qui n'auront pu trouver place dans la généalogie suivie et prouvée.

— Achard DE CAMBRON, chevalier, bienfaiteur du prieuré de St.-Pierre d'Abbeville est le premier que l'on connaisse : il vivait en 1100.

— Gérard DE CAMBRON, témoin en 1180.

— Jacques et Guy DE CAMBRON, chevaliers en 1200.

— Guyon DE CAMBRON, chevalier, témoin dans une charte de 1202.

— Hugues DE CAMBRON, chevalier, témoin dans une charte de 1204.

1. — Hugues DE CAMBRON, chevalier, sire dudit lieu, souscrivit la donation des droits d'usage dans les bois de Sery faite aux Templiers par Anseau de Cayeu, en 1128. On le croit père de Godard, qui suit ;

2. — Godart DE CAMBRON, chevalier, seigneur dudit lieu, souscrit avec son fils, Gauthier, la fondation de l'abbaye du Lieu-Dieu, faite par Bernard de Saint-Valery, en 1191. Sa femme, dont le nom est demeuré inconnu, lui donna plusieurs enfants : 1° Gauthier, qui suit ; 2° Walon, auteur de la branche des seigneurs de Villers, qui suivra ; 3° Raoul ; 4° Henri, père de Gauthier, chevalier, seigneur de Saint-Maxent qui est dit fils et héritier de Henri dans plusieurs chartes où il figure soit comme témoin, soit comme partie intéressée, de 1237 à 1249.
— Walon, Raoul et Henri donnèrent leur consentement à la donation que fit Gauthier DE CAMBRON, leur frère aîné, à l'abbaye du Lieu-Dieu d'une rente d'un muids de blé sur la grange de Cambron, en 1222.

3. — Gauthier DE CAMBRON, chevalier, sire dudit lieu ; il paraît pour la première fois avec la qualité de seigneur DE CAMBRON dans une charte de 1199 par laquelle il amortit les dîmes et terrages du Translay que Richard du Plouy, son homme, avait donnés à l'abbaye de Sery. Il amortit en 1200 une rente sur la saline de Brienchon *(sic)* que Willart dit Nevel home, Ségulde, sa femme, Richard et Sébran leurs fils, avaient donnée à l'abbaye du Lieu-Dieu. Il amortit en 1220 une saline située à Mers dans le fief de Brienchon, et donna en 1222 à l'abbaye du Lieu-Dieu une rente d'un muids de blé sur la grange de

Cambron. D'Aëline, sa femme, il eut : 1° Hugues, qui suit ; 2° Jean, auteur de la branche des seigneurs d'Argoules, qui suivra à son rang.

4. — Hugues DE CAMBRON, chevalier, sire dudit lieu, époux d'Helvide. Il y avait difficulté à son sujet entre Jean, comte de Dreux, sire de Saint-Valery et le comte de Ponthieu relativement à la vicomté de Cambron dans le fief de Ponches que Hugues avouait tenir du comte de Dreux et que le sire de Ponches disait tenir du comte de Ponthieu : l'affaire se termina par un compromis, en septembre 1247. En juillet 1251 il donna à l'abbaye du Lieu-Dieu une rente de 20 sous sur ses cens de Cambron, pour le repos de son âme et de celle de sa femme Halvide et de ses enfants. Ceux-ci furent : 1° André, qui suit ; 2° Jean.

5. — André DE CAMBRON, chevalier, sire dudit lieu, réclamait en 1271, en qualité de fils et de seul héritier d'Hugues DE CAMBRON, les biens de son père que le comte de Ponthieu avait saisis, et il en obtint la restitution moyennant l'abandon au comte des fruits que celui-ci avait perçus. Il confirma, en juillet 1275 deux donations de rente faites à l'abbaye du Lieu-Dieu par Hugues, son père, et Gauthier son aïeul. De sa femme, dont le nom est inconnu, il eut : 1° André, qui suit ; 2° Jacques, écuyer, exécuteur testamentaire de son frère aîné ; 3° Brunet, écuyer, vivant en 1342.

6° — André DE CAMBRON, chevalier, sire dudit lieu, qualifié monseigneur dans les pièces du procès qui était pendant entre lui et la comtesse de Ponthieu, devant le Parlement, en 1335. Il mourut en 1366 et fut enterré dans l'église de Cambron où il avait fondé deux chapelles : il en avait encore fondé deux autres, une dans son château de Cambron, l'autre dans le château de Saint-Valery. On lui donne pour fils le suivant.

7. — Jacques DE CAMBRON, chevalier, sire dudit lieu, servit au comte de Ponthieu, à cause de son château d'Abbeville, le 26 juin 1373 ; un aveu pour une partie de sa seigneurie de Cam-

bron avec tous les fiefs qui en dépendaient. On ne lui connaît pas d'autre fils que le suivant.

8. — Jean DE CAMBRON, chevalier, seigneur dudit lieu, qualifié « noble et puissant seigneur monseigneur » dans l'acte par lequel il reconnaît le 15 avril 1455 que Guy de Domqueur, écuyer, comme mari de Jeanne de Rubempré, a relevé la terre et seigneurie de Witainéglise mouvante de la seigneurie de Cambron.

BRANCHE
des Seigneurs de Villers-près-Foucarmont.

3. — Walon DE CAMBRON, chevalier, époux d'Aëline de Belloy, sœur de Garin de Belloy, souscrit deux donations faites en 1207 et en 1216 à l'abbaye du Lieu-Dieu. Il donne lui-même à la même abbaye toute la dîme qu'il avait à Cambron dans le fief de Friecourt, en juillet 1217. Il permit, en mai 1219, à l'abbaye du Gard de faire passer la Somme à travers le pré de sa femme Aëline pour la conduire à Yseu. A cette charte était suspendu un sceau portant un écusson *à trois fasces fretées*. Il est supposable que cette brisure devint héréditaire dans la branche dont nous développons la filiation. Walon est dit père de Jean, qui suit, de Henri et de Guillaume, chevaliers.

4. — Jean DE CAMBRON, chevalier. Il amortit le terrage du Translay que Richard du Plouy avait donné à l'abbaye de Sery, en présence de ses frères précités, en 1220. On n'a pu retrouver le nom de sa femme, et on lui donne pour fils le suivant.

5. — Godart DE CAMBRON, chevalier, seigneur de Villers-près-Foucarmont, acquiert une rente de dix livres sur une masure à Foucarmont, le 5 septembre 1257. Il confirme, en décembre 1264, du consentement d'Aléaume, son fils et héritier, la vente

faite à l'abbaye de Foucarmont par Wermont Le Porc, chevalier. Il donne, en février 1267, à la même abbaye pour son salut trente sous de cens sur diverses masures à Foucarmont.

6. — Aléaume DE CAMBRON, chevalier, seigneur de Villers-près-Foucarmont et de Weresies *(sic. Vergies?)* donne à l'abbaye de Foucarmont 5 sous et 2 chapons de rente sur une maison assise à Foucarmont, en janvier 1272. On le croit père d'autre Aléaume.

7. — Aléaume DE CAMBRON, écuyer, témoin à une déclaration du 8 août 1342 en faveur de l'abbaye du Gard. Il fut père du suivant.

8. — André DE CAMBRON, chevalier, seigneur de Villers-près-Foucarmont, vivant en 1394.

BRANCHE

des Seigneurs d'Argoules.

4. — Jean DE CAMBRON, chevalier, vivant en 1220 et 1233 épousa Elizabeth, dame d'Argoules, de laquelle il eut, dit-on : Richard, qui suit.

5. — Richard DE CAMBRON, chevalier, seigneur d'Argoules en 1279. De sa femme qui est inconnue il eut : 1° Jacques, qui suit ; 2° Hue, chevalier, seigneur de Villeroy en 1289.

6. — Jacques DE CAMBRON, chevalier, seigneur de Villeroy et d'Argoules, père d'autre Jacques, qui suit.

7. — Jacques DE CAMBRON, écuyer, seigneur de Villeroy et d'Argoules, allié avant 1370 à Marguerite de Boufflers. De cette union sont issus : 1° André, qui suit ; 2° Raoul, dit Désiré, écuyer ; 3° Jeanne, femme d'André de Rambures ; 4° Anne, femme de Jean de Dourrier ; 5° Marie, femme de Thierry de Grouches, chevalier.

8. — André DE CAMBRON, écuyer, seigneur d'Argoules, allié en 1360 à Gilette de Boufflers.

Parmi les membres de la famille qui n'ont pu trouver place dans cette généalogie il faut encore citer :

— Hugues DE CAMBRON, chevalier, sénéchal d'Eu, témoin dans plusieurs chartes de 1205 et de 1206.
— Hue, sire DE CAMBRON, chevalier, gardien du comté de Bourgogne en 1342.
— Henri DE CAMBRON, chevalier, sire d'Argoules, servait avec trois écuyers à défendre Tournay, sous les ordres de Hugues Quiéret, amiral de France et capitaine de Tournay, du 28 octobre au 6 décembre 1339.
— Angelot DE CAMBRON, écuyer, servait du 9 mars au 1er octobre 1340 dans Tournay et dans le Cambraisis sous les ordres de Raoul, comte d'Eu, connétable.
— Desrame DE CAMBRON, écuyer, servant du 2 mars au 1er octobre 1340 sous les ordres des maréchaux de France en Flandre et en Hainaut.
— Raoul DE CAMBRON, écuyer, sire de Vergies, avoue tenir noblement en fief du roi sa terre et seigneurie de Vergies, le vendredi avant la mi-carême 1378.
— Robert DE CAMBRON, demeurant sur la paroisse Saint-Eloy à Abbeville, en 1437.
— Robinet DE CAMBRON, demeurant à Abbeville, présente ses fiefs en 1498.
— Jeanne DE CAMBRON, dame de Saint-Maxent en Vimeu, vivait en 1520, femme de Jean Le Fournier, chevalier.

CANAPLES.

Le village de Canaples, dans le canton de Domart-en-Ponthieu, a donné son nom à une famille qui dès 1140 n'en possédait plus la seigneurie. Voici tout ce que nous savons d'elle.

— Guillaume DE CANAPLES, écuyer, dit Lagan, seigneur de Caours, avoue tenir noblement en fief de l'abbaye de Saint-Riquier le tonlieu de toutes les marchandises vendues ou achetées chaque samedi de l'année dans les portes de la ville de Saint-Riquier, le 8 juillet 1376.

— Alemant DE CANAPLES, écuyer, allié à Isabelle Duwes, n'en eut qu'une seule fille, Béatrix DE CANAPLES qui épousa Luppart d'Airaines. Isabelle, étant devenue veuve et tutrice de sa fille mineure, avoua tenir en foi et hommage du comte de Ponthieu, à cause de son château d'Abbeville, son fief assis à Hiermont et à Roquemont avec une rente de vingt livres sur « le ray de Flexicourt appartenant à Valeran de Rayneval, à cause de sa femme, le 18 juin 1379.

CANDAS (du).

Le village du Candas, berceau de cette antique famille, est situé dans le canton de Bernaville. Les du Candas étaient encore en possession de la seigneurie de leur nom au XVe siècle. Leurs armoiries sont difficiles à déterminer car sur un sceau d'Enguerran du Candas, chevalier, à une charte de 1207, on voit un écu *fretté à un chef chargé de cinq couronnes*, tandis que sur celui de Guy, son fils, en 1229, est un écu à *deux bandes*. Il y a lieu de présumer pourtant que ce fut le blason adopté par Guy qui prévalut.

1. — Guy DU CANDAS, chevalier, sire dudit lieu, figure dans une charte de 1186. Il y est dit époux de Mahaut et père du nom-

breux enfants : 1° Enguerran, qui suit ; 2° Anseau ; 3° Thibaut ; 4° Ytier ; 5° Robert ; 6° Guy.

2. — Enguerran DU CANDAS, chevalier, sire dudit lieu ; reconnaissant qu'il jouissait injustement de la moitié du fief de Houdancourt appartenant à l'abbaye de Saint-Riquier, il s'en départit en juillet 1210. Il reçut Thibaut, son frère, à homme pour dix livres de rentes que le comte de Ponthieu lui avait données en échange de ce qu'il avait dans tout le fief et domaine de Rouveroy, près d'Abbeville, en octobre 1215. En octobre 1223 il donna trois sous de rente à l'abbaye de Saint-Riquier pour des terres tenues de son fief de Houdancourt. Il était mort avant 1227, puisqu'au mois de janvier de cette année Aëlis, sa veuve, abandonne moyennant vingt livres parisis à l'abbaye de Saint-Riquier la jouissance du fief d'Houdancourt. Leurs enfants furent : 1° Guy, qui suit ; 2° Enguerran, auteur de la seconde branche, qui suivra ; 3° Jean, dit Cains, écuyer ; celui-ci engagea à l'abbaye de Saint-Riquier pour 120 livres parisis quarante six journaux de terre au Val de la Croix qu'il tenait d'Enguerran, son frère, en juillet 1253 : avec Emmeline, sa femme, il vendit, en octobre 1256, à l'abbaye de Saint-Valery des terres situées à Neuville-aux-Marais, appelées le Hoc Segent *(sic)*, et cent livres parisis de rente à Pinchefalise et à Neuville. Il n'eut ou du moins on ne lui connaît pas d'enfants.

3. — Guy DU CANDAS, chevalier, sire dudit lieu, est cité dans la donation de trois sous de rente faite par son père à l'abbaye de Saint-Riquier, en octobre 1223. Il comparaît avec Marie, sa femme, et Guy, son fils aîné, dans une charte de 1229.

DEUXIÈME BRANCHE.

3. — Enguerran DU CANDAS, chevalier, sire de Frohen, est dit fils de feu Enguerran, en 1230. Du consentement d'Aëlis, sa

femme, et de Guy, son fils ainé, il donne en juillet 1237 à l'évêque d'Amiens les dîmes des nouveaux essars qu'il avait faits dans ses bois de Frohen et du Quesnel.

4. — Guy DU CANDAS, chevalier, sire de Frohen, vivant avec Alix, dame de Belloy, sa femme, le 1er avril 1252. Il était mort avant 1273, laissant : 1° Enguerran, écuyer ; 2° Chrétienne.

Nous citerons encore, par ordre chronologique, quelques membres de la famille que nous n'avons pu rattacher à la filiation suivie.

— Bernard DU CANDAS, prévôt de Mayoc, en 1292.

— Huart DU CANDAS tenant un fief de la seigneurie de Ligescourt en 1311.

— Wautier DU CANDAS, homme-lige de Saint-Valery, en 1314.

— Jean, seigneur du Candas, bailli d'Amiens en 1416.

CANTERAINE.

Nous ne savons que fort peu de chose sur cette famille, sinon qu'elle possédait un fief de son nom dépendant de la seigneurie de Lisbourg, aujourd'hui du canton de Heuchin dans le Pas-de-Calais, et qu'elle en possédait d'autres assez importants dans l'étendue de la seigneurie de Frohen où elle paraissait avoir choisi sa résidence. A une charte de 1273 pendait le sceau de Jean DE CANTERAINE portant un écusson chargé *d'un pot avec ses pieds et ses anses, et un franc-quartier fretté.*

— Le roi Philippe-le-Hardi amortit à l'abbaye de Cercamp la dîme de Frohen que Jean DE CANTERAINE, écuyer, tenait d'Enguerran, sire de Frohen, et qu'il avait vendue à ladite abbaye pour 220 livres parisis, en novembre 1273.

— Valeran DE CANTERAINE avait hypothéqué et la veuve de Jean DE

CANTERAINE, femme de Guillaume Le Josne, avait son douaire sur le fief de Canteraine que Pierre de Hodicq, dit Porrus, procureur-général du comté de Saint-Pol, avoue tenir de Lisbourg, le 12 février 1473.

CATEUX.

Cette famille, de la meilleure bourgeoisie d'Abbeville, reçut, dans la personne de Raoul DE CATEUX, des lettres de noblesse en 1388. Elle portait pour armoiries : *de gueules au sautoir d'argent accompagné de quatre merlettes de même, et chargé en cœur d'une fleur de lys de gueules.*

— Agnès DE CATEUX, vivait en 1409, femme de Jacques Roussel, écuyer, seigneur de Miannay, bailli de Bailleul, et six fois mayeur d'Abbeville.
— Raoul DE CATEUX, grand échevin d'Abbeville en 1410, 1420, 1423.
— Guillaume DE CATEUX, maître ès-arts, sergent du roi en 1405, échevin d'Abbeville en 1442, 1447, 1456.
— Jacques DE CATEUX, allié en 1460 à N... de Nointel.
— Laurent DE CATEUX, seigneur d'Argnies, en 1472.
— Henriet LI CATEUX, vicomte de Rue, en 1300 et 1317.

CAUMONT.

Il y a eu plusieurs maisons de ce nom en Picardie qui toutes ont eu une origine différente. Le Ponthieu peut, pour sa part, en revendiquer deux qui n'ont rien eu de commun entre elles, et ont porté des armoiries particulières.

La première, qui paraît moins ancienne et a occupé un rang moins élevé que l'autre, portait : *d'argent à trois fasces de gueules surmontées de trois tourteaux de même.* Elle a en revanche l'avantage de justifier d'une généalogie suivie. Elle est depuis longtemps éteinte.

C'est à cette première famille de Caumont qu'appartiennent les personnages qui suivent :

— Henri DE CAUMONT et Guy, son frère, vivant en Ponthieu en 1177.

— Henri DE CAUMONT, qualifié baron du Ponthieu, en 1192.

— Jean DE CAUMONT, homme de fief à Huppy, en 1311.

1. — Henri DE CAUMONT, écuyer seigneur dudit lieu et d'Arrest, allié à Isabelle de Valanglart. Il acquit de Jean Boutery, chevalier, seigneur de Huppy, six journaux de terre à Caumont tenus de la seigneurie de Mareuil, en 1353. Il reçut le 31 janvier 1354 de Jean Tyrel, sire de Poix et de Mareuil, la saisine de quinze journaux de terre à Mareuil. Il demeurait à Caumont-en-Vimeu quand il déposa dans l'enquête qui fut faite le 25 juin 1375 sur la noblesse de Fremin Le Ver, écuyer. Il avoua tenir sa terre d'Arrest en fief de la seigneurie de Boubers, appartenant à Gérard de Boubers, chevalier, seigneur dudit lieu et de Domvast, en 1383. Il eut pour enfants : 1° Jean, qui suit ; 2° Jacques, auteur de la deuxième branche, qui suivra ; 3° Pierre, écuyer.

2. — Jean DE CAUMONT, chevalier, seigneur dudit lieu et de Limercourt, épousa Marie Boutery, et mourut avant 1418. Sa femme, veuve, tutrice de son fils, paya à Marguerite de Braquemont, dame de Poix et de Mareuil, les reliefs qu'elle devait pour les terres et seigneuries de Caumont et de Limercourt tenues de la seigneurie de Mareuil, le 22 juin 1414. Elle paya encore le 4 avril 1418 les reliefs de bail et de propriété d'un fief tenu de Hue Bournel, chevalier, seigneur de Thiembronne et de Beauchamp. On ne leur connaît pas d'autre fils que le suivant :

3. — Jean DE CAUMONT, écuyer, seigneur dudit lieu et de Grébau-

maisnil en partie, comme héritier de feue Jeanne Boutery, sa tante, donna à cens dix-sept journaux de terre à Grébaumaisnil le 4 février 1445. De son union avec Jeanne Boutery, dame de Huppy et vicomtesse de Maisnières, veuve de Henry de Tilly, il n'eut qu'une fille unique.

4. — Jeanne DE CAUMONT, dame dudit lieu et de Huppy : elle céda, le 24 février 1449, deux masures au curé de Huppy, en fondant quatre obits annuels pour le repos de l'âme de son grand-père, Jean Boutery. Elle épousa avant 1460 Pierre de Haucourt, écuyer, qui devint par ce mariage seigneur de Caumont et de Huppy.

DEUXIÈME BRANCHE.

2. — Jacques DE CAUMONT, écuyer, acheta le 2 novembre 1361 et le 7 avril 1371 des terres à Caumont et à Bailleul pour en jouir après la mort de son père, Henri. Il fut père de : 1° Jean, qui suit ; 2° Marguerite, femme d'Honoré Tillette en 1442.

3. — Jean DE CAUMONT, écuyer, seigneur de Woincourt par son mariage avec Jeanne Abraham, fut père de Pierre.

4. — Pierre DE CAUMONT, écuyer, seigneur de Woincourt, allié à Jacqueline de Saint-Blimond, mourut à Rodez en 1497 après y avoir fait son testament le 12 décembre. Il voulait être enterré à Rodez, dans l'église des Cordeliers, en habit de franciscain. Il laissait : 1° Simon, qui suit ; 2° Louis, bâtard de Caumont, écuyer.

5. — Simon DE CAUMONT, écuyer, seigneur de Woincourt et de La Motte, épousa Jacqueline de Roussé d'Escarbotin avec laquelle il vivait encore en 1539. De cette union sont issus : 1° Jacques, écuyer, seigneur de Woincourt, mort en 1583, sans enfants d'Edmée d'Occoches, sa femme ; 2° Michelle, héritière de son frère, porta la seigneurie de Woincourt à son mari

Antoine de Fontaines, écuyer, seigneur de Cerisy, qu'elle épousa le 24 janvier 1552.

La seconde famille DE CAUMONT paraît dans les chartes du Ponthieu dès le XIIe siècle, mais à des intervalles assez éloignés pour qu'il soit impossible de rattacher ses membres les uns aux autres et d'en dresser une généalogie suivie. Cette famille portait : *de gueules semé de croix recroisetées au pied fiché d'or, à trois molettes d'éperon de même.*

— Guy DE CAUMONT, chevalier, en 1138 et 1158.

— Ursio DE CAUMONT, chevalier, en 1157.

— Hugues DE CAUMONT, témoin dans une charte de 1198.

— Guy DE CAUMONT, chevalier, en 1248.

— Hugues DE CAUMONT, chevalier, en 1248.

— L'hermite DE CAUMONT, chevalier, fut dépêché, ainsi que les sires de Craon et Boucicault par le roi Jean, avec trois cents lances pour surveiller les frontières du Berry. Obligés de se retirer devant des forces supérieures, les trois gentilshommes s'enfermèrent dans le château de Romorantin où ils furent assiégés par le prince Noir et faits prisonniers en septembre 1355 (Chron. de Froissart, liv. 2, part. 2, ch. 25).

— Pierre DE CAUMONT, dit le Moine, et Guéline, sa femme en 1376.

— Jean DE CAUMONT, écuyer, se joint à Jacques d'Harcourt pour tenter d'arracher le Vimeu aux Anglo-Bourguignons. — Il prit en 1421 le château de Mareuil aux Bourguignons et fut nommé capitaine de sa conquête. Il fut tué avec Jacques d'Harcourt et plusieurs autres en voulant faire prisonnier le sire de Parthenay dans son propre château, en 1423.

CAYEU.

La maison de Cayeu, éteinte au xv⁰ siècle, était incontestablement l'une des plus nobles et des plus puissantes du Ponthieu, tant par son origine que par l'illustration qu'elle sut acquérir et par les alliances qu'elle contracta avec tant de grandes familles, notamment avec celle des Lascaris, empereurs de Constantinople. Sa généalogie prouvée se perd dans la nuit des temps. On l'établit sur documents authentiques depuis Anseau, vivant en 1128, ainsi qu'il va suivre. — Les armes de la maison de Cayeu étaient : *Parti d'or et d'azur à la croix ancrée de gueules sur le tout.* D'autres disent : *d'or à la croix ancrée de gueules.*

1. — Anseau DE CAYEU, chevalier, seigneur dudit lieu, vivant en 1128, est dit dans une charte de cette année père des suivants : 1° Guillaume, qui suit ; 2° Étienne, sans suite ; 3° Arnould, auteur de la branche des seigneurs de Longvillers, qui suivra à son rang.

2. — Guillaume DE CAYEU, chevalier, sire dudit lieu, fonda vers 1130 l'abbaye de Sery de l'ordre des Prémontrés, et lui donna de grands biens, entre autres l'emplacement qu'elle occupait, les « autelages » de Bouillancourt, Friville, Vaudricourt, etc., les terres de Biencourt, Moufflières, etc. — Il était mort avant 1178, laissant Guillaume, qui suit.

3. — Guillaume DE CAYEU, chevalier, sire dudit lieu et de Bouillancourt-en-Sery, devint possesseur de la seigneurie de Broutelles par échange avec l'abbaye de Saint-Lucien de Beauvais, en 1178. Il confirma en 1180 les donations faites par son père à l'abbaye de Sery, et y ajouta les dîmes d'Auffeu et d'Ellencourt. Il s'était constitué pleige, en mai 1200, pour le roi d'Angleterre, Jean, du traité conclu entre ce prince et Philippe-Auguste. Il mourut vers 1202, laissant d'Isabelle, sa femme : 1° Eustache, dit dans deux chartes, fils aîné de Guillaume, sans suite ; 2° Guillaume, qui suit ; 3° Wibert,

chevalier, seigneur de Broutelles ; il donne à l'abbaye de Sery 12 journaux de terre à Broutelles, pour le repos de l'âme de Jean, son frère, chevalier, en mai 1226 ; en juillet 1239 il ajouta 10 autres journaux à cette donation, dans le même but. Il vivait encore en 1257. D'Emmeline, sa femme, il eut Jean, chevalier, seigneur d'Ansenne et de Broutelles, vivant en 1269 et en 1288, quand au mois de mai de cette année il confirma les donations faites par son frère à l'abbaye de Sery : de Marie, sa femme, il eut, entre autres enfants, Wibert, chevalier, seigneur de Broutelles ; 4° Jean, chevalier, mort sans alliance avant 1226.

4. — Guillaume DE CAYEU, chevalier, seigneur dudit lieu, de Bouillancourt, Senarpont et de Carency, épousa 1° Élisabeth de Béthune, dame de Carency ; 2° Catherine de Boulencourt. Il fut père de :

5. — Guillaume DE CAYEU, chevalier, seigneur dudit lieu, Bouillancourt, Senarpont et Carency, mort avant 1255, figure dans un grand nombre de chartes très-importantes qu'il serait trop long de rapporter ici. De sa femme, dont le nom est inconnu, il eut : 1° Aëlis, dame de Cayeu, alliée avant 1255 à Guillaume de Montigny, chevalier, et lui apporta la terre de Cayeu ; 2° Guillaume, qui suit ; 3° Catherine, dame de Carency, femme, en 1261, de Nicolas de Condé, dit de Bailleul, chevalier, seigneur de Bailleul, de Moriaumez et de Fontaine.

6. — Guillaume DE CAYEU, chevalier, sire de Senarpont, fut, on ne sait pourquoi, privé de la terre patronymique de ses ancêtres. Il épousa Jeanne, dame de Visme, avec laquelle il vivait encore en 1296. De cette union naquit Jean, qui suit.

7. — Jean DE CAYEU, chevalier, seigneur de Senarpont, Visme et Bouillancourt-en-Sery, vivant encore en 1344. On lui connaît pour enfants : 1° Jean, qui suit ; 2° Anseau, chevalier, seigneur de Bouillancourt ; 3° Jeanne, femme de Jean des Essarts, seigneur d'Ambleville.

8. — Jean DE CAYEU, chevalier, seigneur de Senarpont, Visme,

Dominois et Bouillancourt, vivant en 1377 et encore en 1409, avait épousé Isabeau d'Ailly, de laquelle il eut : 1° Mathieu, chevalier, seigneur de Visme, Senarpont, Dominois et Bouillancourt, en 1418, mort sans alliance ; 2° Hugues, évêque d'Arras, héritier de son frère, vendit vers 1435 les terres de Bouillancourt et de Cayeu au comte d'Étampes ; 3° Jeanne, dame de Senarpont, de Visme et de Dor…, … à soutenir de grands procès pour la possession de la t… de …enarpont contre Julien des Essarts, son cousin, fils de … …n…le, Jean des Essarts : elle apporta ces deux seigneuries à Guillaume Martel, chevalier, seigneur de Bacqueville, son premier mari : elle les apporta ensuite à son second mari Jean de Monchy, chevalier, qui les transmit à ses descendants ; 4° Agnès, femme de Hugues de Soyecourt ; elle était dame de Meneslies, en Vimeu.

BRANCHE

des Seigneurs de Longvillers.

2. — Arnould DE CAYEU, chevalier, allié à Aëlis de Bavelinghen, vivant en 1196, eut deux fils : 1° Arnould, qui suit ; 2° Anseau, chevalier banneret, fut à la conquête de Constantinople, s'y établit et s'y maria avec Eudoxie Lascaris, fille de Théodore Lascaris, prince de Nicée ; Marie, sa femme, dans un acte de 1277 où elle se dit veuve, qualifie son mari défunt grand baron de l'empire de Constantinople, chambellan dudit empire et bouteiller de Seles : ils eurent pour fils Anseau, chevalier, chambellan de l'empire de Constantinople, ainsi qualifié dans une charte de 1280.

3. — Arnould DE CAYEU, chevalier, seigneur de Longvillers, en 1227, père de Guillaume.

4. — Guillaume DE CAYEU, chevalier, seigneur de Longvillers,

en 1289 et en 1304. De lui est issu : 1° Arnould, qui suit ; 2° Ide, femme de Guillaume de Rély, chevalier.

5. — Arnould DE CAYEU, chevalier, seigneur de Longvillers, en 1348 et 1331, épousa Léonore de Varenne, dont vint :

6. — Warin DE CAYEU, chevalier, seigneur de Longvillers, en 1341. De sa femme, dont le nom est inconnu, il eut :

7. — Lancelot DE CAYEU, chevalier, seigneur de Longvillers, gouverneur et sénéchal du Boulonnais, en 1378. On le croit père du suivant.

8. — Jean DE CAYEU, chevalier, seigneur de Longvillers et Engoudessent, allié : 1° à Marie de Boulencourt : 2° à Marie d'Auxy. De sa première femme il eut Jeanne, dame d'Engoudessent et d'Hubersent, mariée à Pierre de la Trémoïlle, baron de Dours.

On trouve d'autres généalogies de la maison DE CAYEU qui présentent de grandes différences avec celle que nous venons d'établir. Nous nous sommes servis, pour dresser ce travail, d'un dossier très-considérable de toutes les chartes des membres de cette famille, si considérable qu'il était impossible de citer ici toutes les pièces qui le composent et qui intéressent le Ponthieu au plus haut degré.

CAIEU.

On trouve un Raoul DE CAIEU, d'Abbeville, qui fut anobli, lui et toute sa postérité née et à naître en légitime mariage, en août 1387.

CHOLET.

Cette famille dont les membres, dès le XII° siècle, étaient qualifiés chevaliers et figuraient dans les chartes du Ponthieu parmi les plus grands seigneurs, est issue de celle de Beaurain, Hugues Cholet, le premier de ce nom que l'on connaisse, étant en 1130 qualifié fils de Waldric de Beaurain, chevalier.

— Hugues CHOLET, chevalier, dit en 1130 fils de Waldric de Beaurain, chevalier.

— Gauthier CHOLET, témoin dans une charte de 1140.

— Gauthier et Eustache CHOLET, témoins en 1158. — Encore en 1170.

— Hugues CHOLET, échevin d'Abbeville, assiste en qualité de témoin à une donation faite par le comte de Ponthieu aux religieux du Val de Buigny, en 1177, à la charte de commune d'Abbeville en 1184 et à une autre charte de 1187. On croit que de sa femme, Hawide il aurait eu : 1° Hugues qui suit ; 2° Robert, dit frère de Hugues en 1207.

— Hugues CHOLET, dit fils d'Hawide, en 1207, et homme-lige du comté de Ponthieu, fait en 1208, avec Alix sa femme, une donation à l'abbaye de Valoires.

— Eustache CHOLET, en 1223.

— Geoffroy CHOLET, chevalier, charte d'avril 1228.

CONTEVILLE.

Le village de Conteville, dans le canton de Crécy, a donné son nom à cette famille fort peu connue et sur laquelle on n'a pu recueillir que bien peu de documents.

— Jean DE CONTEVILLE, prévôt de la prévôté de Portes, à Noyères, homme-lige de l'abbaye de Saint-Riquier, donne le dénombrement de cette prévôté tenue en foi et hommage de ladite abbaye, en 1372.

— Guillaume DE CONTEVILLE, écuyer, avait eu deux enfants de Jacquette Bretonne, dite *la Magnière*, sa servante, l'un nommé

Lionnel et l'autre Perrotin : celle-ci avait habité pendant douze ans avec lui à Valenciennes. Guillaume vendit pour elle à l'abbaye de Saint-Riquier, moyennant 150 écus d'or, le tiers du moulin de Willencourt qui lui appartenait et qu'elle tenait de l'abbaye, en mai 1412.

— Tassart DE CONTEVILLE vendit à Havart de Bournonville, en juin 1439, un fief à Crécy, dont Jean de Grambus, chevalier, avait donné aveu au Roi, le 16 février 1377, à cause de son bailliage de Crécy.

CORNEHOTTE.

Famille éteinte depuis plusieurs siècles. Elle portait pour armoiries : *une bande*, ainsi que l'atteste le sceau de Guillaume de Cornehotte, chevalier, suspendu à une charte du mois de mai 1246, et tirait son nom du fief de Cornehotte, situé sur le territoire de Dargnies.

1. — Guillaume DE CORNEHOTTE, chevalier, consent, comme seigneur immédiat, à un échange de terres fait entre Arnould, prévôt de Dargnies, et l'abbaye du Lieu-Dieu, en 1238. Il donne, en décembre 1243, neuf journaux de terre, près du chemin de Fressenneville, à l'abbaye du Lieu-Dieu. Il amortit deux journaux de terre, situés « près la cousture du Ploys, » acquis par l'abbaye du Lieu-Dieu dans son fief, en mai 1246. — D'Ermengarde, sa femme, il eut :

2. — Guillaume DE CORNEHOTTE, écuyer, qui vendit à l'abbaye du Lieu-Dieu onze journaux de terre en trois pièces, en juin 1269. Il donne à la même abbaye, pour le repos de l'âme de Julienne, sa femme, un journal de terre à Dargnies, en septembre 1270.

— Nicolas DE CORNEHOTTE, écuyer, seigneur de Blainsel-au-Mont, vivant en 1474.

— Nicolas DE CORNEHOTTE, écuyer, et Marie Le Febvre, sa femme, vivant en 1497.

COULARS.

Armes : *d'azur à l'aigle éployée d'or, membrée et becquée de gueules.*

Cette famille, d'excellente bourgeoisie d'Abbeville, y exerça d'importantes fonctions et parvint insensiblement à la noblesse. Avant de donner le seul fragment de filiation que nous ayons pu reconstituer, nous allons citer quelques personnages qui n'ont pu y trouver place.

— Gauthier COULARS, bourgeois d'Abbeville, fonda dans cette ville l'hôpital de Saint-Julien, en 1217.

— Renier COULARS, prêtre, était mort avant 1260.

— Jean COULARS, curé de Notre-Dame-du-Châtel en 1350.

1. — Firmin COULARS, assista, en qualité d'échevin et de bourgeois, aux assises du Ponthieu en 1290. Il fut mayeur d'Abbeville en 1295 et en 1305. Il fut père d'Étienne, qui suit :

2. — Étienne COULARS, mayeur d'Abbeville en 1321, 1324, 1328, 1332, 1335 et 1351, eut pour fils : 1° Étienne, qui suit ; 2° Thomas, en grand crédit à Abbeville en 1367 : sa maison était sur l'emplacement qu'occupa plus tard l'église de Saint-Georges ; il eut des fils qui prirent le titre d'écuyers ; 3° Raoul ; 4° Oudart, père de Maroye, femme d'Arnoul Serée.

3. — Etienne COULARS, écuyer, huissier d'armes du Roi, seigneur et pair de Liercourt, pair du Ponthieu, mayeur d'Abbeville en 1353, 1357, 1361, 1366, 1374, 1375, 1378 et 1381. Il était mort avant 1389, laissant de Léonor de Doncœur, sa femme, le suivant :

4. — Colart COULARS, chevalier, seigneur de Liercourt, pair du Ponthieu, était encore mineur quand Firmin de Cambry, son tuteur, avoua pour lui tenir sa seigneurie de Liercourt en pairie du comté de Ponthieu, le 30 avril 1379. — En qualité d'exécuteur testamentaire de son père et de ses oncles il as-

signa 40 sous de cens aux Chartreux d'Abbeville, le 27 mars 1396. — Le 21 juin 1397, enfin, il vendit avec sa mère à Jacques Roussel plusieurs cens sur diverses maisons à Abbeville.

CRAMAISNIL.

L'origine de cette famille nous est complètement inconnue, aucun village de ce nom n'existant en Ponthieu. Quoiqu'il en soit on la trouve établie en Ponthieu dès 1337, et ses membres, possesseurs de fiefs dans le pays, sont appelés à déposer, avec les principaux gentilshommes du pays, sur la noblesse de l'un d'entre eux ; ce qui indique au moins un établissement déjà ancien en Ponthieu.

— Colart DE CRAMAISNIL figure parmi les nobles et fieffés du bailliage d'Amiens, convoqués pour la guerre par Philippe de Valois, le 25 août 1337.

— Hue DE CRAMAISNIL, écuyer, demeurant à Abbeville, déposa dans l'enquête qui fut faite sur la noblesse de race de Firmin Le Ver, écuyer, demeurant à Abbeville, à qui on voulait faire payer les droits de franc-fief et qui fut maintenu par jugement du 25 juin 1375.

— Jean DE CRAMAISNIL était homme-lige de la seigneurie de Huppy en 1377.

— Nicolas DE CRAMAISNIL tenait à Saint-Maxent un fief de la seigneurie dudit lieu, en 1381.

— Jean DE CRAMAISNIL, écuyer, tenait un fief à Béhen, de la seigneurie-pairie de Villers-sur-Authie, en 1381.

CRÉCY.

Cette famille, certainement originaire du bourg de ce nom, est des plus anciennes; depuis longtemps elle est éteinte et, dès le XIV° siècle, on ne trouve plus nulle part de Crécy nobles en Ponthieu. Aucune des chartes émanées des divers personnages que nous allons énumérer n'ayant conservé de sceau, il nous a été impossible de découvrir les armoiries des Crécy.

— Renaut et Godart DE CRÉCY furent présents au jugement rendu en la cour de Guy, comte de Ponthieu, en 1095, contre Galeran, vicomte de Montreuil, qui voulait s'opposer à ce que les religieux du prieuré de Beaurain prissent possession de l'église de Saint-Remy, que Gervide, sa femme, leur avait donnée de son consentement.

— Foulques DE CRÉCY fut témoin d'une donation faite à l'abbaye de Saint-Josse par Guy, comte de Ponthieu, pour le repos de l'âme de sa femme, en 1100.

— Simon DE CRÉCY, chevalier, fut témoin de la charte par laquelle Guy, comte de Ponthieu, donna à l'abbaye de Saint-Josse, ses coutumes de Rue, vers 1100. — Le même sert encore de témoin dans une charte de 1146.

— Hugues DE CRÉCY, témoin en 1158.

— Guy DE CRÉCY, témoin en 1159, en 1164 et en 1166.

— Simon DE CRÉCY, chevalier, qui peut avoir été le fils ou le petit-fils du Simon qui précède, servit de témoin dans une charte de 1195. Du consentement de Marie, sa femme, de Gauthier, Renaut, Henri et Jean, ses fils, de Pétronille, Ermengarde et Aëline, ses filles, il donne à l'abbaye de Saint-Fuscien, dont il avait reçu vingt livres parisis, les tiers des dîmes de Goy, et dans le cas où il ne pourrait y faire consentir Pierre de Fontaines, seigneur de Goy, il lui assure l'équivalent sur celles de Crécy, en janvier 1201.

— Guillaume DE Crécy, témoin d'une donation à l'abbaye de Willencourt, en 1224.

— Robillard DE Crécy, témoin d'une autre donation en 1227.

CRÉSECQUES.

Quelques généalogistes veulent que la maison DE Crésecques soit issue des châtelains de Bourbourg, parce que la conformité d'armoiries était à peu près entière entre les deux familles, toutes deux portant des *tierces d'or en champ d'azur*, à l'exception toutefois du *chef* qu'un cadet des Bourbourg eût adopté comme brisure en même temps qu'on l'eût apanagé de la baronnie DE Crésecques, située en Artois, entre Thérouanne et Aire. Il y eut au moyen-âge de si nombreux exemples de ce fait, que rien dans cette allégation n'est de nature à surprendre. C'est ainsi que, selon les généalogistes ci-dessus mentionnés, Thénard, châtelain de Bourbourg, assassiné à Bruges en 1127 avec Charles le Bon, comte de Flandre, aurait été père d'Anseau DE Crésecques, vivant en 1150, avec qui on fait commencer la généalogie suivie.

La maison DE Crésecques, qui, dans les derniers siècles, avait abusivement changé son ancien nom en celui de Quérecques plus facile à prononcer, est aujourd'hui éteinte. Bien que d'origine artésienne, elle était habituée en Ponthieu où la branche aînée posséda pendant deux siècles les seigneuries de Long et de Longpré, et où la branche cadette devenue aînée par l'extinction de la première, à la fin du xve siècle, dans la maison princière de Croy, résida assidûment jusqu'à nos jours.

Les armes de cette famille étaient: *d'azur à deux tierces d'or, au chef aussi d'or*.

1. — Anseau DE Crésecques, chevalier, seigneur dudit lieu, en 1150, mort avant 1190. Allié à Edwige de Thiennes, dont

il eut : 1° Robert, qui suit ; 2° Guillaume, chevalier, vivant en 1204 et 1213 ; 3° Béatrix, femme de Michel de Harnes, chevalier.

2. — Robert DE CRÉSECQUES, chevalier, seigneur dudit lieu, épousa en 1190 Mahaut d'Aire, et mourut avant 1217 laissant pour enfants : 1° Robert, chevalier, mort en 1233, sans alliance ; 2° Pierre, prévôt de la Collégiale d'Aire ; 3° Gilbert, chevalier, mort en Terre-Sainte ; 4° Anselme, qui suit ; 5° Guillaume, mort sans alliance ; 6° Béatrix, femme de N... de Rely, dont elle était veuve en 1257.

3. — Anselme DE CRÉSECQUES, chevalier, seigneur dudit lieu, allié à Béatrix de Guines, mort vers 1247. Il fut père de : 1° Robert, qui suit ; 2° Mahaut, femme de Girard de Picquigny, vidame d'Amiens, puis de Jean, seigneur d'Audenarde, Rosay, Hamel et Flobeque ; 3° Béatrix, femme de Roger de Lille, seigneur de Pontrohant.

4. — Robert DE CRÉSECQUES, chevalier, seigneur dudit lieu, épousa Jeanne de Picquigny vers 1247. De cette union naquirent : 1° Jean, qui suit ; 2° Béatrix, alliée à Jean Buridan, chevalier, seigneur de Dours ; 3° Mahaut, religieuse.

5. — Jean DE CRÉSECQUES, chevalier, seigneur dudit lieu, conseiller et chambellan du Roi, épousa vers 1301, Jeanne de Fontaines, dame de Long et de Longpré, de laquelle il eut : 1° Eustache, père de Jean, chevalier, mort sans alliance ; 2° Guillaume qui va suivre ; 3° Gérard, dit Lagan, chevalier, mort sans alliance.

6. — Guillaume DE CRÉSECQUES, chevalier, seigneur dudit lieu, Long et Longpré, dit Lagan, épousa Marie d'Harcourt. Il était mort avant 1344, laissant : 1° Robert, qui suit ; 2° Guillaume, époux de Jeanne d'Airaines ; 3° Marie.

7. — Robert DE CRÉSECQUES, chevalier, seigneur dudit lieu, Long et Longpré, conseiller et chambellan du Roi, allié à Marguerite de Poix, eut d'elle : 1° Jean, chevalier, seigneur de Long et de Longpré, maréchal de l'armée de Hongrie, mort sans

postérité en 1396 ; 2° Robert, qui suit ; 3° Charles, chevalier, échanson du Roi et du duc de Bourgogne, bailli de Saint-Pierre-le-Moutier, vivant encore en 1411, et mort sans postérité ; 4° Jeanne, femme de Jean de Mailly, dit Maillart, chevalier, seigneur de Conty.

8. — Robert DE CRÉSECQUES, dit Robinet, chevalier, seigneur dudit lieu, Long, Longpré et Martainneville, allié à Éléonore de Jumelles, dame de Marieu, Warlemoure, Graincourt et Hardinval. Il mourut vers 1440, laissant : 1° Guillaume, qui suit ; 2° Jean, auteur de la deuxième branche qui suivra à son rang.

9. — Guillaume DE CRÉSECQUES, dit le Bon, chevalier, seigneur dudit lieu, Long, Longpré, Graincourt et Hardinval, mort avant 1440. De Marie d'Harcourt, sa femme, il avait eu : 1° Jean, qui suit ; 2° Marguerite, dame d'Yvery (Ivergny) ? en Vimeu, femme de Martin de Rely, chevalier.

10. — Jean DE CRÉSECQUES, chevalier, seigneur dudit lieu, Long et Longpré, épousa Bonne de Fromessent, dame dudit lieu et de Clarque. Ils n'eurent qu'une seule fille, Jeanne, dame DE CRÉSECQUES, Long et Longpré, qui épousa, après 1462, Jean de Croy, comte de Rœux.

DEUXIÈME BRANCHE.

9. — Jean DE CRÉSECQUES, chevalier, seigneur de Marieu (où il habita, de même que tous ses successeurs) et de Martainneville, épousa Jeanne de Rubempré, et mourut avant 1445, laissant plusieurs enfants : 1° Robert, qui suit ; 2° Enguerran, abbé de Cercamp ; 3° Baugeois, prieur de Baigneux en Normandie ; 4° Bon, écuyer ; 5° Lionel, écuyer.

10. — Robert DE CRÉSECQUES, chevalier, seigneur de Marieu et de Martainneville, fut allié à Jeanne de Valhuon, de laquelle il n'eut que le seul Antoine, qui suit.

11. — Antoine DE CRÉSECQUES, écuyer, seigneur de Marieu et de

Martainneville, allié à Isabeau d'Allennes, en eut : 1° Ghislain, qui suit ; 2° Arnould, écuyer, tué dans les guerres d'Italie ; 3° Marguerite, femme d'Antoine de Gonnelieu.

12. — Ghislain DE CRÉSECQUES ou Quérecques, écuyer, seigneur de Marieu et de Martainneville, gouverneur du château de Boves. Il se maria deux fois : le nom de sa 1ʳᵉ femme est inconnu ; de la seconde, Jacqueline d'Estrées, qu'il épousa le 18 décembre 1524, il eut : 1° Jean, qui suit ; 2° Guy, religieux à Corbie ; 3° Barbe, femme de Jean d'Ostrel, écuyer, seigneur d'Occoches.

13. — Jean DE QUÉRECQUES (c'est à partir de celui-ci que l'ancien nom de Crésecques fut transformé en Quérecques), écuyer, seigneur de Marieu et de Martainneville, épousa vers 1546 Jacqueline de La Tramerie. Il mourut en février 1562, laissant : 1° Louis, écuyer, seigneur de Marieu et de Martainneville, homme d'armes des ordonnances du roi, allié par contrat du 19 mars 1561 à Bonne de Bussy, dont la seule Catherine, dame de Marieu, qui porta cette terre à son mari, Oudart de Monthomer, chevalier, seigneur de Frucourt ; 2° Adrien, prieur de Serton ; 3° Jean, qui suit ; 4° Marguerite, alliée par contrat du 19 décembre 1550 à François du Bosquel, écuyer, seigneur de Gadimez et d'Airon.

14. — Jean DE QUÉRECQUES, écuyer, seigneur de Warloing, Fresnoy et Forceville, épousa Adrienne Clabault, par contrat passé le 28 mai 1568. Il fut père de : 1° François, qui suit ; 2° Marie, femme de Simon Picquet, écuyer, seigneur de Hégumont et de Proyart.

15. — François DE QUÉRECQUES, écuyer, seigneur de Warloing et de Forceville, fut allié à Françoise de Festard, dame de Hangard et d'Occoches, le 4 juillet 1604. Il mourut en 1638. De son union étaient issus : 1° René, qui suit ; 2° François, mort à marier ; 3° Anne, femme de Jacques Hannique, écuyer, seigneur de Dours ; 4° Jeanne, femme de Jean de La Salle, écuyer, seigneur de Blin ; 5° Charlotte, morte à marier.

16. — René de Quérecques, chevalier, seigneur de Warloing, Forceville et Saint-Germain, capitaine au régiment de la Mothe-Oudancourt, épousa le 30 mai 1646 Barbe de Coure, qui le rendit père de : 1° Henri, sans enfants de Marie-Madeleine de Hénin, sa femme ; 2° Léonor, chevalier de Quérecques, cornette de cavalerie, mort à l'armée ; 3° François-René, qui suit.

17. — François-René de Quérecques, chevalier, seigneur de Warloing et de Forceville, épousa, par contrat du 3 février 1724 Marie-Marguerite de Runes de Baizieux, dont il eut le seul :

18. — Louis-Henri de Quérecques, chevalier, marquis de Quérecques, seigneur de Forceville, épousa le 3 septembre 1758 Marie-Thérèse-Françoise Brunel. D'elle il eut le suivant :

19. — Joseph-Louis de Quérecques, chevalier, marquis de Quérecques, né le 1er octobre 1759, épousa le 31 mars 1784 Charlotte-Marie-Henriette de Harchies. De ce mariage sont issus : 1° N....., chevalier, comte de Quérecques, mort enfant en 1794 ; 2° Pauline-Henriette-Valentine, née le 6 mars 1785 ; 3° Polixène-Joséphine-Henriette, née le 30 octobre 1789 ; 4° Zélie-Joséphine-Henriette, née le 12 mars 1792.

CROQUOISON.

Il ne reste que bien peu de documents sur cette famille d'ancienne noblesse qui disparut du Ponthieu au moyen-âge ; et ces documents ne permettent pas d'établir une filiation suivie. Ils constatent seulement l'existence de quelques membres de la famille, séparés les uns des autres par de longues années, et permettent d'affirmer qu'à partir du xvie siècle Messieurs de Croquoison s'établirent définitivement à Amiens. On suppose que ceux-ci empruntèrent leur nom au village de Croquoison, jadis commune, aujourd'hui section de la commune d'Heucourt (canton d'Oisemont).

— Les armes de Croquoison, enregistrées dans un armorial de 1397, (pub. par M. Douet-d'Arcq, p. 72) étaient *d'argent au franc-quartier de gueules.*

— Evrard DE CROQUOISON, chevalier, sénéchal de Brétizel, témoin d'une donation faite à l'abbaye d'Aumale, en novembre 1214.

— Wautier DE CROQUOISON, chevalier, donna à l'hôpital du Quesne un demi-setier de blé de rente, février 1232.

— Jean DE CROQUOISON, écuyer, donne quittance à François de Lospital, clerc des arbalétriers, du reste de ses gages pour son service « au derain host. » — St.-Quentin, 27 octobre 1339.

— Robert DE CROQUOISON, ajourné pour la guerre par ordre de Philippe de Valois, le 25 août 1337.

— N... DE CROQUOISON, alliée vers 1350 à Robillart de Belleperche, écuyer.

— Gilles DE CROQUOISON, seigneur de Tailly, vivait en 1377.

— Gilles DE CROQUOISON laisse à Jean de Monnencourt les biens qu'il possédait à Arguel.

— Jean DE CROQUOISON, chevalier bachelier, figure dans un armorial de 1397.

— Jean DE CROQUOISON, chevalier, probablement fils du précédent, épouse Mahaut de Belleval, vers 1420.

— Simon DE CROQUOISON demeurait à Bernaville en 1447.

— Willart DE CROQUOISON possédait une maison et un colombier à Bernaville, en 1447. Après sa mort sa veuve, Simonne, se remaria à Enguerran Le Petit.

— Nicolas DE CROQUOISON, seigneur de la Cour des Fiefs, fut mayeur d'Amiens en 1568 et 1572.

— N... DE CROQUOISON, supérieure de l'Hôtel-Dieu d'Arras en 1655.

D.

DAMIETTE.

Je renvoie à la notice sur cette famille, publiée dans mon 1er volume (pages 109-110). Voici maintenant la généalogie rétablie sur preuves authentiques.

1. — Pierre DE DAMIETTE, écuyer, servant dans les guerres de Picardie, en 1414, peut avoir été père du suivant.

2. — Jean DE DAMIETTE, dit Rifflart, écuyer, seigneur d'Agencourt, homme-lige de Dommart en 1448, épousa Jeanne Le Pelle, de laquelle il eut : 1° Adrien, qui suit ; 2° Jean, auteur de la seconde branche, qui suivra ; 3° Colinet, écuyer, apanagé, en 1480, par Jean Le Pelle, écuyer, son oncle, des fiefs et terre du Cardonnoy, et de la moitié de la terre de Guébienfay ; 4° Enguerranet, écuyer, seigneur du Maisnil, allié par contrat du 2 novembre 1494 à Jeanne de Grambus ; 5° Jacques, prêtre ; 6° Nicolas, chanoine d'Amiens ; 7° Antoinette, alliée en 1475 à Aubert Le Fèvre, écuyer, seigneur de Neufville.

3. — Adrien DE DAMIETTE, écuyer, seigneur de Béthencourt-Rivière par don de Jean Le Pelle, écuyer, son oncle, en 1480. Il épousa, par contrat du 4 avril 1479, Jeannette du Maisniel, nièce d'Aëlips du Maisniel, femme de Jean Le Pelle, écuyer, seigneur de Longuemort. De cette union naquirent : 1° Antonin, tué aux guerres d'Italie, en 1511 ; 2° Hubert, qui suit.

4. — Hubert DE DAMIETTE, écuyer, seigneur de Béthencourt-Rivière, épousa, par contrat du 29 décembre 1511, Denise de Belloy. Il était mort avant le 2 janvier 1527, laissant pour enfants : 1° Antoine, qui suit ; 2° Valentin ; 3° Marie, femme d'Adrien de Bigant, écuyer, seigneur de Caullières ; 4° Marie, femme de Claude de Lisques, écuyer, puis de Charles de Machy, écuyer, puis enfin de Nicolas Truffier, écuyer, seigneur d'Allenay.

5. — Antoine DE DAMIETTE, écuyer, seigneur de Béthencourt-Rivière, épousa Gabrielle de Vaconssains, de laquelle il eut : 1° Pierre, qui suit ; 2° Suzanne, femme de Jeanne de Longueval.

6. — Pierre DE DAMIETTE, écuyer, seigneur de Béthencourt-Rivière et de Saint-Remy, gentilhomme de la vénerie du roi, épousa par contrat du 15 avril 1621, Henriette des Friches. De cette union sont issus : 1° Claude, qui suit ; 2° Marguerite, femme de Charles de Charlet, seigneur de Saint-Aignan, maréchal de camp.

7. — Claude DE DAMIETTE, écuyer, seigneur de Béthencourt-Rivière, Saint-Remy, Beaupré, Gourchon, Condé-Folie et Infray, allié, par contrat du 9 mars 1654, à Suzanne du Maisniel de Longuemort, dont il eut : 1° Pierre, qui suit ; 2° Suzanne, mariée d'abord avec Louis de Tiercelin, écuyer, puis, par contrat du 20 novembre 1703, avec Etienne Ferry, écuyer, seigneur des Enclos.

8. — Pierre DE DAMIETTE, écuyer, seigneur de Béthencourt-Rivière et de Saint-Remy, épousa Jeanne de Monchy de Senarpont. La terre de Béthencourt fut vendue par lui pour payer

les dettes de son père. Il se retira dans son autre terre de Saint-Remy-en-Rivière, et y mourut sans postérité.

DEUXIÈME BRANCHE.

3. — Jean DE DAMIETTE, écuyer, seigneur du Maisnil-les-Domqueur, Francières, Neuville et Agenvillers, fut père du suivant :

4. — Antoine DE DAMIETTE, écuyer, seigneur du Maisnil-les-Domqueur, allié à Jeanne de Farnay, puis à Jacqueline Le Maire, dont : 1° Charles, qui suit ; 2° Antoine, écuyer, seigneur de Bonnières, allié à Claude du Quesnoy, dont il eut Melchior, écuyer, seigneur de Bonnières, allié à Claude de Belleval ; 3° Jeanne, femme de Jean de Gueschart.

5. — Charles DE DAMIETTE, écuyer, seigneur du Maisnil-les-Domqueur, épousa, par contrat du 7 janvier 1559, Jeanne de Carnin. Il fut père de : 1° Artus, qui suit ; 2° Jeanne, femme de Pierre du Bois, puis d'Oudart Le Prévost, écuyer, seigneur de Pendé.

6. — Artus DE DAMIETTE, écuyer, seigneur du Maisnil-les-Domqueur, allié, par contrat du 8 octobre 1587, à Jeanne de Faussart, dont entre autres

7. — Claude DE DAMIETTE, écuyer, seigneur du Maisnil-les-Domqueur, qui eut pour fille unique et héritière

8. — Antoinette DE DAMIETTE, dame du Maisnil-les-Domqueur, alliée à Joachim de Maillefeu, écuyer. La terre du Maisnil-les-Domqueur fut décrétée sur elle.

DARGNIES.

Le village de Dargnies fait aujourd'hui partie du canton de Gamaches. On y distingue encore au milieu d'un herbage quelques tertres et monticules, seuls vestiges de l'ancien château de la famille dont nous allons esquisser la généalogie. Le sceau de Guillaume DE DARGNIES, chevalier, attaché à une charte du mois de mars 1246, prouve que les armes de la famille étaient *une bande et un palé en chef.*

1. — Bernard DE DARGNIES, chevalier, sire dudit lieu, amortit comme seigneur direct quatorze journaux de terre placés dans les champs dits « le Valchele et Baiart, » que Pierre de Maisnières donna à l'abbaye du Lieu-Dieu, en 1211. On le croit père de : 1° Renaut, qui suit ; 2° Jean, qui garantit avec plusieurs autres une vente faite à l'abbaye du Lieu-Dieu par Thomas Vavasseur de Fressenneville de dix-sept journaux de terre situés près du chemin de Gamaches, en 1221 ; 3° Alix ; 4° Jeanne.

2. — Renaut DE DARGNIES, chevalier, sire dudit lieu, allié à Isabelle de Pierrecourt. Il vendit à l'abbaye de Foucarmont, pour 110 livres tournois, le fief de Drusencourt, près Gamaches, qu'il tenait de Simon de Pierrecourt, chevalier, en mars 1238. Il donna à l'abbaye du Lieu-Dieu la dîme de Dargnies, en avril 1242. Il vendit à la même abbaye le fief qu'il tenait à Harcelaines et à Fontenelle d'Arnoul de Saint-Saens, chevalier, en septembre 1247. Il vendit enfin à l'abbaye de Saint-Valery dont il le tenait son fief à Nibas, en juin 1260. Il fut père de

3. — Jean DE DARGNIES, écuyer ; du consentement de Maroye, sa femme, il vendit en mars 1286 à Raoul Wahanel, prêtre, vingt-deux journaux de terre au fief de Cantepie qu'il tenait pour une paire d'éperons de fer de Bernard Blassel ; de lui est issu : Jean, qui suit.

4. — Jean DE DARGNIES, chevalier banneret, servit à la défense de Tournay, sous le commandement de Raoul, comte d'Eu, connétable, du 28 octobre au 2 décembre 1339. On le croit père du suivant.

5. — Jean DE DARGNIES, écuyer, allié à N,.. d'Yaucourt. Il avoua, le 3 décembre 1363, tenir noblement en fief de l'abbaye de Saint-Riquier le manoir d'Yaucourt avec ses dépendances. Le 13 janvier 1377 il avoua tenir en fief du comté de Ponthieu, à cause des châteaux d'Abbeville et de Rue, un fief situé à Epagne et le fief de la Mahière situé sur les territoires d'Abbeville et de Rue. Il n'eut qu'une seule fille :

6. — Jeanne DE DARGNIES, qui est dite héritière de son père et qui avait épousé avant 1380 Jean de Bournel, chevalier.

A cette branche devait appartenir encore Guillaume DE DARGNIES, chevalier, qui donna à l'abbaye du Lieu-Dieu quatre journaux de terre au champ Baiart, en mars 1246. C'est à cette charte qu'est attaché le sceau qui nous a servi à déterminer les armoiries de la famille DE DARGNIES.

DESCAULES.

Il n'y a rien à ajouter à la notice que nous avons donnée sur cette famille, à la page 115 de notre premier volume. Il suffit de reproduire la généalogie que nous avons pu rétablir à peu près en entier et que nous n'avions pas insérée alors dans notre travail, faute de matériaux suffisants.

1. — Raoul DESCAULES, mayeur d'Abbeville en 1196 : eut pour fils :

2. — Gilles DESCAULES, en 1206, dont

3. — Mathieu DESCAULES, père de Gilles, qui suit, et de Watier, vivant en 1250.

4. — Gilles DESCAULES : il fut père de

5. — N.... DESCAULES, père de

6. — N.... DESCAULES, dont vint :

7. — Guillaume DESCAULES, écuyer, en 1378, époux de Jeanne Austine, dame de Vauchelles-sous-Ailly. D'eux est issu :

8. — Ferrant DESCAULES, écuyer, à qui l'on donne pour femme Marie de Houdenc : il fut père de : 1° Antoine, qui suit ; 2° Mathieu, père de Firmin, écuyer, allié à Marguerite Grisel.

9. — Antoine DESCAULES, garde du scel royal et conseiller-procureur à Abbeville, en 1465. De sa femme, dont le nom est inconnu, sont nés Guillaume, qui suit, et Antoine.

10. — Guillaume DESCAULES, écuyer, vivant encore en 1498, épousa Marie de Houdenc, dame de Surcamps, dont il eut :

11. — Antoine DESCAULES, écuyer, seigneur de Surcamp, en 1500, allié à Marguerite de Wailly, dont

12. — Firmin DESCAULES, écuyer, époux de Marie Le Carbonier, qui lui donna :

13. — Pierre DESCAULES, notaire, allié en 1560 à Catherine Rumet ; il mourut en 1564, laissant :

14. — François DESCAULES, notaire royal à Abbeville, allié à Jacqueline de Ponthieu, dont : 1° Nicolas, qui suit ; 2° Pierre, seigneur de Saint-Marc, capitaine des portes de la ville d'Abbeville.

15. — Nicolas DESCAULES, receveur du domaine de Ponthieu, épousa Marie Manessier, dont il eut

16. — Charles DESCAULES, seigneur de Sainte-Marie, conseiller au présidial d'Abbeville, allié à Marguerite de Heu, obtint, le 16 avril 1655, des lettres de relief de noblesse à cause de la dérogeance de son grand-père et de son arrière grand-père. Il eut pour fils

17. — Adrien DESCAULES, écuyer, seigneur de Maisnil-Drucat,

allié à N... Vaillant. — Son dernier descendant mourut à la fin du siècle dernier, et cette famille est aujourd'hui éteinte.

DESROBERT.

Armes : *Écartelé, au 1 et 4 d'azur à la croix de Lorraine d'or, cantonnée d'une tête de loup, d'une croix et de deux trèfles aussi d'or ; au 2 et 3, d'or à trois tourteaux de gueules, qui est Amerval.*

L'origine de cette famille n'est pas clairement établie. On la croit pourtant originaire de Ponthieu, ou du moins le premier de ce nom que l'on connaisse y vivait sans que rien annonce ou prouve qu'il fut né dans un autre pays. On ne sait pas davantage de quelle époque y date la noblesse.

1. — Pierre DESROBERT, demeurant à Airaines en 1507, fut père du suivant :

2. — N.... DESROBERT, écuyer, vivant en 1550, dont

3. — François DESROBERT, écuyer, qui demeurait à Nellette. Il épousa Hyppolite d'Amerval de Fresnes, et en mémoire de cette bonne alliance, il écartela ses armes de celles d'Amerval et les transmit ainsi à ses descendants qui n'y changèrent rien. De cette union naquirent : 1° Jean, qui suit ; 2° François, auteur du court rameau qui suivra.

4. — Jean DESROBERT, écuyer, seigneur de Houdanc (fief à Saucourt, en Vimeu), fut allié à N... d'Ococh de Framicourt, dont vint une seule fille, N... DESROBERT, qui n'a pas pris d'alliance. N... d'Ococh se remaria avec Jean Belliard, écuyer, et fut mère d'Anne-Marie Belliard qui porta à son mari, Jean d'Esquincourt, écuyer, seigneur de Saint-Remi, les biens de Nellette et de Houdenc, malgré les droits de la branche cadette à laquelle ils devaient faire retour.

RAMEAU.

4. — François Desrobert, écuyer, seigneur de Montigny (fief en Normandie) épousa N... Gueudon dont il eut : 1° Antoine, qui suit ; 2° N... femme de N... du Fossé, mercier à Abbeville.

5. — Antoine Desrobert, écuyer, seigneur de Montigny, devint notaire et se fit ensuite marchand à Abbeville, sans souci de sa noblesse. Il n'eut que des filles, et on le trouve en 1706 occupé à retirer les fiefs de son oncle, Nellette et Houdanc, des mains de MM. d'Esquincourt.

DOMART.

Cette très ancienne et très noble famille s'éteignit dès le commencement du xv° siècle, car sa seigneurie de Domart-en-Ponthieu et le beau château-fort qu'elle y avait fait construire appartenaient alors par héritage aux sires de Craon. Ses armes, ainsi qu'en font foi deux ou trois sceaux curieux, étaient: *d'argent à un chevron de gueules accompagné de trois merlettes de sable.*

— Enguerran de Domart, témoin de la charte par laquelle Gérold d'Horvoy, son oncle, donna à l'abbaye du Tréport tout ce qu'il avait à Horvoy, en 1107.

— Wautier de Domart et Bernard, son fils, en 1130.

— Renaut de Domart et Béatrix de Dours, sa femme, souscrivent une donation faite au prieuré de Saint-Denis du Pré-en-Amiénois par illustre personne Gérard de Dours, son neveu, en 1148.

— On trouve en 1185 Oda, fille de Baldéric de Domart.

— Grégoire et Guillaume de Domart avaient possédé à Amiens une maison que l'évêque donna à son chapitre, avec les environs, pour construire le chapitre et le cloître, en avril 1232.

— Pierre DE DOMART amortit le fief de Taisy (ou Tuisy) vendu à l'abbaye du Paraclet par Jean de Boves, en février 1233.

— Oudart DE DOMART, écuyer, fils de Guy DE DOMART, chevalier, vend ce qu'il avait au bois de Nully à Thibaut, roi de Navarre, en janvier 1247.

— Pierre DE DOMART, chevalier, donne à l'hôpital de Moreuil deux setiers de blé à prendre chaque année sur sa grange de Villers, septembre 1260.

— Colart DE DOMART, écuyer, à cause de Marie de Donquerre, sa femme, avoue tenir de l'abbaye de Saint-Riquier noblement en fief son manage appelé Gourguechon, situé à Gueschard, le 31 juillet 1372.

— Renaut DE DOMART, chevalier, seigneur dudit lieu, servait avec un cheval « lyart moucheté » dans la compagnie de Robert de Boubers, le 1ᵉʳ mars 1367. — Il donne quittance le 22 décembre 1368 de 90 livres pour lui, un chevalier et deux écuyers servant contre les grandes compagnies en Anjou et en Touraine. Il donne une autre quittance de 66 livres tournois pour lui, un chevalier et sept écuyers servant en Picardie sous le sire de Coucy, le 20 juillet 1380. Après avoir, le 1ᵉʳ septembre de la même année, fait montre à Corbeil d'un chevalier et de six écuyers il reçoit le 6 septembre suivant, du trésorier des guerres 150 francs d'or.

— Guy DE DOMART, écuyer, et Jeanne Haterel, sa femme, demeurant à Amiens, vendent 8 sols de cens sur un jardin situé dans cette ville, en 1449.

DOMINOIS.

Le village de Dominois, baigné par l'Authie, et qui fait aujourd'hui partie du canton de Crécy, avait dès le milieu du XIIᵉ siècle des seigneurs qui lui empruntèrent leur nom et qui prenaient déjà rang, à une époque aussi reculée, parmi la meilleure noblesse du Ponthieu. Ceux-ci disparurent au XVᵉ siècle et on ne trouve plus nulle part à partir de ce temps trace de leur existence. Ils portaient sur leur écusson et sur leurs sceaux *une croix ancrée*.

1. — Antelme DE DOMINOIS, chevalier, sire dudit lieu, témoin dans une charte de 1158, père, à ce que l'on croit de : 1° Adam, qui suit ; 2° Gilbert, chevalier, qui comparaît dans deux chartes de 1175 et de 1203.

2. — Adam DE DOMINOIS, chevalier, sire dudit lieu, ayant épousé la fille du prêtre de Bertaucourt, crut qu'il pouvait s'emparer du personnat de cette église qui appartenait à l'église d'Amiens. Il s'y maintint longtemps par violence, mais enfin après une enquête faite par plusieurs prélats et par Simon de Donquerre et Eustache Gales, chevaliers, il renonça à ses prétentions du consentement de Guillaume de Cayeu, son seigneur-lige, en 1210. On lui donne pour fils : 1° Gauthier, qui suit ; 2° Gilbert, prêtre.

3. — Gauthier DE DOMINOIS, chevalier, amortit comme seigneur direct, la dîme et le terrage que Guy Keuron avait tenu de lui à Feuquières et qu'il avait donné à l'abbaye du Lieu-Dieu, en 1231. A cette pièce pend son sceau dont l'écu porte *une croix ancrée*. De lui est issu Jean.

4. — Jean DE DOMINOIS, chevalier, cité dans la charte de 1231, fut père du suivant.

5. — Guillaume DE DOMINOIS, chevalier, allié à Emmeline, dame de Coquerel, avec laquelle il vendit au chapitre d'Amiens, moyennant 360 livres parisis pour eux et 20 livres pour Jean, leur fils, écuyer, tout ce qu'ils avaient sur la grange dudit chapitre à Bertaucourt, en août 1287. D'eux est donc issu

6. — Jean DE DOMINOIS, écuyer, en 1287. De celui-ci sont issus probablement, mais après quelques générations :

— Arnould DE DOMINOIS possédant un fief tenu de Ligescourt, en 1311 ;

— Jean DE DOMINOIS, tenant un fief à Ligescourt en 1380.

DOMQUEUR.

Armes : *d'or au chevron de gueules.* — Supports : *deux levriers.*

Cette famille, l'une des plus anciennes du Ponthieu, n'a eu que fort peu d'illustration et n'a jamais possédé de grandes charges ni de nombreuses seigneuries. Le seul membre marquant de la maison de Domqueur est Roland DE DOMQUEUR (nous restituons ici la véritable orthographe de ce nom défiguré dans le grand nobiliaire de Picardie), chevalier, conseiller et chambellan du duc de Bourgogne, qui suivit ce prince lorsqu'il alla faire la guerre aux Liégeois en 1408, et fut, par son crédit et sa protection, créé grand-panetier de France après la mort de Robert de Mailly, titulaire de cette charge, par lettres-patentes données à Troyes, le 23 mai 1419. Le roi d'Angleterre lui fit don, au mois d'avril 1423, d'un hôtel à Paris, rue Saint-Martin, qui avait appartenu à Guillaume Le Bouteiller. Roland prenait encore le titre de grand-panetier le 13 septembre 1431 lorsqu'il s'opposa à ce que personne ne fut revêtu de cette charge à son préjudice, et plaidait au Châtelet en cette qualité le 14 mars 1435. (Le P. Anselme, t. 8, p. 64).

Parmi les membres de la famille que l'on n'a pu rattacher à la filiation suivie nous citerons :

— Rorgon DE DOMQUEUR, témoin dans une charte de 1100.
— Simon DE DOMQUEUR, chevalier, sire dudit lieu, servit de témoin dans plusieurs chartes des comtes de Ponthieu, depuis 1203 jusqu'en 1219. Le 31 août 1205 Guillaume, comte de Ponthieu, le choisit pour arbitre de ses différents avec Thomas de Saint-Valery. Il avait épousé Mahaut de Ponches, de laquelle il n'avait pas encore d'enfants en 1218.
— Enguerran DE DOMQUEUR, chevalier, bailli d'Abbeville, souscrit une transaction entre les abbés de Valoires et de Saint-Josse touchant les dîmes de Waben, en 1205.
— Wautier, Baudouin et Robert DE DOMQUEUR, frères, résignèrent

les autels de Domqueur et de Maisons entre les mains de l'évêque d'Amiens en faveur du chapitre de Fouilloy, en 1211.

— Simon DE DOMQUEUR, chevalier, en 1309.

— Bernard DE DOMQUEUR, chevalier, possesseur d'une terre à Lheures en 1344. — Il avait épousé Jeanne de Lambersart, dont il eut une fille, Jeanne, alliée par contrat du 16 janvier 1366 à Gilles de Mailly, chevalier.

— Simon DE DOMQUEUR, chevalier, possesseur de biens à Lheures en 1374 et 1384.

— Léonore DE DOMQUEUR, femme de sire Etienne Coulars, huissier d'armes du roi en 1390.

— Hue DE DOMQUEUR, chevalier, chambellan du roi, bailli de Caux et de Rouen de 1384 à 1404.

— Jean DE DOMQUEUR, écuyer, époux de Jeanne de Clermont-Nesle, fait prisonnier dans le château de Domart en 1422 (Monstrelet).

— Alix DE DOMQUEUR, femme de Robert de Bernieulles. (s. d.)

— Roland DE DOMQUEUR, cité au préambule de cette généalogie.

— Philippe DE DOMQUEUR, gouverneur de Mariembourg.

— Robert DE DOMQUEUR, écuyer, mentionné dans les comptes de la ville d'Abbeville en 1427.

La généalogie suivie commence à l'an 1350. Une note manuscrite que nous avons sous les yeux dit que MM. DE DOMQUEUR prouvèrent leur noblesse jusqu'à cette époque reculée, mais sans ajouter dans quelle circonstance. Ils pouvaient le faire fort aisément en tous cas ; pourtant François DE DOMQUEUR, appelé à présenter ses titres devant l'Intendant de Picardie, n'établit sa filiation que depuis 1511, et fut maintenu en conséquence dans sa noblesse par jugement de M. de Bernage du 19 février 1709. — Cette famille est éteinte depuis au moins un siècle.

1. — Guillaume DE DOMQUEUR, chevalier, seigneur dudit lieu, et de la Ferrière, fut allié à N..., dame de Férienes. Il vivait en 1350. De lui est né le suivant :

2. — Guillaume DE DOMQUEUR, écuyer, seigneur dudit lieu, de Férienes et de Vitz-sur-Authie ; en qualité d'héritier de sa mère il releva le fief de Férienes tenu en pairie et demie du château de Hesdin et un fief à Vitz-sur-Authie qui est un des arrière fiefs du Ponthieu, en 1386. — Comme possesseur de ces deux fiefs il paya l'aide du mariage de la fille ainée du duc de Bourgogne avec le dauphin de Viennois, duc de Guyenne en 1409. Il dut mourir peu de temps après, laissant, de Jeanne Vinet, sa femme : 1° Brunel, qui suit ; 2° Guillaume, auteur de la seconde branche, qui suivra.

3. — Brunel DE DOMQUEUR, chevalier, seigneur de Férienes, Galametz et Vitz-sur-Authie, servait en qualité de chevalier bachelier dans la compagnie du sire de Fosseux qui accompagnait le duc de Bourgogne à Paris dans son voyage « pour le bien du roi, » le 31 août 1417. Il releva en 1418 ses trois seigneuries tenues du château de Hesdin, comme héritier de feu Guillaume, son père. Il mourut avant 1451, laissant un seul fils, qui suit.

4. — Jean DE DOMQUEUR, écuyer, seigneur de Férienes, Galametz et Vitz-sur-Authie, est dit héritier de Brunel et relève en cette qualité ses trois seigneuries en 1451. Il fut allié à Barbe de Flavy, et eut d'elle, entre autres enfants :

5. — Isabeau DE DOMQUEUR, femme d'Antoine de Boubers, écuyer, seigneur de Bernâtre.

SECONDE BRANCHE.

3. — Guillaume DE DOMQUEUR, écuyer, seigneur de La Ferrière et de Gouy, acquiert d'Ancel et de Robin de La Hérelle, frères, habitants de Gouy, un siége de moulin à vent assis au territoire de Bonnelles, le 4 janvier 1411. De Marie de Bailleul, sa femme, il avait eu : 1° Guy, qui suit ; 2° Jean, écuyer, allié à Jeanne Haterel avant 1447 et vivant encore en 1474.

4. — Guy DE DOMQUEUR, écuyer, seigneur de La Ferrière, Gouy et Saint-Aubin, Witainéglise et Tully, époux de Jeanne de Rubempré, dès 1429. Il fit le 23 juillet de cette année un accord avec Jeanne d'Aigneville, veuve de Guillaume de Rubempré, touchant le douaire qu'elle prétendait avoir sur les terres de Gouy et de Baillon qui avaient appartenu à son mari. La terre et seigneurie de Witainéglise lui avait été apportée par sa femme ; il en fit le relief le 15 avril 1455. La seigneurie de Tully lui venait aussi de la même manière. Il mourut vers 1481, laissant pour enfants : 1° Antoine, écuyer, seigneur de La Ferrière, Gouy et Saint-Aubin, épousa par contrat du 20 février 1463 Marguerite de Lannoy. Par ce contrat les trois seigneuries sus-mentionnées lui étaient assurées à lui et à ses descendants. Il n'eut qu'un fils, Drieuquin, qui avait hérité de lui en 1479 : on ignore s'il se maria ; 2° Jean, qui suit.

5. — Jean DE DOMQUEUR, écuyer, seigneur de Witainéglise et de Tully : Il épousa, par contrat du 16 janvier 1478 Isabeau d'Occoches. Il avait été apanagé par ses parents en avancement d'hoirie et en faveur de son mariage, des seigneuries de Witainéglise et de Tully. Mais celles-ci ne lui suffisaient pas car, en 1479, son frère aîné étant mort, il s'empara, au détriment de son neveu Drieuquin, de La Ferrière, de Gouy et de Saint-Aubin. A la suite d'une convention passée le 23 décembre 1479 entre l'oncle et le neveu, ce dernier fut remis en possession de son héritage. Il testa en 1503 et voulut être enterré dans l'église de Witainéglise. De son union avec Isabeau d'Occoches étaient issus : 1° Antoine, qui suit ; 2° François, écuyer ; 3° Adrienne ; femme d'Antoine Péronnier, et enfin un fils bâtard.

6. — Antoine DE DOMQUEUR, écuyer, seigneur de Witainéglise et de Tully, vendit Tully à David de La Radde. De son union avec Jeanne des Forts il avait eu : 1° Antoine, écuyer, sans suite ; 2° Claude, qui suit ; 3° Antoinette ; 4° Barbe ; 5° Anne.

7. — Claude DE DOMQUEUR, écuyer, seigneur de Witainéglise et de Woirel par échange avec Antoine d'Occoches, écuyer, seigneur

de Woirel, le 7 décembre 1610. Il avait épousé par contrat passé le 14 novembre 1590 Catherine de Noyelles, de laquelle il eut : 1° François, qui suit ; 2° Claude, auteur de la troisième branche qui suivra à son rang ; 3° Catherine, alliée par contrat du 30 mai 1622 à Jacques de Sacquespée, écuyer, seigneur de Beaulieu ; 4° Jeanne, alliée par contrat du 8 juin 1628 à Charles d'Ault, écuyer, seigneur de la Wardieu.

8. — François DE DOMQUEUR, écuyer, seigneur de Witainéglise et de Woirel, allié par contrat du 18 juin 1653 à Barbe de Polhoy, dame de Ponthoiles, dont Antoine, qui suit.

9. — Antoine DE DOMQUEUR, écuyer, seigneur de Woirel, allié le 1er mars 1683 à Françoise d'Abancourt, dont : 1° André, qui suit ; 2° Antoine et Nicolas, morts sans postérité.

10. — André DE DOMQUEUR, chevalier, seigneur de Woirel et de Puiseux-en-Bray, allié par contrat passé le 10 janvier 1720 à Marie-Anne de Piscard, dont

11. — Jérôme-Alexandre DE DOMQUEUR, chevalier, seigneur de Woirel, cadet-gentilhomme dans le régiment de Grassin en 1746.

TROISIÈME BRANCHE.

8. — Claude DE DOMQUEUR, écuyer, seigneur de Ponthoiles, allié par contrat du 4 mars 1641 à Marie de Polhoy, demoiselle de Saint-Hilaire, de laquelle il eut : 1° François, qui suit ; 2° Marguerite.

9. — François DE DOMQUEUR, chevalier, seigneur de Ponthoiles, épousa par contrat du 20 janvier 1683 Marie de Lestoille, dame de Coulonvillers ; il était âgé de 60 ans quand il fut maintenu dans sa noblesse par Bignon, le 19 février 1709 : Il avait alors pour enfants : 1° François, âgé de neuf ans,

mort en 1711 ; 2° Catherine, âgée de dix-sept ans. On ne sait pas si elle se maria.

DOUDEAUVILLE.

Nous n'oserions pas affirmer que cette famille ait été originaire du Ponthieu : aucun village, aucun hameau, aucun lieu-dit n'y rappelle son nom ; on ne trouve trace d'elle dans notre pays qu'à une seule époque, au xiv° siècle et au commencement du xv° siècle pendant lesquels elle fut en possession de la seigneurie de Nouvion ; puis après, plus rien. L'opinion la plus rationnelle serait que les Doudeauville, étrangers au pays, y auraient été appelés par une alliance et par un héritage et y seraient restés : dans le doute nous allons rapporter tout ce que nous savons d'eux, aussi bien les chartes dans lesquelles ils figurent intéressent-elles le Ponthieu. Une note manuscrite que nous avons sous les yeux prétend que les Doudeauville étaient une branche cadette des comtes de Ponthieu. Cette assertion n'étant appuyée d'aucune preuve, on ne la cite que pour mémoire.

— Guillaume de Doudeauville, chevalier, sire de Nouvion, ratifie la donation faite à la Chartreuse d'Abbeville par Jean, sire de Nouvion, son oncle, fondateur en partie de ladite Chartreuse, de vingt journaux de bois au Crotoy et y ajoute la donation de la justice vicomtière, se réservant seulement la haute justice, en août 1316.

— Jean de Doudeauville, chevalier, sire de Nouvion, renonce à toutes ses prétentions sur le bois près de Forest-l'Abbaye qui appartenait aux Chartreux d'Abbeville, en 1359.

— Monseigneur Jean de Doudeauville, chevalier, sire de Nouvion, pour se libérer des arrérages d'une rente sur les moulins et vivier de Bonnelle-sous-Nouvion, cède aux Chartreux une maison sise à Abbeville près du pont Ricquebourg, le 10 septembre 1371. — Le même obtint des lettres d'État pour suspendre les poursuites des Chartreux d'Abbeville auxquels il devait une somme de 85 livres, le 30 août 1374.

— Jean DE DOUDEAUVILLE, sire de Nouvion et de Queux, chevalier, après la mort de Baudouin DE DOUDEAUVILLE, chevalier, cède à l'abbaye de Sainte-Sauve de Montreuil, pour y fonder une chapelle, une rente de 50 livres qu'il avait acquise de Jean de La Porte, seigneur de Ricquebourg, le 3 novembre 1372.
— Le même avoue tenir noblement en fief de l'abbaye de Saint-Riquier une rente de deux muids d'avoine qu'il a droit de prendre sur ladite abbaye, le 24 juin 1376.

— Jeanne DE DOUDEAUVILLE, dame de Nouvion, en 1426.

DOUDELAINVILLE.

Le village de Doudelainville, situé dans le canton d'Hallencourt, a eu pendant longtemps des seigneurs de son nom. Cette famille, dont la noblesse était immémoriale, n'a laissé que bien peu de traces et elle est disparue depuis plus de trois siècles.

— Hugues DE DOUDELAINVILLE, chevalier, témoin dans une charte du XIIIe siècle.

— Jean DE DOUDELAINVILLE, chevalier, assista avec les autres pairs du Ponthieu à la déclaration que fit Jean de Lannoy, sénéchal du Ponthieu, qu'il entendait maintenir les droits et les priviléges de la ville d'Abbeville, le 1er avril 1310.

— Jean DE DOUDELAINVILLE, lieutenant du seigneur de Senarpont, signa les coutumes du Ponthieu, en 1495.

DOULLENS.

Illustre famille qui s'éteignit au xiv⁰ siècle, après avoir pris des alliances dans les plus puissantes maisons du Ponthieu et de l'Artois. Nous n'avons pu réunir que fort peu de documents sur elle, et nous ne connaissons ses armes que par un sceau de Geoffroy DE DOULLENS, sire de Burbube, de l'année 1209 : ce sont *deux barres*.

1. — Ibert DE DOULLENS, chevalier, souscrit en 1154 un accord fait entre Raoul de Clary et le chapitre d'Amiens. Il était mort avant 1170 et eut pour enfants : 1° Robert, qui suit ; 2° Mathilde, femme de Guy Campdaveine, châtelain de Corbie.

2. — Robert DE DOULLENS, chevalier, confirme en 1200 une donation faite à l'église de Beauval par Gérold de Fieffes. Dans cet acte il est assisté de son f¹s, Ibert.

On trouve également à la même époque, mais sans que rien le rattache aux précédents :

— Geoffroy DE DOULLENS, chevalier, sire de Burbube (Pas-de-Calais, arrondissement de Béthune, canton de Norrent-Fontes) ; il donna à l'abbaye du Gard 80 journaux de terre au territoire de Longueville, en juin 1207. Il était mort avant 1213, laissant pour enfants, ainsi que l'attestent quatre chartes de lui : 1° Enguerrand, sans alliance ; 2° Hèle, dite héritière de son père et femme d'Henri Quiéret, chevalier, en 1213 ; 3° Pavie.

DOURIER.

La famille dont il s'agit ici devait son nom à un fief de Dourier, qui, situé sur le territoire d'Airaines, forme à proprement parler un faubourg de ce grand village. Cette section de la commune d'Airaines, dont le nom s'est conservé intact, compte aujourd'hui une soixantaine d'habitants. Tel est le berceau de la famille noble et ancienne dont nous allons nous occuper, en énumérant par ordre chronologique les divers personnages que nous avons pu retrouver; leur petit nombre et le laps de temps qui les séparent les uns des autres ne permettant pas d'établir une filiation suivie.

Le village de Dourriez (Pas-de-Calais, arrondissement de Montreuil-sur-Mer), placé sur les limites du Ponthieu, dont il faisait autrefois partie, a eu aussi des seigneurs auxquels il a donné son nom : ainsi l'on trouve Wautier de Douriez, chevalier, témoin dans une donation faite à l'abbaye de Valoires, en 1166. Mais il est impossible de confondre cette famille avec nos Dourier d'Airaines, car dès les premières années du xiiie siècle, les Douriez du Pas-de-Calais étaient éteints et leur belle forteresse était entrée par mariage dans la puissante famille de Quiéret.

— Jean de Dourier, écuyer, et Ade, sa femme : l'abbaye d'Épagne tenait d'eux vingt livres de cens, en avril 1288.

— Jean de Dourier, écuyer, sire de Demenchecourt, avoue tenir en foi et hommage-lige du roi d'Angleterre, comme comte de Ponthieu, tout ce qu'il a à Vaux, le lendemain de Noël 1311.

— Raoul de Dourier, homme-lige de la seigneurie d'Airaines, en 1313.

— André de Dourier, un des procureurs de la ville de Rue, en octobre 1335.

— Wautier de Dourier, écuyer, avoue tenir en fief noble de l'évêque d'Amiens un fief sis à Dourier, dans la rue qui conduit de Dourier à Dreuil-les-Airaines, avec tout ce qui en dépend, 11 juin 1375.

— Jean de Dourier, écuyer, comme mari d'Anne de Cambron, tenait un fief assis à Viegies (sic. Vergies?) de la seigneurie dudit lieu qui appartenait à Raoul de Cambron, dit Désiré, écuyer, en 1378.

— Jean de Dourier, écuyer, sire de Dourier et en partie de Fierqueville, avoue tenir en fief de l'évêque d'Amiens son manoir et tout ce qu'il a en fief à Dourier, le 24 mai 1384.

— Jean DE DOURIER, écuyer, seigneur de Dourier-les-Airaines, époux d'Isabelle La Bourgeoise, vend une maison sise à Amiens, le 10 juillet 1461.

— Jean DE DOURIER, écuyer, seigneur en partie de Dourier-lès-Airaines, avoue tenir noblement en fief de l'évêque d'Amiens sa terre et seigneurie de Dourier, dans laquelle il a haute, basse et moyenne justice, le 27 avril 1493.

DOURLENS.

A la notice sur cette famille, que l'on trouvera dans le 1er volume de ce Nobiliaire, p. 116, je crois devoir ajouter le fragment suivant de sa généalogie :

1. — Warin DE DOURLENS, demeurant à Gamaches, épousa N... Duclos, dont il eut : 1° Claude, qui suit ; 2° Catherine, femme de Louis de Bellengreville.

2. — Claude DE DOURLENS, sieur de la Tourette et d'Épagny, procureur, notaire et receveur de la seigneurie de Gamaches, épousa en premières noces Marie de Belleval, et en secondes noces Marie Duval. Il fut père de : 1° Nicolas, avocat à Amiens ; 2° Pierre, qui suit ; 3° Jacques ; 4° Claude, tous deux morts sans postérité.

3. — Pierre DE DOURLENS, écuyer, seigneur de Saint-Élier, du Boisle, Méricourt et Mesnil-les-Franleux, conseiller et maître d'hôtel ordinaire du roi, conseiller d'État (par brevet du 13 juin 1659). D'Anne Pappin, sa femme, il eut : 1° Antoine, qui suit ; 2° Pierre, écuyer, seigneur de Serival, maintenu dans sa noblesse en 1700, sans enfants de Louise-Thérèse Duché, sa femme ; 3° Marie, femme d'Antoine d'Arrest, seigneur de Catigny ; 4° Barbe, femme de Jean Vincent, écuyer, seigneur d'Hantecourt ; 5° Anne, alliée à Nicolas d'Arrest, écuyer, seigneur de Beaulieu.

4. — Antoine DE DOURLENS, écuyer, seigneur de Saint-Élier, conseiller au présidial et mayeur d'Abbeville, épousa Marguerite de Pioger, et fut maintenu dans sa noblesse en 1700. Il fut père de : 1° Pierre, écuyer, seigneur de Méricourt, mort sans alliance ; 2° Charlotte, alliée en 1698 à Nicolas Briet, écuyer, seigneur de Cimpre, Hallencourt et Rainvillers ; 3° deux autres filles dont les alliances ne sont pas connues.

DRUCAT.

Armes : *d'azur fretté d'argent.*

Les recherches les plus minutieuses dans les chartes de Ponthieu n'ont pu nous permettre de reconstituer la filiation suivie de cette noble famille, éteinte au commencement du XVIᵉ siècle. Tout au plus sera-t-il possible, en citant par ordre chronologique une longue série de personnages, de retrouver une des deux générations rattachées par des preuves authentiques. Pour rendre cette énumération aussi complète que possible on va reprendre ici les membres de la famille de Drucat qui figurent dans la notice insérée à la page 117 du premier volume de notre Nobiliaire.

— Renier DE DRUCAT, chevalier, souscrit une charte par laquelle Guillaume, comte de Ponthieu, fixa le droit que paieraient ceux qui iraient faire moudre leurs grains aux moulins de la banlieue d'Abbeville, en 1118.

— Baudouin DE DRUCAT, chevalier, souscrivit plusieurs chartes en qualité de témoin de 1162 à 1184. Il est dit père de

— Renier DE DRUCAT, chevalier, vivant dès 1190 et choisi en 1205 par le comte de Ponthieu pour arbitre de sa querelle avec Thomas de Saint-Valery. Il est encore témoin d'une charte de 1210.

— Goldwin DE DRUCAT, chevalier, souscrit la charte de commune accordée à la ville d'Abbeville, le 5 juin 1184, par Jean, comte de Ponthieu.

— Gérard DE DRUCAT, en 1192.

— Baudouin DE DRUCAT, chevalier, fils de Godart DE DRUCAT, en 1219.

— Guillaume DE DRUCAT, chevalier, choisi avec Bernier de Lehun, aussi chevalier, par l'abbé de Corbie et Jean de Maisnières, chevalier, pour arbitres de leurs différents.

— Arnould DE DRUCAT, homme-lige à Rue en 1277 et en 1300.

— Guillaume DE DRUCAT, chevalier, sire dudit lieu, reconnut le 16 août 1289, que le roi d'Angleterre lui avait rendu son fief de Drucat de telle sorte qu'après sa mort, son héritier serait tenu de l'échanger avec le roi. Ce n'était par conséquent qu'une jouissance viagère. — Il déclare, en janvier 1294, que Jean Le Prévost, de Miannay, tient de lui en fief un manoir situé à Domqueur.

— Jean DE DRUCAT, écuyer, homme-lige du comté de Ponthieu, dans une pièce du 14 mai 1309. — Il avoue tenir en foi et hommage, de bouche et de main, du roi d'Angleterre, comte de Ponthieu, tout ce qu'il a à Cambron, en janvier 1311. — Il servit en même temps un aveu semblable pour un fief situé près des fossés d'Abbeville. — Il est dit demeurer à Rouvroy dans un acte du vendredi après la St.-Jean-Baptiste, 1310, par lequel il vend quatre journaux de terre audit lieu de Rouvroy. — Il vivait encore en 1321.

— Enguerran DE DRUCAT, homme-lige du Ponthieu, 1er avril 1310.

— Enguerran DE DRUCAT, écuyer, seigneur dudit lieu, sert un aveu au roi d'Angleterre comme comte de Ponthieu, en 1312.

— Maroie DE DRUCAT, femme de Robert de Baillecourt, chevalier, seigneur de Baudricourt.

— Jean DE DRUCAT, écuyer, demeurant à « Maresquieneterre, » transige avec l'abbaye de Saint-Valery relativement à certains droits d'herbage que celle-ci possédait dans son fief, en janvier 1345.

— Floridas DE DRUCAT, convoqué pour la guerre par ordre de Philippe de Valois, le 25 août 1337.

— Guillaume DE DRUCAT, chevalier, seigneur dudit lieu, convoqué aussi pour la guerre, le 25 août 1337. Il donna quittance de ses gages et de ceux de cinq écuyers de sa compagnie servant avec lui dans « l'host » de Bouvines et sur les frontières de Flandres, sous les ordres des maréchaux de France. — Il donne passage sur ses terres aux Templiers, en 1341.

— Renaut DE DRUCAT, dit Hérouart, écuyer, avoue tenir en fief noble du roi, à cause de son bailliage de Rue, deux fiefs nobles situés « à Maresquenneterre, » le 13 juin 1373.

— Pierre DE DRUCAT, écuyer, déposa dans l'enquête sur la noblesse de Firmin Le Ver, écuyer, le 25 juin 1375. — Il avait épousé Alix Béline qui lui apporta un fief à Flibaucourt, tenu de la pairie de Nouvion, pour lequel il rendit hommage le 8 octobre 1379. Il était mort avant le 22 juin 1381 puisque sa femme se dit veuve en servant un aveu, ce même jour, pour un fief à Sailly-le-Sec, tenu de la pairie de Villers-sur-Authie.

— Firmin DE DRUCAT, écuyer, seigneur d'Ellecourt, dépose le 25 juin 1375 dans l'enquête sur la noblesse de Firmin Le Ver, écuyer. — Il obtient, le 10 mai 1377, la saisine de la terre et seigneurie de Neslette-les-Blangy, mouvante de celle de Senarpont, qu'il avait acquise, moyennant six cents florins d'or, de Colart de Biencourt, demeurant à Montreuil. Il servit au seigneur de Senarpont, en 1390, un aveu pour sa nouvelle seigneurie. — Il était en contestation, en 1391, avec le commandeur de Saint-Maulvis, relativement à la seigneurie d'Yzengremer qui appartenait à la commanderie et où elle avait un four banal, parce que lui, Firmin, voulait y faire construire un four : l'affaire se termina par un accommodement, le 7 janvier 1392. — Il servit encore un nouvel aveu pour Neslette, le 1ᵉʳ mai 1409.

— Guillaume DE DRUCAT, chevalier, seigneur dudit lieu, fils d'Enguerran DE DRUCAT, dit Hérouart, déposa dans l'enquête sur la noblesse de Firmin Le Ver, le 25 juin 1375. — Il servit au roi un aveu pour la seigneurie de Drucat, le 21 octobre 1378. Il vendit, le 4 avril 1386 à Jacques Roussel une rente sur deux ténements situés à Abbeville.

— Enguerran DE DRUCAT, chevalier, servait dans la compagnie que le sire de Luxembourg, banneret, conduisait, par ordre du duc de Bourgogne, au secours de la duchesse de Brabant, contre le duc de Gueldres, le 21 juin 1398. — Il possédait, en 1408, des terres auprès du manoir de Gueschart.

— Martin DE DRUCAT, écuyer, avoue tenir en fief du comté de Ponthieu, à cause de la châtellenie du Titre, au bailliage d'Abbeville, son manage assis en la ville du Titre, le 1er juin 1380. — Il est qualifié châtelain du Titre dans une quittance de ses gages de ces fonctions, du 7 novembre 1397.

— Guillaume DE DRUCAT, chevalier, en 1413.

— Séraphin DE DRUCAT, écuyer, fit montre de cinq écuyers et neuf archers composant la compagnie qu'il conduisait à Paris par ordre du duc de Bourgogne, le 22 septembre 1410.

— Jean DE DRUCAT, écuyer, épousa N... Sarpe, de laquelle il eut deux fils, Jacotin et Gillet. Ceux-ci, après la mort de leur père, relevèrent deux fiefs à Puisseux tenus du château de Busquoy, en 1460.

E.

EAUCOURT.

La famille d'Eaucourt posséda longtemps la seigneurie de ce nom sur laquelle s'élevait un château-fort célèbre dans l'histoire du Ponthieu, au moyen-âge, et dont il reste quelques ruines intéressantes, dans une position assez pittoresque, sur le bord même de la Somme.

Parmi les membres de la famille d'Eaucourt, dont nous avons retrouvé quelques traces, il faut citer :

— Jean d'Eaucourt, écuyer, servant dans la compagnie de Valeran de Raineval, chevalier banneret, le 1ᵉʳ septembre 1372.

— Hue d'Eaucourt, chevalier, seigneur de la Ferté-lès-Saint-Riquier, en 1378.

— Isabelle d'Eaucourt, dame de Fouquevilliers, fille d'Antoine d'Eaucourt, seigneur de Roymont et de Fouquevilliers, et de Colette de Bourbel, épousa Louis d'Humières, chevalier, le 15 octobre 1499.

— Antoinette d'Eaucourt, fille de Jean d'Eaucourt et de Marie d'Abbeville, alliée à Antoine de Pisseleu, en 1544.

EMBREVILLE.

Le village d'Embreville (canton de Gamaches), appartint jusqu'au milieu du xiv° siècle à une famille à laquelle il avait donné son nom. Cette famille s'éteignit elle-même à la fin du xv° siècle. Il nous semble qu'on pourrait établir sa filiation ainsi qu'il suit :

1. — Thomas d'Embreville, chevalier, seigneur dudit lieu, père de

2. — Guillaume d'Embreville, chevalier, seigneur dudit lieu, fit amortir par Jean d'Amiens, son suzerain, 12 journaux de terre situés auprès d'Embreville qu'il avait vendus à l'abbaye du Lieu-Dieu, en octobre 1244. De Marie, sa femme, il aurait eu : Thomas, qui suit.

3. — Thomas d'Embreville, chevalier, seigneur dudit lieu, transfère en avril 1255 à l'abbaye du Lieu-Dieu les cinq sous de rente qu'il devait aux chanoines de Vignacourt pour l'obit de Thomas d'Embreville, son ayeul. Il tenait, en 1279, un fief de Dreux d'Amiens, seigneur de Vignacourt. Il avait épousé Jeanne de Fontaines, de laquelle il eut : Guillaume, qui suit.

4. — Guillaume d'Embreville, chevalier, sire dudit lieu, de Lisle, fief à Bouvaincourt et de la Motte-Buleux, ces deux dernières seigneuries par son alliance avec Jeanne de la Motte. Il servit un aveu au roi d'Angleterre comme comte de Ponthieu, pour sa terre d'Embreville, en juin 1311. Il vivait encore en 1322. De lui sont issus : 1° Jean, seigneur d'Embreville, qui, avec Honorée, sa femme, vendit à l'abbaye du Lieu-Dieu une masure à Embreville, en 1321. Il ne paraît pas avoir eu d'enfants ; 2° Guillaume, qui suit ; 3° N... demoiselle d'Embreville, fut enlevée en 1317 par Guillaume de Beauchamp, seigneur dudit lieu, qui l'épousa.

5. — Guillaume d'Embreville, chevalier, seigneur de Lisle et de Mautort, par son mariage avec Marie de Maisons, héritière de Mautort, était en procès avec sa femme relativement à son douaire, en novembre 1343. On ne lui connaît pas d'autre enfant que le suivant.

6. — Guillaume d'Embreville, écuyer, seigneur de Lisle et de Mautort, tenait deux fiefs de la seigneurie d'Hallencourt, en 1375. Il servit, le 3 janvier 1378, au roi, comme comte de Ponthieu, à cause du château d'Abbeville, un aveu pour la seigneurie de Mautort. Il tenait à Beauchamp un fief de la seigneurie d'Embreville appartenant alors à Jean de Monchaux, chevalier, seigneur de Rieu et d'Embreville, le 10 septembre 1380. Il avait épousé Jeanne Blassel : celle-ci lui avait apporté un fief à Franleu, qu'il avouait tenir de la seigneurie dudit lieu, en 1383. De cette union naquit une seule fille.

7. — Guye ou Guyote d'Embreville, dame de Mautort, alliée à Hue de Fléxicourt, écuyer, qui releva la terre et seigneurie de Mautort, le 11 octobre 1459.

A cette famille appartenaient encore :

— Jean d'Embreville qui, avec sa femme et Raoul, son fils, fit deux donations à l'Hôtel-Dieu d'Amiens en 1201 et en 1219.
— Huet d'Embreville, écuyer, servant dans la compagnie d'Hanotin de Bournonville, en 1392.
— Hue d'Embreville, écuyer, qui reçut le 1er juillet 1434, des mayeur et échevins d'Amiens six livres huit sous pour un « vulglaire » qu'il leur avait vendu.

ERCOURT.

Le village d'Ercourt (canton de Moyenneville) a eu des seigneurs de ce nom aux XIIe et XIIIe siècles. — C'est ainsi que l'on trouve

Richer D'ERCOURT, chevalier, sire dudit lieu, en 1129, — Wermon D'ERCOURT, chevalier, et Guillaume, son frère, témoins en 1146, — Guillaume, Senold et Hugues D'ERCOURT, fils d'Emma, en 1180, — Hugues D'ERCOURT, chevalier, seigneur dudit lieu en 1204.

Au XIVe siècle cette famille était éteinte puisque la terre d'Ercourt était passée dans la maison de Bailleul.

ESQUINCOURT.

Armes : — *De gueules à trois tours d'or, écartelé d'argent à trois fleurs de lys au pied nourri de gueules.* — Supports : *deux levriers.* — Cimier : *un levrier naissant.*

Cette famille, dont la noblesse n'a pas d'origine connue, fut maintenue par jugement de Bignon, intendant de Picardie, du 9 juin 1705, après avoir fourni la généalogie qu'on va lire. — On la dit éteinte.

1. — Huchon D'ESQUINCOURT, écuyer, père du suivant.

2. — Jeannet D'ESQUINCOURT, écuyer. Il épousa Antoinette Perrin.

3. — Jean D'ESQUINCOURT, écuyer, demeurant à Brocourt. Il épousa Jeanne d'Yaucourt, par contrat passé le 8 février 1532. Il fut père de : 1° Jean, qui suit ; 2° Antoine, écuyer, allié à Jeanne d'Amiens, dite de Bachimont, par contrat du 6 avril 1566 ; sans postérité ; 3° Antoinette, alliée par contrat du 6 juin 1560 à Jean de Fer, écuyer, seigneur de Selincourt.

4. — Jean D'ESQUINCOURT, écuyer, demeurant aussi à Brocourt, allié par contrat passé le 5 janvier 1563 à Jacqueline Pitout. De cette union sont issus : 1° Jean, qui suit ; 2° N... femme de Jean Poultrain, greffier de la ville d'Abbeville.

5. — Jean D'ESQUINCOURT, écuyer, seigneur de Follemprise, homme d'armes dans la compagnie de M. de Saint-Luc,

épousa Anne de Villers de Liercourt, par contrat passé le 12 avril 1602 : d'elle il eut : 1° François, qui suit ; 2° Charles ; 3° Philippe ; 4° Jean ; 5° Marie ; 6° Catherine ; 7° Antoinette.

6. — François d'Esquincourt, écuyer, seigneur de Follemprise, lieutenant au régiment de Bretagne, épousa Suzanne de Béthencourt le 21 février 1640. De ce mariage sont nés : 1° David, qui suit ; 2° Charles, chevalier, seigneur de Saint-Remy, allié à Antoinette Belliard : il fut maintenu dans sa noblesse avec son frère : il était alors âgé de 60 ans et sans enfants ; 3° Jean, curé d'Illois.

7. — David d'Esquincourt, chevalier, seigneur de Follemprise, capitaine au régiment d'infanterie de milices de Rivery, fut maintenu dans sa noblesse le 9 juin 1705. De Marie-Anne de La Mairie qu'il avait épousée par contrat passé le 19 novembre 1691, il avait plusieurs enfants : 1° François-Simon ; 2° Louis-Joseph-David ; 3° Marie-Anne-Angélique ; 4° Marie-Thérèse ; 5° Françoise-Elizabeth ; 6° Angélique-Rose ; 7° Françoise-Madeleine.

F.

FLÉXICOURT.

Le fief patronymique de cette famille était situé à Fléxicourt-lès-Nempont, dans le ressort du bailliage de Waben. Les chartes de Ponthieu sont presque muettes sur les Fléxicourt, et on n'y trouve trace de leur existence que pendant une très courte période, de 1375 à 1459.

— Jacques DE FLÉXICOURT déposa dans l'enquête sur la noblesse de Firmin Le Ver, écuyer, demeurant à Abbeville, le 25 juin 1375. Il est qualifié écuyer, et seigneur de Lheure, après son mariage avec Marie Le Carbonier, car ce fut elle qui lui apporta en dot cette seigneurie. Jacques en servit un aveu deux fois, pour une partie qui relevait de Ponches, à Guillaume, sire de Ponches et de Ligescourt, en 1380, et pour l'autre partie tenue de la seigneurie de La Broye, à Valeran de Rayneval, le 15 octobre de la même année. — Le 8 juillet 1381 il se qualifiait bourgeois d'Abbeville en vendant aux chartreux un cens de six livres sur une maison située dans ladite ville. C'est un exemple de plus de ce fait connu que la bourgeoisie au moyen-âge n'excluait nullement la noblesse, et que l'on pouvait être un fort bon gentilhomme tout en se disant bourgeois. Jacques avait une rente viagère sur les biens constitués en dot à Agnès Lenganeur, et cette rente fut réservée lors du mariage d'Agnès avec Thomas Le Ver, le 7 décembre 1391. Il vendit enfin à Jacques Roussel, le 13 mars 1392, tous les cens qu'il avait sur divers tènements à Abbeville. Il était mort avant 1413 lorsque sa veuve et son fils Mahieu DE FLÉXICOURT, écuyer, furent condamnés, le 4 mai, par sentence du bailli d'Abbeville, à payer certaines rentes au prieuré de Saint-Pierre pour fondations faites par leurs ancêtres.

— Jean DE FLÉXICOURT, écuyer, seigneur dudit lieu, avoue tenir noblement en fief du roi, comme comte de Ponthieu, au bailliage de Waben, son manoir situé à Fléxicourt-les-Nempont, avec les terres et fiefs qui en dépendent, le 6 mai 1377.

— Colart DE FLÉXICOURT, écuyer, était en procès avec l'abbaye de Saint-Denis, ainsi que l'atteste une sentence des requêtes du Palais prononcée contre lui, le 6 septembre 1406.

— Hue DE FLÉXICOURT, écuyer, allié à Guye d'Embreville, dame de Mautort, releva la dite seigneurie comme lui appartenant du chef de sa femme, le 11 octobre 1459.

FRAMICOURT.

La seigneurie de Framicourt, située dans le canton de Gamaches, se composait du grand et du petit Framicourt, qui formaient au moyen-âge deux fiefs entièrement distincts l'un de l'autre. A l'époque reculée à laquelle il faut remonter pour trouver des seigneurs du nom de Framicourt, il est présumable que la division des deux fiefs n'était pas encore accomplie.

On ne connaît, d'ailleurs, que les deux suivants.

— Willaume DE FRAMICOURT, en 1246.
— Barthélemy, sire de Framicourt, chevalier, vendit à la comtesse de Gueldres des terres au Tranlay, en janvier 1257.

FRANCIÈRES.

La famille de Francières était, il y a tout lieu de le croire, originaire du village de ce nom, dans le canton d'Ailly-le-Haut-Clocher. Elle s'est éteinte au commencement du XVIIe siècle. Un sceau de Jean DE FRANCIÈRES pendant à une pièce du 9 août 1422, porte un écusson *à un chef chargé d'un lambel*. Le lambel n'était probablement employé là que comme brisure, et les armes des Francières étaient donc : *de...... au chef de......*, quant aux couleurs, il nous a été impossible de les retrouver.

— Plusieurs seigneurs de Francières, bienfaiteurs de l'hôpital Saint-Jacques d'Abbeville, y étaient représentés avec leurs armoiries.
— Bernard DE FRANCIÈRES, vivant en 1165, fut père de :
— Bernard DE FRANCIÈRES, chevalier, témoin dans une charte de 1177.
— Philippe DE FRANCIÈRES, cité dans une pièce du mois de mars 1205.
— Rorgon DE FRANCIÈRES, chevalier, en 1221.
— Hugues DE FRANCIÈRES, chevalier, seigneur dudit lieu, en 1244.
— Guillaume DE FRANCIÈRES et Aubrie, sa femme, achètent une maison et 10 journaux de terre à Vincheneux, près Saint-Riquier, en 1284.
— Henri DE FRANCIÈRES possédait en 1311 la seigneurie de Francières qu'il tenait du Pont-Remy.
— Jean, seigneur DE FRANCIÈRES, fils de feu Witasse (Eustache),

seigneur de Francières, épousa Isabelle, fille de Guillaume, sire du Cardonnoy en Beauvoisis, en 1327.

— Lancelot DE FRANCIÈRES, écuyer, époux d'Isabelle d'Estrées, en 1351.

— Henri DE FRANCIÈRES, écuyer, servit un double aveu au seigneur du Pont-Remy, le 24 décembre 1377 pour deux fiefs, l'un à Coquerel, l'autre au Pont-Remy. — Il tenait en 1378 des héritages à cens du fief de la Queute-sous-Francières, qui appartenait alors à Pierre Bournel, chevalier, seigneur du Plouy. — D'Adélaïs Le Clerc, sa femme, il eut Jean, écuyer, qui habitait Vieulaines en 1380.

— Lancelot DE FRANCIÈRES, chevalier, servait dans la compagnie de Rogues de Soissons, le 3 août 1385. Il accompagna le roi, en 1388 dans son expédition contre le duc de Gueldres. — Il était capitaine de Compiègne pour le duc de Bourgogne quand cette ville fut prise par les Dauphinois, en 1423. — Il obtint, le 30 août 1423, des lettres de rémission pour avoir, avec Guillaume DE FRANCIÈRES, son parent, frappé et blessé Aubelet Bandon, sergent du roi à Compiègne. Un des principaux motifs des lettres de rémission était que Lancelot « était chargé de femme et de huit petits enfants ». Cette femme s'appelait Marguerite.

— Pierre DE FRANCIÈRES, dit Lancelot, écuyer, en 1402.

— Béatrix DE FRANCIÈRES fonde des obits au Saint-Sépulcre vers 1423.

— Jean DE FRANCIÈRES, écuyer, fils de Colaye DE FRANCIÈRES, âgé de 24 ans, reçoit en janvier 1411 des lettres de rémission pour avoir servi dans l'armée de Jean de Bourbon et de Charles d'Orléans. — Il était chargé par Jacques d'Harcourt, lieutenant-général de Picardie, selon sa quittance scellée du 9 août 1422, de distribuer de l'argent aux gens d'armes et de trait employés en Picardie pour le service de Mgr le Régent. — Il fut tué, avec Jacques d'Harcourt, dans le château de Parthenai, en 1423, en essayant d'en faire prisonnier le seigneur.

— Guillaume DE FRANCIÈRES, dit Le Bègue, écuyer, fait prisonnier par les Dauphinois à la prise de Compiègne, en 1423. — Il servait dans la compagnie du sire de L'Ile-Adam, quand il fut tué en combat singulier à Compiègne, en 1424.

— Guillaume DE FRANCIÈRES, écuyer, demeurant à Abbeville, vend au curé du Mesnil 20 livres de cens sur une maison située à Saint-Riquier, le 13 novembre 1426.

— Jacques DE FRANCIÈRES, demeurant à Abbeville en 1519, fut père du suivant :

— Francois DE FRANCIÈRES, demeurant dans le faubourg du Bois, à Abbeville, paye 40 sols en 1570.

— Jacques DE FRANCIÈRES, écuyer, coutume de Senlis, en 1539.

— Jean DE FRANCIÈRES, écuyer, seigneur dudit lieu, coutume de Clermont, en 1539.

— Claude DE FRANCIÈRES, femme de Laurent de Tronville, écuyer, seigneur dudit lieu et de Gratepanche, en 1540.

— Jean DE FRANCIÈRES, bailli et gouverneur de Saint-Mihel en Lorraine, allié à Antoinette d'Aigneville, fut père de Huberte DE FRANCIÈRES, qui épousa Charles de La Chaussée, seigneur d'Arrest, gouverneur de la ville et comté d'Eu, vers 1580.

— M. DE FRANCIÈRES, chanoine de Noyelles, et Marie, sa sœur, frère et sœur du seigneur de Francières, époux de Marie Buteux, font une fondation au Saint-Sépulcre d'Abbeville, vers 1580.

— Jeanne, dame de Francières, fille d'Antoine DE FRANCIÈRES, chevalier, seigneur dudit lieu, mort le 1er août 1554, et de Jeanne de Casaulx, épousa Claude de Belloy, chevalier, seigneur de Castillon, et mourut le 12 octobre 1580.

— Gabrielle DE FRANCIÈRES, femme de Charles de la Chaussée vers 1600.

On a retrouvé encore depuis l'impression de ce qui précède :

— Pierre DE FRANCIÈRES, demeurant au Hamel-lès-Saint-Riquier, en 1433.

— Jean DE FRANCIÈRES, écuyer, seigneur en partie d'Estrées et de

Civerières, écuyer d'écurie du duc de Bourbon, en 1462, fut père du suivant :

— Louis DE FRANCIÈRES, écuyer, seigneur de Civerières, capitaine de Remy, dont vint

— Christophe DE FRANCIÈRES, écuyer, seigneur d'Estrées-Saint-Denis, Civerières et Moyviller en partie, en 1489.

FRANQUEVILLE.

Armes : *d'argent à trois forets de gueules, deux et un, et un lambel d'azur en chef.*

C'est par erreur que cette famille a été classée par nous, dans notre premier volume, parmi les familles bourgeoises d'Abbeville. Elle était au contraire en possession de la noblesse dès le XIVe siècle, et ses membres prenaient dans tous leurs actes la qualification d'écuyers.

— Bernard DE FRANQUEVILLE souscrit, comme homme-lige de Saint-Valery, la saisine donnée le 25 janvier 1351 par le bailli de Saint-Valery, pour Mme Isabelle de Melun, comtesse de Dreux, dame de Saint-Valery, à Jean Mauvoisin, chevalier, seigneur de Fontenay, d'une partie du bois de Longuessart qu'il avait acquise de Robert de Sorel, écuyer, le 16 septembre 1350.

— Marguerite DE FRANQUEVILLE, femme de Jean d'Acheu, dit Poulain, écuyer, vers 1380.

— Pierre DE FRANQUEVILLE comparaît dans un acte avec Jean de Rouvroy et Marie DE FRANQUEVILLE, sa femme, en 1388.

— Il y eut un compromis entre frère Millet DE FRANQUEVILLE, chevalier de Malte, commandeur de Saint-Maulvis, et Robert de Bionnay, écuyer, seigneur de Guibermesnil, touchant leurs différents au sujet de certains hommes de Brocourt que Robert avait pris rouissant du chanvre dans son vivier, le 5 avril 1390.

— Hue DE FRANQUEVILLE, écuyer, donne quittance de 150 livres tournois pour lui et neuf écuyers de sa compagnie servant en Hainaut, le 27 août 1415. A cette pièce est suspendu un sceau en cire rouge bien conservé, et un écusson seul chargé des trois forets et du lambel en chef. Il fut tué à Azincourt, le 25 octobre 1415.

— Jean DE FRANQUEVILLE, écuyer, donne quittance de 185 livres tournois pour lui et les hommes d'armes de sa compagnie servant aussi en Hainaut, le ... octobre 1415. Il fut également tué à Azincourt.

— Artus DE FRANQUEVILLE, auditeur du roi en la sénéchaussée de Ponthieu, fut mayeur d'Abbeville en 1509.

Cette famille est depuis longtemps éteinte.

FRESSENNEVILLE.

La famille DE FRESSENNEVILLE tirait son nom du village de Fressenneville en Vimeu où elle habitait et où elle possédait un château-fort dont on voyait encore quelques vestiges à l'entrée du bois, en 1852 : c'était une motte présentant une plate-forme de 20 à 22 mètres de diamètre et entourée d'un double fossé circulaire. Elle a été entièrement rasée depuis peu et il n'en reste aucune trace aujourd'hui.

Voici les seuls renseignements que nos recherches aient pu nous fournir sur cette famille dont les armoiries étaient *une croix ancrée,* ainsi qu'en fait foi le sceau d'Hugues DE FRESSENNEVILLE, chevalier, en 1224.

1. — Jean DE FRESSENNEVILLE, chevalier, fut témoin dans une charte de 1155 et dans un accord passé entre les abbés de Foret-

montiers et de Valoires, en 1158. Il aurait pu avoir pour frère un Adam DE FRESSENNEVILLE, chevalier, qui vivait à la même époque, et pour fils, le suivant.

2. — Enguerrand DE FRESSENNEVILLE, chevalier. — Henri, comte d'Eu, lui promet, pour acquérir la seigneurie de Septmeules, de faire obtenir à son fils la main de Hériberte, héritière de la baronnie de Cuverville, et de lui donner les terres qui en dépendaient, à la condition qu'à la mort de l'un ou de l'autre, s'il n'y avait pas d'héritiers, chacun reprendrait ce qu'il aurait donné. Il accorde de plus à Enguerrand, en considération de ce service, 20 livres de rente sur le Tréport. Cet accord, non daté, fut passé en présence de Henri, roi d'Angleterre, et de son fils Jean, c'est-à-dire entre 1170 et 1189. Il comparait comme témoin dans plusieurs chartes jusqu'en 1202. — On croit qu'il eut pour enfants d'Agnès, sa femme : 1° Anscher, qui suit ; 2° Cardon, chevalier, vivant en 1204 ; 3° Hugues, chevalier, seigneur d'Épinoy, vivant encore en 1250 ; d'Emmeline, sa femme, il eut Jean, chevalier, seigneur d'Épinoy, qui donne deux pièces de terre à l'abbaye de Sery, en février 1259, pour fonder un anniversaire pour son père ; 4° Alix ; 5° Mahaut.

3. — Anscher DE FRESSENNEVILLE, chevalier, confirme, le 24 février 1213, une donation faite à l'abbaye de Sery par ses ancêtres. On ne voit nulle part qu'il ait épousé Élisabeth, dame de Cuverville, selon le vœu de son père et du roi d'Angleterre. On trouve, au contraire, en mai 1216, Ricolde de Bouvaincourt, veuve d'Anscher, qui donne à l'abbaye du Lieu-Dieu un muids de blé de rente sur son moulin de Beauchamp. — De Ricolde et d'Anscher naquirent : 1° Enguerrand, possesseur, en 1227, de la moitié de Fressenneville, mort sans alliance ; 2° Agnès.

4. — Agnès DE FRESSENNEVILLE, dame dudit lieu, apporte cette seigneurie à son mari, Girard d'Abbeville, chevalier, sire de Boubers. Elle était veuve quand elle confirma, en 1247, à

l'abbaye de Sery, la donation que son père avait déjà confirmée en 1213.

Parmi les personnages que l'on ne peut rattacher directement à ce fragment de généalogie, nous citerons :

— Richard DE FRESSENNEVILLE, chevalier, qui souscrit en 1150 les lettres d'amortissement de la dîme de Rohastre accordées à l'abbaye de Sery par Guy, comte de Ponthieu. Il figure dans une autre charte de 1151 avec Abraham DE FRESSENNEVILLE, aussi chevalier.

— Augrin DE FRESSENNEVILLE, chevalier, souscrit la charte de fondation de l'abbaye du Lieu-Dieu par Bernard de Saint-Valery, en 1191.

— Richard DE FRESSENNEVILLE, témoin d'une donation faite à l'abbaye de Saint-Valery par Renaud, sire de Dompierre, d'une rente sur la dîme de Neuville, en 1202.

— Guillaume DE FRESSENNEVILLE, chevalier, seigneur de Valines, investit Roger de Saint-Aignan, chevalier, et Marie de Frieucourt, sa femme, à la prière de Thomas, fils de feu Enguerran de Frieucourt, chevalier, de la moitié du fief de Broutelles dont il était seigneur direct, ce qui avait été donné en mariage à Marie par Mme Philippe, sa mère, veuve d'Enguerran, en mars 1320.

FRETIN.

On trouve dans Monstrelet, en 1402, un « Guillebert de Frethun, » écuyer du comté de Guines, qui défia le roi d'Angleterre, Henri IV, et lui fit une rude guerre, ce qui pourrait faire supposer que la famille de Fretin serait originaire de Guines ou des environs : d'un autre côté, on trouve un autre Guillebert DE FRETIN qui, en 1403, veut armer une barge pour protéger le commerce d'Abbeville: et cela contredirait formellement la première supposition. Quoiqu'il on soit de l'origine de cette famille, sa généalogie suivie et prouvée peut s'établir ainsi qu'il suit :

1. — Jean DE FRETIN, écuyer, seigneur d'Andainville, mort avant 1497, père de

2. — Flour DE FRETIN, écuyer, homme-lige de Nouvion, vivant en 1540 avec Marie Groul de La Folie, sa femme, dont il eut : 1° Jérome, qui suit ; 2° Isabeau, femme de Jaspart de Lanzeray, seigneur de Hémencourt.

3. — Jérome DE FRETIN, écuyer, seigneur de Vron, allié à Anne de Lisques, de laquelle il eut : 1° Flour, qui suit ; 2° N..., femme de Gédéon de Rambures, écuyer, seigneur de Poireauville ; 3° Jeanne, femme de N... Picquet, écuyer, seigneur de Bécourt ; 4° deux filles sans alliance.

4. — Flour DE FRETIN, chevalier, seigneur de Vron, Avesnes et Hémencourt, vicomte de Cucq et de Merlimont, allié vers 1590 à Françoise Le Prévost, dame de Pendé. De cette union naquirent : 1° Flour, qui suit ; 2° Marie, alliée en 1614 à Pierre Tillette de Mautort ; 3° Élisabeth, héritière de son frère, qui épousa d'abord César de Bacouel, puis André de Saint-Blimond, à qui elle apporta la terre et le château de Pendé que le dernier marquis de Saint-Blimond habitait encore à l'époque de sa mort, il y a une trentaine d'années.

5. — Flour DE FRETIN, chevalier, seigneur de Pendé, Vron, Avesnes et Hémencourt, vicomte de Cucq et de Merlimont, allié à N... de Brouilly de Mesvilliers : il tua en duel M. de La Mothe-Landrethun, et fut tué lui-même à Rouen, en duel également. Il n'avait pas eu d'enfants et laissa toutes ses seigneuries à sa sœur Élizabeth. C'était lui qui avait fait construire le beau château de Pendé.

FRETTEMEULE.

Cette très-ancienne famille, qui doit son nom au village de Frettemeule, en possédait la seigneurie à une époque très reculée. Elle dut s'éteindre dès les premières années du xv° siècle, ou du moins, à dater de cette époque on perd complètement sa trace et rien ne prouve qu'elle ait existé plus longtemps en Ponthieu. Un sceau de 1249 témoigne que les armes des seigneurs de Frettemeule étaient une *croix ancrée,* mais on n'a pu retrouver les couleurs et les métaux de l'écu.

1. — Gauthier DE FRETTEMEULE, chevalier, seigneur dudit lieu, souscrit la charte de fondation de l'abbaye de Sery, en 1130. De lui est issu :

2. — Enguerran DE FRETTEMEULE, chevalier, sire dudit lieu, vivant en 1180, fut père de

3. — Hugues DE FRETTEMEULE, chevalier, sire dudit lieu, époux de Clémence, avec laquelle il vivait encore en 1193, fut père de : 1° Robert, qui suit ; 2° Wautier, dit de Brétencourt, qui, du consentement de sa femme, et de Michel et Guillaume, ses fils, confirme, en 1199, les donations de ses ancêtres à l'abbaye de Foucarmont.

4. — Robert DE FRETTEMEULE, chevalier, sire dudit lieu, qui fit, avec Agnès, sa femme, et Eustache, son fils *aîné,* plusieurs donations à l'abbaye de Sery, notamment au mois d'octobre 1222. Son fils aîné et héritier fut donc

5. — Eustache DE FRETTEMEULE, chevalier, sire dudit lieu. Avec sa femme, Isabelle, il ratifia en 1244 les donations faites par son père à l'abbaye de Sery. Il eut plusieurs enfants, dont l'aîné fut

6. — Gauthier DE FRETTEMEULE, chevalier, sire dudit lieu, vivant en 1279. De lui sont issus : 1° Pierre ; 2° Guillaume, tous deux témoins dans un procès entre Jean de Maisnières et l'abbaye de

Corbie, en avril 1304. Il servit au roi d'Angleterre un aveu pour la mairie d'Abbeville, en juin 1312.

On ignore le nom des enfants de ces derniers, mais d'eux devaient être issus :

— Jean DE FRETTEMEULE, écuyer, qui vend à Jean, sire de Béleuses, les champarts de Béleuses, en 1292.

— Enguerran DE FRETTEMEULE, dit Yvain, écuyer, qui servit au roi, comme comte de Ponthieu, un aveu pour une rente de 20 livres parisis qu'il touchait chaque année sur la boite de la vicomté du roi, sur le pont à Poissons d'Abbeville, en 1377, et

— Adam DE FRETTEMEULE, écuyer, qui servait dans la compagnie de Jean de Cayeu, sire de Vismes, selon la montre faite le 19 juillet 1380.

FRIEUCOURT.

Il n'y a rien à retrancher à la notice ni à la généalogie de cette famille, insérées dans notre premier volume, à la page 135. Mais le grand nombre et l'importance des documents retrouvés depuis l'impression de ce volume, nous font un devoir de compléter notre premier travail par les renseignements et rectifications suivants :

Il est inutile, il nous semble, d'insister sur ce point, que le village de Frieucourt donna son nom à la noble famille qui nous occupe ; mais ce qu'il faut surtout remarquer c'est que les armoiries enregistrées dans le grand Nobiliaire de Picardie, en 1717, et décrites dans notre premier volume, durent être adoptées postérieurement au xiiie siècle. En veut-on une preuve convaincante ? Le sceau de Jean DE FRIEUCOURT, chevalier, suspendu à une charte de février 1257, porte un écu *lozangé*. Donc et incontestablement les armes primitives des seigneurs de Frieucourt étaient un *lozangé*.

La généalogie de cette famille est très difficile à démêler dans les époques reculées qui ont précédé le xiv° siècle. Nous allons essayer pourtant de débrouiller ce chaos, et de reconstituer quelques degrés au milieu d'une foule de personnages isolés et qui resteront forcément tels.

— Guillaume DE FRIEUCOURT, chevalier, souscrivit une donation de Rorgon de Beauchamp à l'abbaye du Lieu-Dieu, en novembre 1195. — Il fut choisi, le 31 août 1205, par Thomas de Saint-Valery pour arbitre de ses différents avec Guillaume, comte de Ponthieu. Il souscrivit encore, en 1224, une donation faite à l'abbaye du Lieu-Dieu.

— Arnould DE FRIEUCOURT, chevalier, et Sabine, sa femme, donnent 15 journaux de terre à l'abbaye du Lieu-Dieu, en 1201. Arnould figure comme témoin dans deux chartes de 1207 et 1208.

— Gérard, chevalier, sire de Frieucourt, en 1214.

— Hugues et Guillaume DE FRIEUCOURT, chevaliers, frères, témoins dans une charte de février 1234, pourraient avoir été fils du Guillaume qui précède.

— Jean DE FRIEUCOURT, chevalier, arbitre, avec Jean de Nibat, d'un différent entre Marie, comtesse de Dreux, dame de Saint-Valery, et les hommes de Saint-Valery, d'une part, et les hommes de la ville d'Eu, d'autre part, en mai 1243. Il sert encore d'arbitre entre le comte de Dreux et le comte de Ponthieu, en septembre 1247. En février 1257 il donne à l'abbaye du Lieu-Dieu 2 journaux de terre à Ault.

1. — Enguerran DE FRIEUCOURT, chevalier, souscrit une donation à l'abbaye du Lieu-Dieu, en 1211. Il était mort avant 1230, laissant de Philippe, sa femme : 1° Thomas, qui suit ; 2° Guillaume, prêtre, curé de Nibat, vivant encore en 1259 ; 3° Marie, femme de Roger de Saint-Aignan, chevalier, lui apporta en mars 1230 la moitié du fief de Broutelles.

2. — Thomas DE FRIEUCOURT, chevalier, et Mahaut, sa femme, vendirent en octobre 1244 à Guillaume de Valines, leur part du fief de Broutelles.

Ici se trouve dans l'histoire de la maison de Frieucourt une lacune d'un siècle que nos recherches n'ont pu nous permettre de combler ; de 1244 on passe sans transition à 1346, mais alors commence la filiation suivie dont nous allons rapporter les trois ou quatre premiers degrés, incomplets dans notre première rédaction.

1. — Jean DE FRIEUCOURT, chevalier, seigneur dudit lieu, vendit six journaux de terre sis à Caumont à son ami Henri de Caumont, en février 1346. Il avait servi, du 2 mars au 1ᵉʳ octobre 1340, en qualité de chevalier bachelier, sous les maréchaux de France en Flandre et en Hainaut. De Marguerite de Blangy, sa femme, il eut :

2. — Hue DE FRIEUCOURT, écuyer, seigneur dudit lieu, et possesseur en 1350 de plusieurs fiefs à Drucat, Neuilly-l'Hôpital et Saint-Riquier. De Jeanne, sa femme, il eut : 1° Pierre, qui suit ; 2° Jean, écuyer, dit le Meunier, qui céda un fief à Jean, son fils, en 1409 ; ce fils, Jean, écuyer, allié à Catherine Le Maire, était mort en 1420, laissant trois enfants mineurs, Bertrand, Pérotin et Isabelle, qui étaient alors sous la tutelle de Jacques Le Maire, écuyer, leur oncle ; ils moururent enfants et l'héritage de leur père retourna à leur tante Marie ; 3° Marie, femme de Mahieu de Vaux, écuyer, seigneur de Vaux-lès-Abbeville, dite en 1440 héritière de Jean, son frère.

3. — Pierre DE FRIEUCOURT, écuyer, etc... (le reste comme à la page 135 du tome premier).

Ajoutons encore que Charles DE FRIEUCOURT, maintenu dans sa noblesse le 6 décembre 1717, qui forme le IIᵉ degré de la généalogie donnée au tome premier, pages 135-136, n'eut pas d'enfants et fut le dernier de sa race. Ses seigneuries de Lisle, Saint-Hilaire et Tully passèrent à sa sœur, Antoinette, qui les apporta à Pierre-Hubert de Fontaines, son mari. Elle mourut elle-même le 7 septembre 1728.

FRIVILLE.

On ne sait presque rien sur cette famille qui possédait, aux xii° et xiii° siècles, la seigneurie du village de Friville auquel elle devait son nom.

1. — Hugues DE FRIVILLE, chevalier, sire dudit lieu, bienfaiteur de l'abbaye de Sery avant 1185, fut père de Girold et de Guillaume.

2. — Girold DE FRIVILLE, chevalier, est dit père de Laurent et frère de Guillaume, dans une charte de 1214.

3. — Laurent DE FRIVILLE, chevalier, allié à Jeanne de Béthencourt. Il confirme, en 1214, une donation faite à l'abbaye de Sery par son oncle Guillaume. Il est dit, dans cette pièce, fils de Girold. Il donne, avec sa femme, en 1241, six journaux de terre à ladite abbaye de Sery.

G.

GALLET.

Il y a eu deux familles de ce nom à Abbeville : mais une seule était revêtue de la noblesse, par des lettres-patentes de 1634, et c'est celle que l'on rapporte ici. Elle portait pour armes : *d'azur au chevron d'or chargé de trois roses de gueules.*

1. — Jean GALLET, vivant en 1510, fut père de

2. — Pierre GALLET, vivant en 1540, père du suivant :

3. — Jean GALLET, vivant en 1596. De sa femme, dont le nom est inconnu, il eut :

4. — Pierre GALLET, écuyer, anobli par lettres-patentes de 1634. De Françoise Asselin, sa femme, il eut : 1° Pierre, qui suit ; 2° Jean, capitaine de chevau-légers, commandant à Monaco ; 3° Marie, femme de Joachim du Hamel, écuyer, seigneur de Marcheville.

5. — Pierre GALLET, écuyer, seigneur de Sombrin et de Hen, maître des eaux et forêts en Ponthieu ; de sa femme, qui n'est

pas connue, naquirent : 1° Pierre, qui suit ; 2° Nicolas-Wlfran, seigneur d'Hambercourt et du Prayel.

6. — Pierre GALLET, écuyer, seigneur de Neuilly, de Sombrin et de Hen, épousa N... de Court, d'Amiens, dont vinrent : 1° François-de-Paule-Bonaventure, et 2° Jean-Baptiste, officiers, tous deux morts sans alliance en 1708 ; 3° N....., héritière des biens de sa maison.

GAPENNES.

La famille DE GAPENNES a reçu son nom du village de Gapennes, situé aujourd'hui dans le canton de Nouvion. Elle en possédait la seigneurie aux XIII° et XIV° siècles et disparut vers les premières années du XVI° siècle. On n'a pu retrouver ses armoiries.

— Hugues DE GAPENNES, chevalier, témoin dans une charte de 1100.

— Thomas DE GAPENNES, chevalier, seigneur dudit lieu, reconnaît que l'abbaye de Saint-Riquier a des hommes à Gapennes sur lesquels il n'a point de juridiction, mais que ceux-ci sont tenus de cuire à son four et de lui payer le tonlieu de leurs marchandises, en décembre 1228.

— Renaut DE GAPENNES et Agnès, sa femme, vendirent 22 journaux de terre à Gapennes, en 1231.

— Foulques de Gapennes et Marguerite, sa femme, cédèrent par échange à l'abbaye de Sery un ténement à Valines, en janvier 1263.

— Huon DE GAPENNES, homme-lige de Saint-Riquier, en 1321.

— Adam DE GAPENNES, au nombre des nobles et fieffés, convoqués pour la guerre, le 25 août 1337.

— Jean DE GAPENNES, écuyer, dit Esmère, avoue tenir en fief de l'abbaye de Saint-Riquier le droit qu'il a que tous les hommes de ladite abbaye à Gapennes sont sujets à la banalité de son four et lui doivent tonlieu pour les marchandises qu'ils vendent ou qu'ils achètent, le 25 janvier 1345.

— Firmin DE GAPENNES, écuyer, paya les droits seigneuriaux de la vente de maisons sises à Amiens et appartenant à demoiselle Paques L'Orfèvre, sa femme, le 18 février 1409.

1. — Guillaume DE GAPENNES, écuyer, seigneur dudit lieu, époux de Maroie de La Motte, eut pour fils :

2. — Aléaume DE GAPENNES, écuyer, seigneur dudit lieu. Il servait dans la compagnie de Robert de Hardenthun, le 1er mars 1378. Il servit au roi un aveu, à cause du bailliage de Rue, pour « le franc-mangnier du moulin de la Cauchie, avec la moitié des étalages de la boucherie de Rue, » en 1380, le 3 décembre. Ce fief lui provenait de sa mère. Le 15 octobre précédent il avait servi un autre aveu à Valeran de Rayneval, chevalier, seigneur de La Broye, pour son fief de Gapennes. Il s'était attaché au duc de Bourgogne qui lui accorda une somme de cent livres parisis pour avoir de la vaisselle d'argent le jour de ses noces, par lettres du 19 mai 1413. Aléaume assista le 25 octobre 1415 à la bataille d'Azincourt, au nombre des huit cents hommes d'armes à cheval qui furent chargés d'engager l'action. Il était, en 1417, dans l'armée du duc de Bourgogne quand ce prince marcha sur Paris. Il pouvait avoir eu pour fils, de sa femme, dont le nom n'est pas connu :

3. — Jean DE GAPENNES, écuyer, capitaine de Dourdan, qui, en 1442, fut livré aux Anglais par des traitres de sa garnison et ne recouvra la liberté qu'en payant une forte rançon. Serait-ce à cette occasion et pour s'acquitter d'une somme importante qu'il aurait vendu la seigneurie de ses ancêtres ? On l'ignore, mais ce que l'on sait, c'est que Gapennes appartenait dès 1466 à Antoine de Wissocq, conseiller et chambellan du duc de Bourgogne, qui, à cette époque, se qualifiait seigneur de Gapennes. On donne à Jean pour fils, Antoine :

4. — Antoine DE GAPENNES, chevalier, seigneur de Thanny et d'Angres, conseiller et chambellan du roi ; il servit à Guillaume

de Domqueur, seigneur de Witainéglise, un aveu pour un fief à Noven, et au comte de Saint-Pol un autre aveu pour la terre de Bommy, qu'il possédait par indivis avec M. de Saveuse, en 1473. Il vivait encore en 1489. De lui serait issu :

5. — Charles DE GAPENNES, chevalier, seigneur de Haravesnes, Le Plouy, Noyelles, Brailly et Saint-Mauguille-lès-Saint-Riquier, en 1507.

GODART.

On trouvera (page 142 du 1er volume) une notice sur cette famille, dont voici la généalogie. — Armes : *d'azur au cor de chasse d'or lié de gueules, accompagné de trois étoiles aussi d'or.*

1. — Raoul GODART, seigneur d'un fief à Vauchelles avant 1400, épousa N. Cornet, de laquelle il eut :

2. — Jean GODART, seigneur d'un fief à Vauchelles, de Sourdis et la Prévôté, épousa, vers 1420, Alix Lourdel, dont il eut :

3. — Nicolas GODART, dit Colart, seigneur de Vauchelles, Sourdis et de la Prévôté, épousa Jeanne Gelée. De cette union naquit :

4. — Nicolas GODART, dit Colart, écuyer, seigneur de Vauchelles, Sourdis et la Prévôté, épousa : 1° Marie Révillon, qui lui donna Jean, qui suit ; 2° Marie Le Gris, dont il n'eut qu'une fille.

5. — Jean GODART, écuyer, seigneur de Vauchelles, Brucampel et Maizicourt (par acquisition en 1562), fut allié à Jeanne Le Caron. De cette union naquirent : 1° Adrien, qui suit ; 2° N.....

6. — Adrien GODART, écuyer, seigneur de Vauchelles, Brucampel, Maizicourt, Sourdis et Guigny. De Jeanne Routier, sa femme, sont issus : 1° Jean, qui suit ; 2° Charles, auteur de la seconde branche, qui suivra ; 3° Adrien, sans suite.

7. — Jean GODART, écuyer, seigneur de Vauchelles, Brucamps, Maizicourt, Brucampel, Houdencourt, Sourdis et Guigny,

épousa Marie Le Vasseur. Il fut père de : 1° Pierre, sans alliance, mort à l'âge de 85 ans ; 2° Jacques, qui suit ; 3° Adrien et Michel, morts sans alliance ; 4° Jeanne, femme de Nicolas Danzel ; 5° autre Jeanne, alliée à Jean Le Monnier, écuyer, seigneur de la Courtille.

8. — Jacques GODART, écuyer, seigneur de tous les lieux susdits, échevin d'Abbeville en 1660, fut allié à Marie de Belleval, qui le rendit père de : 1° Jean, écuyer, seigneur de Grigny, conseiller du roi au grenier au sel de Ponthieu, sans alliance ; 2° Pierre, qui suit ; 3° Jacques, écuyer, avocat en Parlement, conseiller du roi et bailli d'Abbeville, seigneur de Beaulieu, allié à Marie-Adrienne de Mons, dame de Thuison, dont beaucoup d'enfants ; 4° N..., femme de Jean Blondin, échevin et ancien juge-consul à Abbeville ; 5° N..., religieuse Ursuline à Boulogne ; 6° Marguerite, femme de Jean-Charles Le Fuzelier, écuyer, seigneur du Parc.

9. — Pierre GODART, écuyer, seigneur du Montant, ancien juge-consul et ancien échevin, épousa Barbe Obry, dont il eut : 1° Jean, mort sans alliance ; 2° Jacques, élu en Ponthieu ; 3° Pierre-François, écuyer, seigneur de Courcelles, tué à l'armée ; 4° Philippe, seigneur de Noyelles, avocat, puis conseiller ; 5° Barbe, femme de Philippe du Gardin, écuyer, seigneur de Longpré, Bernapré, Guimerville et Cantepie ; 6° quatre autres filles.

DEUXIÈME BRANCHE.

7. — Charles GODART, écuyer, seigneur de Vauchelles et de Sourdis, allié à Marie Le Maistre, eut d'elle : 1° Louis, sans alliance ; 2° Pierre, sans suite ; 3° Charles, qui suit ; 4° Perrine, femme de Nicolas Deroussen, à Ailly ; 5° Marie-Françoise, femme de Claude Marcotte, seigneur de Ligneheux ; 6° N..., femme de Germain de Lestoille.

8. — Charles GODART, écuyer, seigneur du Plantis, Vauchelles,

Sourdis et Lattinville, ancien officier de cavalerie, fut allié à Marguerite Blin de Bourdon. De cette union naquirent : 1° Louis, écuyer, seigneur de Plantis, ancien capitaine au régiment de Solre ; 2° François, écuyer, seigneur de Lattinville, garde-du-corps du roi, tué à la bataille de Ramillies ; 3° Marie-Marguerite, femme de François-Jacques de Fouquesolles, chevalier, seigneur de Gézaincourt ; 4° Marguerite, alliée à Charles de Fouquesolles, chevalier, seigneur des Barres.

GOURLE (*aliàs* GOURLAY).

Armes : *d'argent à la croix ancrée de sable.*

La notice et la généalogie insérées au tome premier, pages 143-144, sont complètement insuffisantes et contiennent en outre des erreurs qu'il importe de relever. Le travail que l'on va lire est complet et d'une exactitude scrupuleuse car il s'appuie sur toutes chartes qui existent dans nos grandes collections publiques ; la famille de Gourle y est reprise depuis son origine jusqu'à son extinction, et on a réuni à l'article de chacun des membres tout ce qui était de nature à bien faire connaître sa position sociale, et en même temps à intéresser l'histoire du pays.

Nous ne reviendrons pas sur ce que nous avons dit (page 143 du tome Ier) de l'origine anglaise attribuée par La Morlière à la maison de Gourle. Dans un nom d'une forme peu commune il a cru démêler une consonnance étrangère, et il s'est empressé d'édifier là dessus un roman aussi difficile à bâtir que facile à détruire. Il suffit pour s'en convaincre de lire la généalogie qui va suivre : on y verra que le Vimeu fut le berceau de la famille Gourle, et pour être plus précis il faut ajouter que ce fut sans doute cette partie du Vimeu qui s'étend de Saint-Maxent à Bouillancourt-en-Sery, d'une part, et de Frettemeule à Biencourt de l'autre : le premier membre connu de la famille, Hugues GOURLE, n'avait-il pas épousé une demoiselle de

Biencourt ? Ne figure-t-il pas, ainsi que ses descendants, soit comme témoin soit comme bienfaiteur, à chaque page du cartulaire de l'abbaye de Sery, ce qui suppose un établissement permanent et héréditaire dans le voisinage immédiat de l'abbaye ? Dans le cours du xiii° siècle, ne trouve-t-on pas les GOURLE possesseurs de terres à Maigneville, ou habitant Bouillancourt ? La première seigneurie qu'ils possèdent n'est-elle pas celle de Wiameville, aujourd'hui hameau de la commune de Visme et située au point d'intersection des deux lignes fictives que nous traçons à travers cette faible partie du Vimeu ? En voilà plus qu'il n'en faut, nous semble-t-il, pour convaincre le lecteur ; mais cet ordre de choses primitif dura peu. Tandis qu'un rameau, resté en possession de Wiameville, s'éteignait dans la maison de Fontaines, au milieu du xv° siècle, la branche principale qui avait acquis, on ignore comment, les seigneuries normandes, mais voisines du Ponthieu, de Pandel et du Bosc-Guillaume, avait fini par un mariage par acquérir celle d'Omécourt en Beauvoisis, où elle s'était définitivement fixée et où elle s'éteignit. Des deux branches cadettes, l'une s'établit alors dans ce qui forme aujourd'hui l'arrondissement de Doullens et sur la limite du Pas-de-Calais, et l'autre à Rue, à Crécy et dans les environs.

Ce fut au xvi° siècle seulement que le vieux nom patronymique de GOURLE (ou Gourlé : nous adoptons d'après les plus anciens titres la première forme) parut trop peu aristocratique à Quentin GOURLE, seigneur d'Azincourt, de la branche des environs de Doullens, et il résolut de l'allonger avec la particule *de* et de substituer *ay* à l'*e* final. Il se fit alors appeler Quentin GOURLE, dit de Gourlay, et ses descendants s'appelèrent de Gourlay. Il faut rendre cette justice aux autres branches de la famille qu'elles n'imitèrent pas cet exemple et qu'elles tinrent à honneur de conserver intact un nom qui leur rappelait tant et de si glorieux souvenirs.

La maison de Gourle est entièrement éteinte.

1. — Hugues GOURLE, chevalier, avait épousé N... de Biencourt, fille d'Anseau de Biencourt, chevalier, avec laquelle il vivait en 1430 : A cette époque il souscrivit, avec Gauthier de

Biencourt, son oncle, frère d'Anseau, la charte de fondation de l'abbaye de Sery par Guillaume de Cayeu. Il vécut fort âgé, car en 1178 il souscrivit, avec son fils Maurice cette fois, l'échange par lequel Guillaume de Cayeu céda à l'abbaye de Saint-Lucien de Beauvais une rente de cinq muids de blé sur l'abbaye de Sery au lieu de ce que l'abbaye avait à Broutelles et qui était à la convenance de Guillaume. — Il souscrivit encore en 1180 la confirmation faite par Guillaume de Cayeu à l'abbaye de Sery des donations de ses ancêtres, et en 1182 une donation d'une rente de blé sur le moulin Herlaut à la même abbaye, par Guillaume de Cayeu et Isabelle, sa femme. — On pense que Hugues pouvait avoir pour frère Guillaume Gourle, qui souscrit la donation faite par Hugues de Mortemer à l'abbaye de Sery de toute la terre qu'il avait à Andainville, vers l'an 1160. — On ne connaît pas à Hugues d'autre fils que le suivant.

2. — Maurice Gourle, chevalier, souscrit le 6 des calendes de mars 1203 la fondation faite par Guillaume de Cayeu d'un hôpital à Boutencourt près de Blangy pour un prêtre, un clerc, un religieux, deux valets à gages et sept pauvres. Il souscrivit encore, en septembre 1209, en compagnie d'autres chevaliers, une donation par Guillaume de Cayeu à l'abbaye de Sery, de 40 journaux de terre dans le bois de Sery, en échange d'une somme que l'abbaye lui avait prêtée pour faire le mariage d'Eustache, son fils. — De sa femme, dont le nom est inconnu, Maurice eut : 1° Hugues, qui suit ; 2° Adam, qui fut témoin de la donation faite en octobre 1222 à l'abbaye de Sery par Robert de Frettemeule, chevalier, d'une rente en blé sur sa grange de Frettemeule.

3. — Hugues Gourle, chevalier, fut témoin de la vente faite par Hainfroy de Biencourt, son neveu, à Jean de Pont d'une rente d'un demi-muid moitié froment, moitié avoine, tenu en fief de l'abbaye de Sery, en 1250. Il ratifie en 1265 une vente faite par son fils Gauthier, qui suit.

4. — Gauthier Gourle, chevalier, vend à l'abbaye de Saint-

Valery tout le fief qu'il tenait d'elle à Méreaucourt, en octobre 1265. De sa femme, dont le nom est inconnu, est né Guillaume, qui suit.

5. — Guillaume GOURLE, chevalier, demeurant à Bouillancourt, déposa dans l'enquête ouverte sur le différent qui avait éclaté entre Jean de Maisnières et l'abbaye de Sery au sujet du moulin de Neslette, le 1ᵉʳ décembre 1298. Lui et Isabelle, sa femme, érigèrent en chapelle l'autel Saint-Jacques dans l'église de Sery et la dotèrent de 120 livres parisis de rente. Ils voulurent y être ensevelis. En reconnaissance, l'abbé s'engagea à faire dire à perpétuité trois messes par semaine pour eux et pour leur postérité. Guillaume laissa pour enfants : 1° Adam, qui va suivre ; 2° Guillaume, écuyer, seigneur de Gouy-les-Cahon en 1325 ; il figure au nombre des nobles et fieffés du bailliage d'Amiens convoqués pour la guerre par ordre de Philippe de Valois, le 25 août 1337. Il servait encore du 21 mars au 1ᵉʳ octobre 1340 en Flandre et en Hainaut, dans le corps d'armée des maréchaux de France ; 3° Enguerran, écuyer, convoqué avec son frère pour la guerre le 25 août 1337.

6. — Adam GOURLE, chevalier, seigneur de Pandel, Bosc-Guillaume et Wiameville. Il reçut du roi, en mars 1305, le don d'une rente annuelle de 200 livres sur le trésor royal : il assigna à l'abbaye de Sery sur la terre qu'il tenait à Wiameville de Jean de Visme, chevalier, seigneur dudit lieu, une rente de 10 livres parisis pour l'anniversaire de son père, Guillaume, et de sa mère, le jour de la Madeleine 1321. En juin 1347, il déclara quels étaient les usages qu'il possédait dans la forêt d'Auxy. Il fut présent, avec les autres hommes-liges de la seigneurie de Cayeu, à la saisine du quint de la terre et seigneurie de Saint-Blimond, accordée à Jeanne de Hesdin, veuve de Jean de Saint-Blimond, et tutrice de Jean, écuyer, son fils mineur, par le bailli de Cayeu pour monseigneur Jean de Cayeu, chevalier, le 28 novembre 1344. — L'abbé de Sery lui accorda, ainsi qu'à Jean, son fils, la participation aux prières du couvent, en reconnaissance de la ratification faite par ce dernier

du don qu'avait fait son père en 1321 d'une rente de dix livres à prendre sur sa seigneurie de Wiameville. De sa femme, dont on n'a pu retrouver le nom, Adam eut pour enfants : 1° Jean, qui suit ; 2° Isabelle, alliée à Renaut de Trie, dit Billebault, chevalier, seigneur de Fresnes, Quevremont et Quesnel, fils de Renaut de Trie, chevalier, maréchal de France, et d'Isabelle de Heilly. Isabelle GOUBLE avait épousé en premières noces Jean Fournier, chevalier. — Renaut de Trie et elle vendirent à Pierre d'Aumont, chevalier, leur terre et seigneurie de Chars, tenue de l'abbaye de Saint-Denis, le 6 juin 1357.

7. — Jean GOUBLE, chevalier, seigneur de Pandel, Bosc-Guillaume, Wiameville et Omécourt, acquit cette dernière seigneurie par son mariage avant 1350 avec Jeanne du Bos, dame d'Omécourt en Beauvoisis : (aujourd'hui canton de Formerie, Oise). Ils amortissent tous deux les maisons et terres assises à Guignemicourt, Clary et Ferrières, données à l'abbaye du Gard par feu Martin de Fries et dont une partie était tenue d'eux en coterie, le 20 juin 1350. Jean donna, le 10 août 1374, à l'évêque de Beauvais le dénombrement, en avouant le tenir de lui en foi et hommage de bouche et de main, d'un fief consistant en l'hommage qui lui était dû par le seigneur de Boquiaux pour sa terre de Boquiaux-les-Omécourt. — Jean servait sous Louis de Saintes, maréchal de France, avec trois écuyers, selon la quittance de ses gages qu'il donna le 2 mai 1376. Il assista au siége de Pont-Audemer, sous les ordres de Jean de Vienne, amiral de France, en 1378, et reçut le 20 mai 20 francs d'or pour lui et pour sa compagnie de gens d'armes. Il servait encore le 20 juillet 1380, selon sa quittance de 90 livres tournois en date de ce jour, avec huit écuyers dans la compagnie du sire de Coucy. Il avait, à la même époque, du bien à Maigneville. Il avait servi un aveu, le 28 septembre 1374, à Renaut de Saint-Arnould, écuyer, pour ce qu'il avait à Béraule, avec le fief que tenait de lui Jean de La Place ; il avoua, le 28 janvier 1377, tenir du comte de Ponthieu, à cause du château d'Abbeville, en foi et hommage, un

fief à Biencourt avec tous les hommages qui lui étaient dus : il servit également, le 4 novembre 1378, un aveu pour sa seigneurie de Wiameville qu'il tenait de Jean de Cayeu, chevalier, seigneur de Dominois et de Visme. Il servit enfin à l'évêque de Beauvais un aveu pour sa terre des Boqueaux, le 20 mai 1393. Il dut mourir peu après, laissant de Jeanne d'Omécourt, sa femme : 1° Guy, qui suit ; 2° Jean, chevalier, apanagé de la terre et seigneurie de Wiameville, qui refusa de payer la rente de 10 livres fondée en faveur de l'abbaye de Sery sur ladite seigneurie, en 1321, par son ancêtre, Adam GOUALE : cité devant le prévôt du Vimeu, à Oisemont, en reconnaissance des lettres de son père et de son ayeul, il s'engagea, par acte de 1392, à continuer le paiement de cette rente. Il servait, en qualité d'écuyer, dans la compagnie d'Enguerran de Coucy, le 19 juillet 1380. Il fut tué à la bataille d'Azincourt, avec son frère Guy : de Jeanne de Cardonnoy, sa femme, il n'avait eu qu'une seule fille : Ide GOUALE, dame de Wiameville, qui apporta cette seigneurie à son époux Jean de Fontaines, dit Lionnel, écuyer, fils de Jean de Fontaines, chevalier, seigneur de la Neufville, Etrejust et Ramburelles, sénéchal de Saintonge et capitaine du Pont-de-Saintes, et de Marie de Ramburelles. En 1464 elle fit difficulté de servir la rente constituée par son ayeul Adam, mais elle finit par la reconnaître après quelques procédures devant le bailli d'Edmond de Monchy, seigneur de Visme et de Sénarpont.

8. — Guy GOUALE, chevalier, seigneur du Pandel, Bosc-Guillaume, Omécourt et Monsures, premier écuyer tranchant du duc d'Orléans, reconnut le 26 juillet 1404 avoir reçu de l'abbaye du Gard 59 mines moitié blé, moitié avoine, qui lui étaient dus sur la grange de ladite abbaye à Ménévillers à cause du relief que lui devait Jean de Graville, chevalier, pour la terre de Monsures. Il reçut, le 13 mai 1405, 83 livres 6 sous 8 deniers pour un mois de ses gages de premier écuyer tranchant du duc d'Orléans. Il servit, le 14 février 1406, un aveu de sa seigneurie d'Omécourt à Aubert d'Aussonvilliers, chevalier, seigneur dudit

lieu, de qui relevait Omécourt. Il fut tué à la bataille d'Azincourt, le 25 octobre 1415. Il avait épousé Marie de Paillart, fille de Philibert de Paillart, président au Parlement, et d'Anne de Dormans. La sœur de sa femme, autre Marie de Paillart, avait épousé Amaury d'Orgemont, chevalier, seigneur dudit lieu, Montjay et Chantilly : ceux-ci, entre autres enfants, avaient eu une fille, Marguerite d'Orgemont, qui épousa, par contrat du 20 mai 1401, Charles de Pommelain, écuyer, seigneur de Tuel : Guy Gourle figure dans ce contrat, en qualité d'oncle de la future. De Marie de Paillart il eut : 1° Guy, qui suit ; 2° Jacqueline, femme, avant 1440, de Rogues de Belleval, écuyer, seigneur d'Esailler et Bailleul-en-partie, écuyer d'écurie du roi, gouverneur de Gournay-sur-Aronde et lieutenant de Beauvais, fils de Baudouin de Belleval, chevalier, chambellan du duc d'Orléans, et de Maroie Carue.

9. — Guy Gourle, chevalier, seigneur d'Omécourt, Monsures et Marines, capitaine d'Abbeville : il se trouvait dans cette ville avec le seigneur d'Auxy, en 1440, lorsqu'ils apprirent que Pierre Renaut, frère bâtard de La Hire, qui occupait le château de Milly en Beauvoisis, en était parti avec 160 hommes pour fourrager les environs d'Abbeville et qu'il avait pris et pillé le château d'Eaucourt. Guy Gourle et le sire d'Auxy sortirent de la ville avec quelques gentilshommes et des gens de pied au nombre de trois cents, et marchèrent à la rencontre de l'ennemi. Mais ils furent battus, s'enfuirent, et en traversant précipitamment la Somme, auprès du château d'Eaucourt, Guy Gourle s'y noya. (Chron. de Monstrelet). Il avait épousé Jeanne de Brimeu, fille de David de Brimeu, chevalier, seigneur de Humbercourt, grand bailli d'Amiens, et de N... de Vienne, de laquelle il eut : 1° Nicolas, dit Colart, qui suit ; 2° Colinet, auteur de la seconde branche, qui suivra ; 3° Jean, écuyer, lieutenant de son frère Colinet en 1467, dans les châtellenies du Gard et du Titre, lequel certifia, le 8 mars de ladite année, une vente de bois.

10. — Nicolas, dit Colart Gourle, chevalier, seigneur d'Omécourt,

Monsures, Marines et Pendé, capitaine-usufruitier de la vicomté de Neufchâtel, successivement conseiller et chambellan du duc de Bourgogne et du roi, et capitaine d'Amiens. — Il était encore en 1450 sous la tutelle de Jeanne de Brimeu, sa mère. Le roi lui donna, en 1461, la jouissance viagère des terres, seigneuries et vicomté de Neufchâtel et de Nycourt. Il fut nommé capitaine d'Amiens par le duc de Bourgogne, le 14 juin 1468. Il reçut, les 9 avril et 20 juin 1472, le double paiement d'une somme qui lui était due, à titre de capitaine-usufruitier de la vicomté de Neufchâtel, sur la recette et le grenier de Neufchâtel. Il assista, le 17 juillet 1484, au mariage de Guillaume, baron de Montmorency, son parent [1], avec Anne Pot. Jean Cossart, comme mari de Catherine de Villepoix, lui servit, le 17 février 1488, un hommage pour un fief qu'il tenait de lui à Omécourt. Colart GOURLE était mort avant 1493, puisqu'à cette époque, le 10 juin, sa femme, se disant veuve, était en procès avec le baron de Montmorency relativement aux meubles de feu Pierre d'Orgemont, chevalier, seigneur de Montjay. Colart avait donc épousé Marie Broullart, dame de Pendé, près Saint-Valery, fille de Guillaume Broullart, seigneur de Badonville, et de Marguerite d'Orgemont, de laquelle sont issus : 1º Josse, chevalier, seigneur de Monsures, Omécourt, Marines, Sarcus ; sa mère lui donna, le 4 juillet 1496, 300 livres qui lui étaient dues par le baron de Montmorency. Il épousa en premières noces Bonne de Sarcus, dame dudit lieu, fille de Jean de Sarcus, seigneur dudit lieu, Ramecourt, Mouy, Vers, Biermont, Beaufort, Songeons et Feuquières, panetier, conseiller, chambellan et maître-d'hôtel du roi François Iᵉʳ, chevalier de l'ordre du roi, premier maître-d'hôtel de la reine Eléonore d'Autriche, capitaine de 50 hommes d'armes des ordonnances, capitaine-général de la légion de Picardie, gouverneur des villes et châteaux de Doullens, Hesdin, Rue et Crotoy, et de Marguerite de Cha-

---

[1] Marguerite d'Orgemont, mère de sa femme, avait épousé en secondes noces Guillaume de Montmorency.

bannes-la-Palisse : Josse GOURLE épousa en secondes noces Jeanne Mauchevalier, fille et héritière de Jacques Mauchevalier, seigneur de Wailly, Namps-au-Val et de Vilaines, maître-d'hôtel du roi, et de Jeanne de Benquethun, dame de Goyencourt. De cette seconde union il ne naquit pas d'enfants; Josse mourut et Jeanne se remaria par contrat du 8 février 1506 à Jean de Hallwin, seigneur d'Esclebecq. De Bonne de Sarcus, Josse n'avait donc eu qu'une seule fille et héritière, Jeanne GOURLE, dame de Sarcus, Omécourt, Monsures et Marines qui apporta toutes ces seigneuries à son mari Adrien Tiercelin, chevalier, seigneur de Brosses, chevalier de l'ordre du roi, chambellan du roi Henri II, gouverneur de la personne du dauphin, sénéchal du Ponthieu, capitaine des villes et châteaux de Bayeux, d'Argentan et de Loches. Il mourut au château de Blois en 1548 ; 2° François, qui suit.

11. — François GOURLE, chevalier, seigneur de Pendé, d'Azincourt et de Wargnies, allié à Françoise d'Azincourt, dame dudit lieu, fille aînée et héritière (la cadette Louise, avait épousé Jean de Caulaincourt) de Hugues d'Azincourt, chevalier, seigneur dudit lieu et de Wargnies, et de Françoise de Mailly. On ne lui connaît pas d'autre fils que le suivant.

12. — Quentin GOURLE dit *de Gourlay* (voir ce que nous en avons dit au préambule de cette généalogie) chevalier, seigneur d'Azincourt, Pendé et Wargnies, vivant en 1531 et encore en 1560, allié à Jacqueline de Montmorency, dame d'honneur d'Éléonore d'Autriche, reine de France, fille de Nicolas de Montmorency, chevalier, seigneur de Bours et de Gueschard, et d'Anne Rouault de Gamaches. De cette union est issu Louis, qui suit.

13. — Louis GOURLE, dit *de Gourlay*, chevalier, seigneur de Pendé, Azincourt, Wargnies, Fruvillers, Fontaines, Turandes et Vauchelles, vicomte de Domart, figure parmi les signataires de la coutume d'Amiens en 1560. Il avait épousé Michelle d'Applaincourt, fille de Jean d'Applaincourt, écuyer, et d'Antoinette de Dompierre, dame de Hardencourt. De ce mariage sont nés :

1° Sanson, qui va suivre; 2° Antoine, chevalier, seigneur de Pendé, Caplis, Puchevillers et Jumelles, sans enfants d'Antoinette de Maupas, sa femme; 3° Louise, alliée par contrat du 12 octobre 1606 à Louis Truffier, écuyer, seigneur d'Allenay, fils de Jacques Truffier, écuyer, seigneur d'Allenay, Port et Boubers, et de Marie Le Clerc de Bussy; 4° Marie, alliée par contrat du 17 novembre 1585 à Antoine de Runes, écuyer, seigneur de Fontaines, veuf de demoiselle Marie Le Roux, et fils d'Antoine de Runes, écuyer, seigneur de Baizieux, et de Marie de Humières.

14. — Sanson GOURLE, dit *de Gourlay*, chevalier, seigneur d'Azincourt, Yvergny, Wargnies, vicomte de Domart, sénéchal de Ponthieu. On ne sait presque rien sur son compte. Il épousa vers 1585 Françoise de Pisseleu, fille de Jean de Pisseleu, chevalier, seigneur de Heilly, Fontaine-Lavaganne, Pisseleu, Oudeuil et Bailleul-sur-Thérin, et de Françoise de Pellevé. Il fut père de : 1° Léonor, qui suit; 2° Antoine, écuyer, seigneur de Berlettes, allié à N... de Wignacourt, sans suite.

15. — Léonor GOURLE, dit *de Gourlay*, chevalier, seigneur d'Azincourt, Wargnies, Yvergny, vicomte de Domart, mourut sans alliance. Ses biens retournèrent alors à son frère Antoine.

DEUXIÈME BRANCHE.

10. — Nicolas GOURLE, dit Colinet, écuyer, châtelain pour le duc de Bourgogne des châteaux du Gard-lès-Rue et du Titre, dès 1467, époque à laquelle il avait pour lieutenant son frère cadet, Jean GOURLE. Les gages de son office étaient de 40 livres par an : le 12 septembre 1476 il donna quittance de la moitié ses gages, c'est-à-dire de 20 livres parisis, à Jean du Lô, dit le Gaigneur, conseiller du duc de Bourgogne. Colinet habitait à Rue, en 1495 : il vivait encore, mais fort âgé, en 1506, quand il signa la coutume de Rue. Il remplissait toujours, mais alors

pour le roi de France, ses fonctions de châtelain. De sa femme, dont le nom est inconnu, il laissa : Philippe, qui suit.

11. — Philippe GOURLE, écuyer, seigneur d'Arry et de Hanchies, bailli et capitaine de Rue, châtelain du Gard et du Titre en 1506 ; il est parlé de lui dans les comptes du domaine de Ponthieu, en 1513. Il se battit la même année avec un gentilhomme nommé M. de Sotteville et fut blessé. De lui sont issus : 1° Oudart, qui suit ; 2° Jean, écuyer, seigneur d'Arry, bailli de Rue, allié à Marie de Beauvisage, de laquelle il n'eut que Claude GOURLE, écuyer, seigneur d'Arry, qui vendit cette terre et seigneurie à Jacques Le Fuzelier, écuyer.

12. — Oudart GOURLE, écuyer, seigneur de Maigneville et de Hanchies, capitaine de Rue, châtelain du Gard, du Titre et de la forêt de Crécy, homme d'armes des ordonnances du roi dans la compagnie du maréchal du Biez. Il épousa N... de Boufflers, de l'ancienne et noble maison ducale de ce nom, et en eut un fils, Nicolas, mort jeune, et une fille, qui suit.

13. — Marie GOURLE, dame de Hanchies, Saint-Martin, Vercourt, épousa Hugues de Belloy, écuyer, seigneur de Rogean, fils de Robert de Belloy, écuyer, seigneur de Beauvoir, et de Jeanne Pappin, sa seconde femme. Elle vivait encore en 1575 et comparut à cette époque pour des fiefs à Boufflers, à Cornehotte et à Coulonvillers.

On voyait encore, en 1710, dit une note manuscrite de cette époque, dans l'église de Rue, derrière le maître-autel, et dans la chapelle du Saint-Esprit des plaques de marbre portant les épitaphes des GOURLE de cette branche, où étaient retracés leurs titres, leurs charges et leurs alliances.

GRAMBUS.

Il faut modifier ainsi qu'il suit la généalogie de cette famille que nous avons donnée dans notre premier volume (pages 145-146), c'est-à-dire qu'il faut y ajouter deux nouveaux degrés, et changer les premier, deuxième et troisième de l'ancienne généalogie devenus troisième, quatrième et cinquième dans la nouvelle.

1. — Jean DE GRAMBUS, chevalier, seigneur dudit lieu et d'Yvrench, en 1239, père, à ce que l'on croit, de

2. — Guillaume DE GRAMBUS, chevalier, seigneur dudit lieu et d'Yvrench; avec Mabilie, sa femme, il vendit à l'abbaye de Saint-Riquier 15 journaux de terre qu'ils tenaient en fief de ladite abbaye à Yvrench, en janvier 1262. D'eux est issu Guillaume.

3. — Guillaume DE GRAMBUS, chevalier, seigneur dudit lieu et d'Yvrench, vers 1340, père de : 1° Jean, qui suit ; 2° Robert, chevalier, seigneur dudit lieu, en 1380.

4. — Jean DE GRAMBUS, chevalier, seigneur dudit lieu et d'Yvrencheux, avoue tenir noblement en fief de l'abbaye de Saint-Riquier ses deux manoirs de Grambus et d'Yvrencheux, le 20 février 1371. Il sert un aveu au roi, à cause du bailliage de Crécy, pour un fief à Crécy, le 18 février 1377. De lui est issu le suivant.

5. — Guillaume DE GRAMBUS, écuyer, seigneur d'Yvrencheux, vend à Jean de Belloy, écuyer, 24 journaux de terre appelés le Camp du Quesnoy, tenant à la terre de Huart DE GRAMBUS, à la charge d'une redevance envers l'abbaye de Saint-Riquier, le 19 mars 1397 : il vendit encore en 1408 à Pierre de Lessau, bailli d'Airaines, six livres de rente sur le fief qu'il tenait de l'abbaye de Saint-Riquier. — Il fut père de Jean, qui suit.

Le reste, comme au tome premier, page 146, à partir du degré 4 qui devient par conséquent le degré 6.

GRÉBAUMAISNIL.

Armes : *d'argent à la fasce de gueules surmontée de deux flammes de même, et accompagnée en pointe d'un lion de sable.*

Ancienne famille, originaire du village de ce nom, que l'on voit en possession de la noblesse jusqu'au xv° siècle. Elle s'établit ensuite à Abbeville et y perdit tout lustre et jusqu'à tout souvenir de son ancien rang. Au xvii° siècle on trouvait encore à Abbeville des Grébaumaisnil dans les rangs de la plus petite bourgeoisie, ou dans les plus humbles emplois. Nous ne parlerons pas de ceux-là.

— Josson DE GRÉBAUMAISNIL prit en fief et hommage de Hugues de Brimeu, chevalier, les dons et le terrage de Grébaumaisnil, moyennant 7 setiers de blé de redevance et une paire de gants blancs de reconnaissance pour tout service, en juin 1227.

1. — Mathieu DE GRÉBAUMAISNIL, écuyer, homme-lige de l'abbaye de Forêtmontiers, vendit à Esteule Boutery, écuyer, un fief assis à Grébaumaisnil tenu de ladite abbaye, le « jeudi après le jour des âmes » 1322. Il était mort avant 1337, laissant de Béatrix de Maisons, sa femme : 1° Laurent, qui suit ; 2° Robert, demeurant à Aigneville, en 1337 quand il vendit, le mercredi avant Quasimodo, du consentement de Simon d'Acheu, écuyer, son seigneur-lige, à Jean Boutery, chevalier, un enclos et 7 journaux de terre à Grébaumaisnil, mais pour en jouir seulement après la délivrance des legs se montant à 200 livres que Mathieu DE GRÉBAUMAISNIL avait fait à ses enfants, après la mort de Béatrix de Maisons.

2. — Laurent DE GRÉBAUMAISNIL, écuyer, allié à Marie de Hallencourt, héritière de Frieucourt, vend à cause de sa femme à Raoul Le Vicomte, écuyer, le bois appelé Le Translay, situé à Frieucourt, tenu en fief de Robert de Longroy, chevalier, seigneur de Waumain et de Hallencourt, le 13 mai 1356. Il acquit, le 22 janvier 1364, de Thomas d'Acheu, écuyer, dit

Anior, demeurant à Grébaumaisnil, un fief audit lieu tenu du roi d'Angleterre, comte de Ponthieu. Laurent fut père du suivant.

3. — Laurent DE GRÉBAUMAISNIL, écuyer, possédait avec sa femme, dont on ignore le nom, des terres auprès du bois du Translay à Frieucourt, le 7 décembre 1422.

GUÉBIENFAY.

Cette famille, très-ancienne, et qui s'éteignit dès la fin du XVe siècle, devait son nom au hameau de Bienfay, annexe de Moyenneville, que l'on appelait jadis Guébienfay. On n'a retrouvé qu'une faible quantité de documents sur elle, et à peine suffisants pour dresser la filiation suivie. Les sires de Guébienfay paraissent avoir porté deux sortes d'armoiries. Sur le sceau d'Aléaume DE GUÉBIENFAY, chevalier, en 1302, on remarque *trois bandes et un lambel en chef,* tandis que celui de Jean DE GUÉBIENFAY, écuyer, en 1409, porte *trois fasces*. On serait tenté de croire que cette différence fut le résultat d'une erreur du graveur pour un de ces deux sceaux, qu'il mit soit des *bandes* pour des *fasces*, soit des *fasces* pour des *bandes*, et que par conséquent la maison de Guébienfay n'ait, malgré cela, jamais eu qu'un seul et même blason. Une semblable supposition est d'autant plus facile à admettre, que l'on rencontre dans les belles collections de sceaux des archives de l'Empire et du Cabinet des Titres (Bibl. imp.) plusieurs exemples de ce fait : c'est ainsi que parmi les sceaux d'une famille qui portait *une bande* nous en avons remarqué un où la *bande* était devenue une *barre,* etc.....

Quoiqu'il en soit la filiation suivante, prouvée pour certains degrés, ne repose pour les autres que sur des probabilités.

1. — Robert DE GUÉBIENFAY, chevalier, souscrit la charte de fondation de l'abbaye du Lieu-Dieu, en 1191. Père de

2. — Robert DE GUÉBIENFAY, chevalier, témoin d'une charte de 1233. De lui est issu :

3. — Aléaume DE GUÉBIENFAY, chevalier, tenant en 1279 des fiefs à Saint-Maxent de Hue d'Airaines, seigneur de Saint-Maxent. Il donne quittance de 30 livres pour son service en « lost de Flandre » le 3 septembre 1302. De lui pourrait être né Robert.

4. — Robert DE GUÉBIENFAY, chevalier, choisi avec trois autres chevaliers pour évaluer la terre d'Airaines que Hugues de Fontaines, chevalier, seigneur de Long, voulait échanger avec Simon, comte de Ponthieu en 1303. Il tenait à Saint-Maxent un manoir mouvant de la seigneurie dudit lieu, en 1311. De sa femme, dont le nom n'a pu être retrouvé, il aurait eu : 1° Henri ; 2° Jean, convoqué pour la guerre avec son frère, le 25 août 1337.

5. — Henri DE GUÉBIENFAY, écuyer, possesseur d'un fief à Saint-Maxent en 1311 ; convoqué pour la guerre le 25 août 1337. Il peut avoir été père de Robert.

6. — Robert DE GUÉBIENFAY, écuyer : craignant les incursions des Anglais qui étaient dans le pays, il avait caché dans son cellier ses titres et ce qu'il avait de plus précieux : mais les Anglais brulèrent et détruisirent ses bâtiments de telle sorte que les sceaux des actes qu'il avait pu sauver du feu étaient fondus et détruits : il s'adressa en conséquence à l'évêque d'Amiens pour renouveler celui du fief de Biencourt qu'il tenait de l'évêque d'Amiens, et dont il lui servit aveu le 26 septembre 1346. De lui naquirent ; 1° Jean, dit Ysoré, chevalier, qui avoua tenir en fief du roi, à cause du château d'Abbeville, un fief à Guébienfay et un à Yonval, le 12 février 1377 ; il acquit, avec son frère Henri, de Guillaume Lenglacé et de Jeanne, sa mère, veuve de Jean Lenglacé, écuyer, un fief à Ramburelles, le 17 décembre 1382. Douze ans après, le 14 juillet 1394, il céda à Henri sa part de ce fief. Jeanne d'Esquignecourt, dame de Campagnes, sa femme, ne lui avait donné qu'une fille, Ide, femme de Mathelin de Mailly, écuyer, en 1428 ; 2° Henri, qui suit ; 3° Heurtaut, écuyer, possesseur du fief à Biencourt, le laissa à sa fille unique Marie, qui en rendit aveu à l'évêque d'Amiens,

le 1ᵉʳ juin 1384 : elle était alors femme de Jean d'Avesnes, dit Rifflart, écuyer.

7. — Henri DE GUÉBIENFAY, écuyer, seigneur de Ramburelles en partie, achète avec son frère Jean un fief à Ramburelles, le 7 décembre 1382, et ce dernier lui en cède sa part le 14 juillet 1394. Henri servait dans la compagnie de Karados d'Équennes, chevalier, le 1ᵉʳ août 1387 : il donne quittance, le 1ᵉʳ août 1397, d'un paiement de 14 livres qu'il avait sur la recette de Ponthieu : il achète une pièce de terre à Ramburelles, le 11 septembre 1396. Il fut père de : 1° Jean, qui suit ; 2° Marie, femme de Guillaume de Wavrans.

8. — Jean DE GUÉBIENFAY, écuyer, seigneur de Ramburelles en partie, avoua tenir en foi et hommage, de bouche et de main, de Marie de Ramburelles, dame dudit lieu, son fief à Ramburelles, le 1ᵉʳ janvier 1409. Il servit un aveu semblable, le 2 janvier 1444. Son fils et successeur fut

9. — Hue DE GUÉBIENFAY, écuyer, seigneur de Ramburelles en partie ; il avoua tenir son dit fief de Jean de Melun, chevalier, seigneur de Bailleul, le 24 octobre 1487. Il mourut en 1488 laissant ses biens à Louis de Houdenc, écuyer, demeurant à Gamaches, et à Firmin Abraham, écuyer.

On trouve encore Robinet DE GUÉBIENFAY, écuyer, servant dans la compagnie de Hue du Mesnil, chevalier, le 1ᵉʳ décembre 1380.

HALLENCOURT.

On trouve dans la généalogie de la noble et illustre maison de Fontaines que Wautier de Hallencourt était dit, en 1207, neveu d'Hugues de Fontaines : quelques personnes ont rapproché ce fait d'un autre auquel ils ont voulu attacher une grande importance : ils ont dit et prouvé par le sceau d'Henri de Hallencourt, attaché à une pièce de 1235, et qui porte un écu de *vair plein*, que jusqu'à cet Henri les premiers sires de Hallencourt avaient toujours porté de *vair plein*, et que comme dans les armes de Fontaines il se trouve aussi du *vair* (*d'or à trois écussons de vair*), cette légère différence dans l'emploi d'une fourrure comme champ de l'écu ou comme pièce principale constituait une véritable brisure de cadet. La meilleure preuve, ont-ils dit encore, que ces armes n'étaient pas affectées particulièrement aux de Hallencourt, c'est qu'Henri, fils de celui cité plus haut, avait cru devoir s'en créer de personnelles, et qu'il avait pris un écu *d'argent à la bande de sable cotoyée de deux cottées de même*. Telles sont, en effet, les armes que l'on remarque sur un sceau dont il se servit en 1277, armes qu'il transmit à ses descendants.

Ce système n'a rien d'impossible : nous sommes, nous-mêmes, portés à croire que la famille de Hallencourt est issue de celle de Fontaines ; mais à quelle époque se fit la séparation des deux races, voilà ce qu'il faudrait établir d'une manière certaine. Ce n'est toujours pas en 1200 ou même en 1180, comme on l'a inscrit dans la généalogie des Fontaines, puisque la filiation suivie des Hallencourt commence, comme on va le voir, à Wautier DE HALLENCOURT, chevalier, seigneur dudit lieu en 1129.

La famille de Hallencourt est éteinte depuis un siècle : elle a eu de l'illustration, de grandes charges et de belles alliances. Voici ceux de ses membres que l'on n'a pu rattacher directement à la filiation suivie :

— Hugues DE HALLENCOURT, chanoine de Saint-Wlfran, en 1121.

— Adam DE HALLENCOURT, chevalier, en 1207.

— Robert DE HALLENCOURT, clerc, en 1207.

— Marie DE HALLENCOURT, fille de feu Jean DE HALLENCOURT, écuyer, et femme de Laurent de Grébaumaisnil, écuyer, en 1356.

— Louis DE HALLENCOURT, à Rue, en 1477.

— Jacques DE HALLENCOURT, homme d'armes dans la compagnie du comte de Dammartin, en 1523.

— Jean DE HALLENCOURT, écuyer, seigneur de Vaux-sous-Corbie, vivant avec Marie du Gard, son épouse, en 1538.

1. — Wautier DE HALLENCOURT, chevalier, seigneur dudit lieu, en 1129 ; de Mathilde, sa femme, il eut : 1° Hugues, qui suit ; 2° Gérold, chanoine de Saint-Wlfran ; 3° N....., femme de Robert de Montreuil, chevalier.

2. — Hugues DE HALLENCOURT, chevalier, seigneur dudit lieu, et Bléricourt, en 1168, époux de Mathilde et père de :

3. — Wautier DE HALLENCOURT, chevalier, seigneur dudit lieu,

Bléricourt et de Dromesnil par son alliance avec Sainte de Dromesnil, dame dudit lieu. De lui est issu :

4. — Henri DE HALLENCOURT, écuyer, seigneur dudit lieu, Dromesnil et Famechon, à cause de sa femme N..... de Famechon, en 1235, et père du suivant :

5. — Henri DE HALLENCOURT, écuyer, seigneur de Hallencourt et de Famechon, époux de Pétronille..... On croit qu'il vendit sa terre patronymique de Hallencourt. On lui donne, entre autres enfants, Pierre, qui suit.

6. — Pierre DE HALLENCOURT, écuyer, seigneur de Dromesnil, possesseur de biens à Drucat, en 1312. De sa femme, dont le nom est inconnu, il aurait eu le suivant.

7. — Edmond DE HALLENCOURT, écuyer, seigneur de Dromesnil et de Dreuil, allié à Jeanne Quiéret, vers 1350, dont : 1° Jean, qui suit ; 2° Hue ; 3° Robin, tous deux possesseurs de fiefs à Airaines, en 1370.

8. — Jean DE HALLENCOURT, écuyer, seigneur de Dromesnil, fut père de : 1° Jean, qui suit ; 2° autre Jean, moine à Saint-Pierre d'Abbeville ; 3° Marie, femme de Pierron de Villiers, écuyer.

9. — Jean DE HALLENCOURT, écuyer, seigneur de Dromesnil, allié à Isabelle de Boulainvilliers, par contrat passé le 1ᵉʳ juillet 1451. De ce mariage sont nés : 1° Jean, qui va suivre ; 2° Philippe, écuyer ; 3° Antoinette, alliée le 29 avril 1488 à Guy de Belloy, écuyer, seigneur d'Amy, puis à Frédéric de Bailleul, écuyer, seigneur de Héripré.

10. — Jean DE HALLENCOURT, écuyer, seigneur de Dromesnil, épousa Marguerite de Humières, par contrat en date du 23 avril 1493. D'elle il eut : 1° Robert, qui suit ; 2° Christophe, écuyer, seigneur de Warmain et de Hagny ; 3° François, écuyer, seigneur de Miraucourt.

11. — Robert DE HALLENCOURT, écuyer, seigneur de Dromesnil, Boulainvilliers, Morival, Biencourt, Bétembos et le Translay,

épousa le 14 octobre 1539 Jeanne de Conteville, de laquelle il eut : 1° Louis, qui suit; 2° Frédéric, chevalier de Malte, commandeur de Fontaines; 3° Marie, alliée le 6 août 1573 à François de Mailly, chevalier, seigneur d'Haucourt; 4° Françoise, femme de Philippe de Boffle, écuyer, seigneur d'Hestruval.

12. — Louis DE HALLENCOURT, chevalier, seigneur de Dromesnil, Boulainvilliers, Bétembos, Conteville et le Translay, allié en 1575 à Madeleine d'Étampes de Valençay, dont : François, qui suit; 2° Antoine, chevalier, seigneur de Conteville.

13. — François DE HALLENCOURT, chevalier, seigneur de Dromesnil, Boulainvilliers, Bétembos, Conteville et le Translay, qui, de Renée de L'Isle-Marivaux qu'il épousa le 16 octobre 1602, eut les suivants : 1° Louis, qui suit; 2° Antoinette, alliée à David de Hémont, chevalier, seigneur de Rotois.

14. — Louis DE HALLENCOURT, chevalier, seigneur de Dromesnil, Boulainvilliers, Bétembos, Conteville et le Translay, allié à Françoise de Boufflers, par contrat du 25 septembre 1634 et mort en 1676. D'eux sont nés : 1° Louis-François, qui suit; 2° François, chevalier, marquis de Boulainvilliers, seigneur de Bétembos et de Blanchemaison, lieutenant aux gardes-françaises, allié le 14 novembre 1676 à Marie-Françoise de Caumont, de laquelle il eut Joseph-Maximilien-Louis, chevalier, seigneur de Boulainvilliers, sous-lieutenant aux gardes-françaises, chevalier de Saint-Louis et de Notre-Dame du Mont-Carmel et de Saint-Lazare, vers 1722.

15. — Louis-François DE HALLENCOURT, chevalier, marquis de Dromesnil, vicomte et châtelain du Translay, seigneur de Conteville, Harchies, Neuville, Chermizy, Ouche, Wassongne et Jumigny, épousa en 1667 Nicole-Françoise de Proissy, dont il eut : 1° Emmanuel-Joseph, qui suit; 2° François-Charles, évêque-comte de Verdun, prince du Saint-Empire, abbé de la Charité, mort le 16 mars 1744 à l'âge de 79 ans.

16. — Emmanuel-Joseph DE HALLENCOURT, chevalier, marquis de

Dromesnil, capitaine-lieutenant des chevau-légers dauphin, mort en son château de Morfontaine, le 12 mai 1745. Il avait épousé en 1699 sa cousine-germaine, Madeleine-Louise-Françoise de Proissy, dont vint le seul

17. — Charles-François-Gabriel DE HALLENCOURT, chevalier, marquis de Dromesnil, maréchal-de-camp, mort le 27 décembre 1749. Il avait épousé, 1° par contrat du 1er avril 1739 Marie-Jeanne Ballet de la Chenardière, morte sans enfants le 7 avril 1742 ; 2° en août 1743 Jeanne-Edmée de Boullogne, morte en février 1747. De cette dernière ne naquirent que deux filles : 1° N....., alliée le 11 décembre 1762 à Emmanuel-Marie-Louis, marquis de Noailles ; 2° Adélaïde-Élisabeth, mariée le 2 janvier 1763 à Louis-Antonin, marquis de Belzunce.

HANTECOURT.

Le fief de Hantecourt (commune de Visme), avant d'appartenir aux Vincent, au xvie siècle, avait été possédé par des seigneurs de son nom. — Regnier DE HANTECOURT et Robert, son fils, tous deux chevaliers et seigneurs dudit lieu, sont cités dans un acte de 1245. — Maillart, Mathieu et Robillard DE HANTECOURT sont au nombre des nobles et fieffés du bailliage d'Amiens convoqués pour la guerre, par ordre de Philippe de Valois, le 25 août 1337. — Guillaume DE HANTECOURT, écuyer, dit Maillart, et Jeanne de Longuemort, sa femme, vendirent à Jean Boutery, écuyer, neuf journaux de terre à Grébeaumaisnil, tenus en fief de Jean d'Acheu et joignant la terre d'Enguerran de Longuemort, le 3 avril 1326.

HARCELAINES.

Cette famille n'est autre qu'une branche cadette de la famille d'Aigneville, un cadet des d'Aigneville ayant été apanagé à la fin du xive siècle de la seigneurie de Harcelaines, dont il conserva le nom. Le sceau dont se servait en 1380 Jean, sire DE HARCELAINES, fournit une preuve incontestable de ce que nous avançons ici. Il est en effet identiquement pareil à celui de Guillaume d'Aigneville, en 1349, et porte comme lui, non-seulement les armes d'Aigneville, *d'argent à l'orle d'azur* aux 1er et au 4me quartiers, mais même *une croix ancrée* aux 2me et 3me quartiers. Tout dans l'un et dans l'autre est donc semblable, jusqu'à la brisure.

— Jean, sire DE HARCELAINES, chevalier, servait, le 1er novembre 1380, dans la compagnie de Jean de Longvillers, chevalier banneret. — Le 1er février 1384 il donne quittance au trésorier des guerres de 66 livres tournois pour lui et neuf écuyers de sa compagnie servant en Picardie sous le sire de Sempi. — Le 1er octobre suivant, ayant fait montre à Boulogne de sa compagnie, composée d'un chevalier et six écuyers, servant avec lui sous le sire de Coucy, il reçut, pour lui et pour eux, 120 livres, et en donna quittance le 20 octobre.

— Jean DE HARCELAINES, écuyer, époux de Jeanne d'Étaples, en 1420, vend avec elle tout ce qu'il a à Montreuil, le 10 décembre 1420. Il se réunit, avec son frère Gauvain, à Jacques d'Harcourt pour conquérir le Vimeu sur les Anglais et les Bourguignons, en 1419-1420. — Il défendit avec le même d'Harcourt le Crotoy contre le duc de Bedford. Lorsque la place se rendit il fut donné comme ôtage au duc et ne fut remis en liberté que quelque temps après (1423). Il fut tué en 1443 au siége de Dieppe.

— Gauvain DE HARCELAINES, écuyer, frère du précédent, fut tué avec Jacques d'Harcourt en voulant faire prisonnier le sire de Parthenai dans son propre château, en 1423.

— Jean DE HARCELAINES, chanoine de Saint-Wlfran d'Abbeville, en 1423.

HATEREL.

Famille peu connue en Ponthieu. On l'y trouve établie dès 1337 comme possédant des fiefs nobles qu'elle avait encore en 1377. Ses armes étaient : *de..... au chef fuselé de.... et de.....*

— Jean HATEREL figure parmi les nobles et fieffés du bailliage d'Amiens convoqués pour la guerre par Philippe de Valois, le 25 août 1337.
— Guillaume HATEREL, écuyer, avoue tenir noblement en fief du roi à cause de son château d'Arguel, en Ponthieu, un fief assis audit lieu d'Arguel, le 6 janvier 1377. Le même jour, il servit au roi un autre aveu pour un fief à Fresnoy.
— Jeanne HATEREL, femme de Jean de Domqueur, écuyer, était en possession du fief à Arguel, le 7 novembre 1447.
— Bernard HATEREL, écuyer, était en possession du fief de Fresnoy, le 22 février 1448.

HAUCOURT.

Cette famille a eu beaucoup plus d'illustration que celle d'Eaucourt, avec laquelle elle a été quelquefois confondue. Ses armes étaient : *d'argent fretté de gueules*, et non pas *d'or à trois pals de sable* comme l'a avancé l'auteur de la généalogie de la maison de Mailly.

— Lancelot DE HAUCOURT était qualifié haut et puissant seigneur en 1200.

— Denise DE HAUCOURT vivait femme de Jean de Ponches, vers l'an 1360.

— Lancelot DE HAUCOURT, fait chevalier devant Oudenarde en 1450, avait épousé Jeanne d'Estouteville, dont il eut : 1° Antoine ; 2° Renaud, allié à Marguerite de Mailly, vers 1480 ; 3° Jeanne, dame d'Haucourt, épouse de Jacques de Bailleul, seigneur de Saint-Léger, à qui elle apporta Haucourt et le Quesnoy-lès-Airaines, vers 1485.

1. — Pierre DE HAUCOURT, écuyer, seigneur de Huppy, Caumont et Fresnoy, à cause de Jeanne de Caumont, sa femme, dame desdits lieux, dès 1456 : il avoue tenir à foi et hommage de Valeran de Soissons, chevalier, seigneur de Moreuil, Poix et Mareuil, à cause de sa seigneurie de Mareuil, un fief à Huppy et un autre à Limercourt appelé le fief du Gardin, le 1er février 1463. Le 15 février suivant il dénombra de même sa seigneurie de Caumont et un fief à Huchenneville. Il était, le 11 septembre 1469, en contestation avec Jacques de Fiennes, écuyer, époux de Marie de Machy, pour des champarts à Caumont. Il obtint, le 24 septembre 1476, la saisine d'un fief à Grébeaumaisnil, tenu de la seigneurie de Mareuil. Il avait acheté le 3 mai précédent, de Jean d'Oissencourt, le fief d'Acheu, à Huppy. Il était mort avant 1482, ayant eu pour enfants : 1° Charles, mort avant son père ; 2° Jean, qui suit.

2. — Jean DE HAUCOURT, chevalier, seigneur de Huppy, Fresnoy, Caumont, Grébeaumaisnil, Forceville, Saint-Maxent, gouverneur du château d'Abbeville. — Il était encore mineur, et sous la tutelle de sa mère en 1482. Il acheta à Jean de Margny, écuyer, un fief à Huppy, tenu de l'abbaye de Saint-Riquier, le 25 janvier 1490. Il servit, le 9 juin 1496, à Jean de Soissons de Moreuil, un aveu et dénombrement de ses seigneuries de Caumont, Huppy et du fief du Gardin à Limercourt. Il n'était que seigneur de la partie de Huppy dite Huppy-à-Lattre, il acquit Huppy-au-Bois et Saint-Maxent, d'Arnould de Hornes, seigneur de Gasebecques, moyennant 2312 livres 9 sous 4 de-

nier, le 26 août 1497. Dans tous ces actes il est qualifié haut et puissant seigneur monseigneur.

— Jeanne DE HAUCOURT, alliée en 1519 à Nicolas de Manssel, écuyer, seigneur de Menonvillers.

— Guillaume DE HAUCOURT, allié à Antoinette Duvre, a du bien à Martainneville, en 1520.

— Marguerite DE HAUCOURT, alliée le 15 septembre 1526 à Jean Le Ver, écuyer, seigneur de Busmenard.

— Jean DE HAUCOURT, écuyer, allié à Anne du Hamel, était mort avant 1568.

HERMANT.

Armes : — *Ecartelé, au 1er et 4me de gueules à la bande de vair, au 2me et 3me d'azur à trois chevrons d'or, et sur le tout d'or plein.*

Cette famille, originaire du Vimeu, a été placée par erreur par nous dans la liste des familles bourgeoises d'Abbeville, puisque son premier auteur connu portait, au milieu du XVIe siècle, la qualification d'écuyer. Elle est éteinte.

1. — Renaud HERMANT, écuyer, prévôt du Vimeu, épousa Isabelle de Bernetz, dont il eut : 1° Antoine, qui suit ; 2° François, allié à Marie Deschamps, dont Gilles, écuyer, seigneur de Souville au bailliage de Montfort-L'Amaury, en 1620 ; 3° Jean, écuyer, allié à Marie de Prouville, dont une fille, Marie ; 4° Gilles, chanoine de Saint-Wlfran ; 5° Mariette, femme de Jean Danzel.

2. — Antoine HERMANT, écuyer, licencié-ès-lois, allié à Jeanne Petit, dont : 1° Mondin, écuyer, tué au siége de Hesdin ; 2° Jean, curé de Blangy ; 3° Pierre, écuyer, allié à Marie Le Sueur, et tué par son beau-frère, Jean Le Sueur, seigneur de Valcayeu ; 4° Louis, qui suit.

3. — Louis Hermant, écuyer, allié à Françoise Wattebled, eut d'elle huit enfants : 1° Claude, qui va suivre ; 2° Julien, allié à Anne Caisier, dont Claude, procureur, et Géneviève, femme du sieur Pyot ; 3° Joachim, dont un fils allié à la fille du lieutenant-général de Meaux ; 4° Jean, allié à Françoise du Flos, dont Jacques, procureur, allié à N... de Farsy, dont Adrien, mort à marier, et N... femme du sieur Laleman, contrôleur du grenier au sel de Saint-Valery ; 5° Pérone, femme de Jacques Saulmon ; 6° Jeanne, femme de Valeran d'Auge ; 7° Catherine, alliée à N... de Varloing ; 8° Anne, femme de Jean de Lattre.

4. — Claude Hermant, écuyer, seigneur de Wares, conseiller au présidial d'Abbeville, épousa Marguerite Le Roy de Saint-Lau. De ce mariage sont nés : 1° Octavien, qui suit ; 2° Charles, avocat à Abbeville, allié à Géneviève Pigne, dont Jacques, procureur au Châtelet, allié à Marie Barbier, dont suite ; 3° Gabrielle, religieuse à Moreaucourt ; 4° Marguerite, femme de Jean de Marnat, écuyer, seigneur de Francpas ; 5° Antoinette, alliée à N.... de Ray.

5. — Octavien Hermant, écuyer, seigneur de Wares, conseiller au présidial d'Abbeville, mayeur de ladite ville en 1625 et 1626, eut d'Antoinette de Huppy, sa femme : 1° Charles, conseiller au présidial, puis prêtre ; 2° Catherine, qui suit ; 3° Marguerite, morte à marier ; 4° Claude, femme de Jean L'Esperon, écuyer, seigneur de Belloy, président en l'élection d'Abbeville ; 5° N... morte jeune.

6. — Catherine Hermant, femme de Nicolas Rumet, écuyer, seigneur de Beaucorroy, lieutenant-particulier au présidial d'Abbeville.

HIERMONT.

Hiermont est situé dans le canton de Crécy : cette seigneurie appartenait encore au xiv° siècle à des seigneurs qui lui avaient emprunté son nom : au commencement du siècle suivant, elle était passée dans la maison d'Harcourt. — Les armes des sires d'Hiermont, s'il faut s'en rapporter à un sceau de 1302, auraient été *six lozanges*, 3, 2 et 1.

— Eustache d'Hiermont, chevalier « du bailliage d'Amiens », donne quittance de 32 livres tournois pour le service que lui et « VI armeures de fer » ont fait sous ses ordres en Flandres, en 1302.

— Bridous d'Hiermont, chevalier, donne quittance au trésorier des guerres de 154 livres 7 sols tournois pour les gages de lui et 6 écuyers de sa compagnie servant en Flandres et en Hainaut, sous les ordres des maréchaux de France, le 1er septembre 1341.
  — Le 28 décembre suivant, il reconnait par une cédule scellée de son sceau que le roi lui a remis 60 livres sur une somme de 120 livres, montant de deux amendes dont il avait été frappé.

— Bridous d'Hiermont, chevalier, servait dans la compagnie de Maillet de Mailly, chevalier, le 1er août 1380.

— Arnould d'Hiermont, écuyer, servait dans la compagnie du sire de Sempi, capitaine-général de Picardie, le 1er octobre 1380.

HOCQUÉLUS.

Originaire du village de ce nom, cette famille quitta le Ponthieu au xviie siècle, ou du moins on la trouve établie en Normandie à cette époque. Elle est éteinte. Il nous a été impossible de retrouver ses armoiries et nous n'avons pu réunir sur elle que le petit nombre de documents qui suivent.

— Messire Honoré de Hocquélus, clerc du conseil aux assises de Ponthieu, en 1290.

— Adam de Hocquélus, bailli d'Abbeville, et Honoré de Hocquélus, homme-lige de Ponthieu, en août 1300.

— Thomas DE HOCQUÉLUS, écuyer, sert au roi comme comte de Ponthieu un aveu pour un fief noble de 10 livres de rente à prendre chaque année sur les habitants de Feuquières, le 7 janvier 1377.

— Catherine DE HOCQUÉLUS, demeurant à Abbeville en 1420.

— Edouard DE HOCQUÉLUS, doyen de Rue, en 1476.

— Pierre DE HOCQUÉLUS possède du bien audit lieu en 1517.

— Antoine DE HOCQUÉLUS, chevalier, seigneur de Bonnières, demeurant à Babault en Normandie, en 1688, avait encore des terres à Hocquélus et à Aigneville.

HOUDENC.

La famille dont il s'agit ici, et qu'il ne faut pas confondre avec les divers seigneurs de Hodenc en Normandie et Beauvoisis (Hodenc-L'Evêque, arrondissement de Beauvais, Hodenc-au-Bosc, Hodenc-en-Bray, arrondissement de Neufchâtel-en-Bray) tirait son nom et son origine du hameau de Houdenc, section de la commune de Tours-en-Vimeu. Le peu de renseignements que les chartes de Ponthieu et les recueils généalogiques nous fournissent sur elle empêchent d'établir, pendant longtemps, sa filiation suivie, mais suffisent pour constater son ancienneté et sa noblesse. Il n'est pas jusqu'à ses armoiries que l'on n'ait pu retrouver.

— Robert DE HOUDENC, chevalier, témoin d'une charte de 1164.

— Hugues DE HOUDENC, chevalier, témoin d'une charte de 1172.

— Anselme DE HOUDENC, chevalier, témoin d'une charte du comte de Ponthieu, de 1173.

— N... DE HOUDENC, écuyer, épouse N... dame et héritière de Surcamp, vers le milieu du XIVe siècle.

— Jean DE HOUDENC, chanoine d'Amiens en 1364.

— Simon DE HOUDENC, écuyer, servait dans la compagnie de Robert de Boubers, en 1377.

— Renaut, André et Jean DE HOUDENC, chevaliers, possèdent en 1384 à Franleu un fief qui avait appartenu à Pierre de Cramaisnil et à Marie de La Hague.

— André DE HOUDENC, chevalier, servait dans la compagnie de Louis de Boubers, écuyer, en 1387.

— Marie DE HOUDENC, demoiselle de Surcamp, épouse en 1395 Ferrant Descaules, écuyer, et lui apporte ladite seigneurie.

— Pierre DE HOUDENC demeurait à Abbeville en 1451.

1. — Hue DE HOUDENC, écuyer, comparait avec son frère Jean, parmi les nobles et fieffés du bailliage d'Amiens convoqués pour la guerre, le 25 août 1337. Il avait épousé Agnès d'Allenay : il transigea le 1er septembre 1342, avec l'abbaye du Lieu-Dieu au sujet de certains reliefs qu'il réclamait sur un héritage au Moveron, près de Gamaches. De lui sont issus : 1° Perceval, qui suit ; 2° Jean, chevalier, qui tenait à Ailly un fief de la seigneurie de Domvast, en 1383.

2. — Perceval DE HOUDENC, chevalier, servait en 1383 dans la compagnie de Thierry de Disquemue, chevalier. Il fut père du suivant :

3. — Perceval DE HOUDENC, écuyer, assiste à la capitulation du Crotoy en 1423. De Jeanne La Chénée, sa femme, il eut : 1° Louis, qui suit ; 2° Jean, qui demeurait à Abbeville, sur la paroisse de Saint-Wlfran-en-Chaussée, en 1441.

4. — Louis DE HOUDENC, écuyer, dit fils de Perceval, demeurait à Abbeville, en 1446. De lui est né :

5. — Louis DE HOUDENC, écuyer, demeurant à Gamaches, se faisant fort pour Firmin Abraham, héritier avec lui de feu Hue de Guébienfay, écuyer, fait contraindre un particulier au paiement des arrérages qui leur étaient dus d'une redevance sur un manoir à Ramburelles, tenu du fief que Hue avait possédé

de son vivant audit lieu, le 5 novembre 1488. De sa femme, qui est inconnue, il avait eu :

6. — Jean DE HOUDENC, écuyer, qui obtient en novembre 1502 la saisine d'un fief à Ramburelles qui avait appartenu à son père. D'Ide de Runes, sa femme, naquit :

7. — Valeran DE HOUDENC, écuyer, époux de Claude de Gouy, en 1530.

LAMBERCOURT.

Cette famille doit son nom au village de Lambercourt, annexe de la commune de Miannay. Son histoire est fort courte et ne dépasse pas le XIIIe siècle : elle y serait même contenue toute entière, si on n'avait trouvé, dans une charte de l'an 1140, un Richard de Lambercourt, chevalier, parmi les témoins. Les armes des Lambercourt étaient : *de.... à trois aigles éployées de....*

— Richard de Lambercourt, chevalier, témoin dans une charte de 1140.

— Ade, veuve de Gilles de Lambercourt, chevalier, possédait une pièce de terre à Broutelles en mai 1235. Gilles fut père du suivant :

— Angel de Lambercourt, écuyer, et Hodierne, sa femme, demeurant à Lanchères, vendent à l'abbaye du Lieu-Dieu trois pièces de terre sises à Broutelles, en août 1249. Son sceau porte trois aigles éployées, 2 et 1.

— Jean, sire DE LAMBERCOURT, chevalier, et Enguerran de Restonval, seigneur de Mérélessart, amortirent 12 journaux de terre que Renaut de Dargnies, chevalier, leur vassal, avait vendus à l'abbaye du Lieu-Dieu, en octobre 1249. Son sceau porte trois aigles éployées. Il fut père de :

— Jeanne DE LAMBERCOURT, fille aînée et héritière de feu Jean DE LAMBERCOURT, amortit la dîme de Valincourt que Raoul Abraham, son vassal, avait vendu à l'abbaye du Lieu-Dieu, en 1259.

— Raoul DE LAMBERCOURT, chevalier, et Jean d'Acheu, chevalier, déclarent que l'abbaye de Saint-Valery, Jean de Brimeu et Isabelle, sa femme, ont passé compromis pour partager entre eux le marais qui est entre leurs terres à Bayemont, en septembre 1254.

LA CHAUSSÉE D'EU.

Armes : *d'azur semé de croissants d'argent, à trois besants d'or*. Supports : *deux lions d'or lampassés de gueules*. Cimier : *une tête de licorne bouclée d'or*.

Cette maison est si ancienne que l'on croit communément que Hugues, son premier auteur connu, était un puîné des comtes d'Eu en faveur de qui ceux-ci auraient détaché de leur comté la vicomté héréditaire d'Eu et la terre et seigneurie de La Chaussée, et les lui auraient donnés pour lui et pour ses descendants afin de leur créer un état digne de leur rang et du sang dont ils étaient issus. — Quoiqu'il en soit de cette origine, fort possible, la maison de La Chaussée prouvait sa filiation suivie depuis Hugues Ier, vivant chevalier en 1036, avec de fort belles alliances et des charges importantes à tous les degrés. — On assure que les armes primitives de cette famille étaient : *de gueules à un léopard d'or* et qu'on les voyait ainsi blasonnées dans plusieurs sceaux très anciens et à La Chaussée :

or, ces armes étaient aussi celles que portaient les comtes d'Eu, ce qui militerait beaucoup en faveur de la communauté d'origine des La Chaussée et de ces puissants seigneurs. On ajoute que les armes actuelles, ou pour mieux dire les armes que porta la famille jusqu'à son extinction au siècle dernier, c'est-à-dire : *d'azur semé de croissants d'argent, à trois besants d'or,* furent adoptées par un sire de La Chaussée, en souvenir d'une croisade à laquelle il avait pris part ; mais à laquelle ? C'est ce qu'on ignore et que nous n'avons pu découvrir.

M. de La Chaussée, comte d'Arrest, fut maintenu dans sa noblesse par jugement de Bignon, intendant de Picardie, du 22 avril 1705, sur preuves depuis l'an 1489.

Parmi les membres de cette famille, appelée souvent au moyen-âge La Cauchie (traduction picarde des mots La Chaussée) que l'on n'a pu rattacher directement à la généalogie, on citera :

— Hélinand de La Chaussée, chevalier, témoin dans une charte de 1154.

— Le Galois de La Cauchie, écuyer, servait dans la compagnie de Guillaume de Caurroy, chevalier, le 3 août 1385.

— Charles de La Chaussée, écuyer, enseigne d'une compagnie d'hommes d'armes, en 1465.

1. — Hugues, sire de La Chaussée, vicomte d'Eu, chevalier, assiste à la fondation de l'abbaye du Tréport par Robert, comte d'Eu, en 1036. Il fut père de :

2. — Robert de La Chaussée d'Eu, chevalier, sire dudit lieu, et vicomte d'Eu, mort en 1102. D'Héliarde, sa femme, il eut :

3. — Hugues de La Chaussée d'Eu, chevalier, seigneur dudit lieu, vicomte d'Eu, mort en 1151. De sa femme, dont le nom est inconnu, il avait eu le suivant :

4. — Guillaume de La Chaussée d'Eu, chevalier, seigneur dudit lieu, vicomte d'Eu, vivant en 1156. Sa femme, nommée Agnès, lui donna quatre fils et une fille : 1° Guillaume, qui suit ; 2° Robert ; 3° Manassès ; 4° Anselme ; 5° Marie

5. — Robert DE LA CHAUSSÉE D'EU, chevalier, dit *Strabo*, seigneur de La Chaussée, vicomte d'Eu, capitaine et gouverneur du comté d'Eu, en 1200. Il fut père de : 1° Robert, qui va suivre ; 2° Philippe, chevalier, mort le 24 mai 1260. Il avait épousé Jeanne d'Eu, dite de Nesle.

6. — Guillaume DE LA CHAUSSÉE D'EU, dit *Strabo*, chevalier, seigneur de La Chaussée, vicomte d'Eu, vivant encore en 1253. De sa femme, dont on n'a pu retrouver le nom, il laissa : 1° Jean, qui suit ; 2° Suzanne, femme de Gosse, seigneur de Thil.

7. — Jean DE LA CHAUSSÉE D'EU, chevalier, dit *le Borgne*, seigneur dudit lieu, vicomte d'Eu, mort vers l'an 1300, laissant pour fils et successeur, Adrien, qui suit.

8. — Adrien DE LA CHAUSSÉE D'EU, chevalier, seigneur de La Chaussée, vicomte d'Eu, chambellan de Robert, comte de Clermont ; il mourut le 12 février 1317, et fut enterré dans la chapelle de Saint-Thomas de l'église des Jacobins de Paris. De son union inconnue naquirent : 1° Jean, qui suit ; 2° Aléaume, dit Mauclerc, écuyer, en 1307.

9. — Jean DE LA CHAUSSÉE D'EU, écuyer, seigneur dudit lieu, vicomte d'Eu, dont : 1° Eustache, qui suit ; 2° Guillaume, chevalier, qui accompagna Philippe d'Artois, comte d'Eu, en Hongrie, et fut tué à la bataille de Nicopolis, le 15 juin 1397. Il avait épousé Eustache de Brimeu, dame de Bonneterre et de Grébaumaisnil.

10. — Eustache DE LA CHAUSSÉE D'EU, écuyer, seigneur dudit lieu, de Grébaumaisnil et de La Bouvaque, vicomte d'Eu, épousa Alix de Picquigny, et mourut vers 1370. De cette union étaient nés : 1° Guillaume ; 2° Jean, écuyer, époux d'Hélène de Dixmude.

11. — Guillaume DE LA CHAUSSÉE D'EU, écuyer, seigneur dudit lieu, et de Grébaumaisnil, vicomte d'Eu, allié à Jeanne de Fontaines, dame d'Arrest, dont Jean, qui suit.

12. — Jean DE LA CHAUSSÉE D'EU, écuyer, seigneur dudit lieu et d'Arrest, vicomte d'Eu, seigneur de Grébeaumaisnil : il avait

épousé Marguerite d'Anvin de Hardenthun, qui lui donna trois enfants : 1° Pierre, qui va suivre ; 2° Jacques, écuyer, seigneur de Grébaumaisnil, allié à Marguerite Boullain, dont Isabeau, femme de Nicolas de Saint-Blimond, écuyer, seigneur de Ponthoiles, et par elle de Grébaumaisnil, et Marguerite, sans alliance connue ; 3° Quentine, alliée à Philippe de Mailly, écuyer, seigneur de Saint-Eloy.

13. — Pierre DE LA CHAUSSÉE D'EU, dit *Morlet*, seigneur de La Chaussée, d'Arrest et de Catigny, vicomte d'Eu, chevalier de l'ordre du roi, épousa en 1489 Isabeau de Luxembourg-Brienne, dont il eut : 1° François, qui suit ; 2° Isabeau, femme de Jean de Hangest, seigneur de Malepart, puis de Nicolas de Saint-Blimond, seigneur de Ponthoiles et de Sailly, châtelain de la forêt de Crécy.

14. — François DE LA CHAUSSÉE, chevalier, seigneur de La Chaussée, Arrest, Catigny, et Fresnières, gouverneur de Joinville et surintendant de la maison de Claude de Lorraine, duc de Guise, et comte d'Eu. Il mourut avant 1561. De Marie de Rouy, sa femme, naquirent : 1° François, mort sans alliance ; 2° Charles, qui suit ; 3° Antoine, chevalier de Malte.

15. — Charles DE LA CHAUSSÉE D'EU, chevalier, seigneur de La Chaussée et d'Arrest, vicomte d'Eu, chevalier de l'ordre du roi, gentilhomme de sa chambre, gouverneur des ville et comté d'Eu, mort avant 1583. D'Huberte de Francières, sa femme, sont issus : 1° Antoine, mort le 4 septembre 1584 sans alliance ; 2° Laurent, qui suit ; 3° Charles, seigneur de Catigny, gouverneur de Château-Thierry, allié à N... Favier ; 4° René, seigneur de La Rontière, allié à N... Damas, sans suite ; 5° François, allié à Antoinette de Monchy, sans enfants ; 6° Louise, alliée par contrat du 1er avril 1583 à Claude du Chastelet, seigneur de Moyencourt ; 7° Mahaut, alliée d'abord à Pierre d'O, seigneur de Hardenthun et de Clanleu ; puis, le 17 avril 1626 à François de Monchy, seigneur de Longueval, Buires, Flers, Biencourt et Commenchon, gouverneur de Verneuil-au-Perche, et lieutenant au gouvernement d'Amiens.

16. — Laurent DE LA CHAUSSÉE D'EU, chevalier, seigneur de La Chaussée, Arrest, Rogy et Francières, chevalier de l'ordre du roi et gentilhomme de sa chambre, conseiller d'Etat, lieutenant des gendarmes de monseigneur le duc de Longueville et son chambellan : il vivait encore en 1631. Il avait épousé par contrat passé le 2 septembre 1591 Antoinette de Créquy, dame de Rogy. De cette union naquirent : 1° François, qui suit ; 2° Anne, alliée en 1621 à François de Ricarville, seigneur dudit lieu et de La Vallayne ; 3° Charlotte, abbesse du Saunoy ; 4° Justine, sans alliance.

17. — François DE LA CHAUSSÉE D'EU, chevalier, seigneur de La Chaussée, Arrest, Catigny et Francières, baron de Rogy, gentilhomme ordinaire de la chambre du roi, lieutenant de la compagnie de gens d'armes du duc de Longueville. Il se trouva à la bataille d'Honnecourt où il reçut plusieurs blessures, fut fait prisonnier de guerre et conduit à Douay où il mourut de ses blessures, le 17 mai 1642, et son corps fut transporté dans l'église d'Arrest. Il avait épousé par contrat du 11 février 1624 Catherine de Marle, de laquelle il eut : 1° Jérome, qui suit ; 2° Laurent, baron de Rogy et d'Angivilliers, baptisé à Arrest le 12 décembre 1629, maintenu dans sa noblesse par jugement de l'intendant de la généralité de Soissons, le 9 mars 1667 : il avait épousé par contrat du 13 mars 1662 Catherine de Marle, demoiselle de L'Espinoy et du Moulin-au-Bois en partie, veuve d'Antoine de Monchy, chevalier, seigneur de Noroy ; 3° Georges, marié à Paris en 1668, sans suite ; 4° Isidore, religieux de Sainte-Géneviève, à Paris.

18. — Jérome DE LA CHAUSSÉE D'EU, chevalier, comte d'Arrest, baron de Rogy, seigneur de La Chaussée, Arrest, Catigny, Francières, Flers-en-Partie et l'Orthiois, vicomte héréditaire d'Eu, capitaine-lieutenant de la compagnie des gendarmes du duc de Longueville, gouverneur pour lui des ville et château de Pont-de-l'Arche. Il mourut en mars 1698, âgé de 73 ans. Son corps fut mis en dépôt aux Minimes de la place royale, à Paris, dans la sépulture des ducs de La Viefville, pour être

transporté à Arrest dans le tombeau de ses ancêtres. Il avait épousé Françoise de Sermoise, dame d'honneur de la duchesse de Nemours. Elle mourut le 25 avril 1679 et fut inhumée le 26 à Saint-Eustache. De leur union étaient issus : 1° Louis, qui suit ; 2° Jérôme-François, né le 24 juin 1659, chevalier de Malte par bulle du 30 mai 1672, commandeur de Saint-Maulvis, capitaine de dragons au régiment d'Artois, depuis retiré à Malte où il prononça ses vœux ; 3° Catherine, religieuse de la Miséricorde à Paris ; 4° Elizabeth-Louise, abbesse de Royal-Lieu près Compiègne, nommée le 31 octobre 1691 et installée le 7 septembre 1692 ; 5° Marie-Madeleine, religieuse au Val-de-Grâce, puis abbesse de Notre-Dame de Troyes, nommée le 29 décembre 1697 ; 6° Anne-Julie, alliée par contrat passé le 23 juillet 1686 à Jean Le Ver, chevalier, seigneur de Caux, Bernapré, Halloy, Hanchies, Saint-Cler et Hamicourt ; 7° Angélique, religieuse à Estrées près Arras ; 8° Gabrielle, religieuse à la Visitation d'Abbeville ; 9° Marie-Louise, alliée par contrat du 30 juin 1689 à René-François, marquis de la Viefville, chevalier d'honneur de la feue-reine puis de madame la dauphine, gouverneur du Haut et Bas-Poitou et du Chatelleraudois, gouverneur particulier des ville et château de Fontenay-le-Comte. Elle mourut le 10 septembre 1715 étant dame d'atours de S. A. R. madame la duchesse de Berry.

19. — Louis-Henri DE LA CHAUSSÉE D'EU, chevalier, comte d'Arrest, baron de Rogy, vicomte héréditaire d'Eu, seigneur de La Chaussée, Arrest, Catigny, Francières, et Flers-en-partie, enseigne aux gardes du corps, alliée à Marguerite de Faillart de Mailly, dont il eut : 1° Antoine, qui suit ; 2° N... mariée au comte de Caulaincourt.

20. — Antoine DE LA CHAUSSÉE D'EU, chevalier, comte d'Arrest, baron de Rogy, vicomte héréditaire d'Eu, seigneur de La Chaussée, Arrest et Catigny, colonel d'un régiment de milices. On ignore s'il eut des enfants. Il fut du moins l'avant-dernier sinon le dernier de cette vieille race chevaleresque et la terre d'Arrest ainsi que le château de ce nom ont été ven-

dus il y a environ cinquante ans et achetés par M. Du Liège d'Aunis.

LAMAURRY.

Armes : *de sinople à deux jumelles d'or.*

On ne sait presque rien de cette famille qui pourtant était ancienne en Ponthieu : en effet, Robin LAMAURRY vivait à Abbeville en 1405, et Henri DE LAMAURRY, possesseur d'un fief à Coulonvillers, vers 1450, y fondait un obit à la même époque.

1. — Enguerran DE LAMAURRY, écuyer, homme d'armes, allié à Marie Le Potier, d'une ancienne famille de bourgeoisie d'Abbeville, eut d'elle :

2. — Enguerran DE LAMAURRY, écuyer, homme d'armes des ordonnances du roi dans la compagnie de M. de Sarcus; d'Ide de Wierre de Maisons, sa femme, il eut, entre autres enfants, Antoinette DE LAMAURRY, femme d'Adrien de Beuzin, seigneur de La Chalandre et du Ponchel.

LANSSERAY.

Quelles sont les armes de cette famille ? Est-elle réellement de Ponthieu ? On l'ignore ; et si on l'inscrit ici, c'est parce que les quatre générations connues habitèrent Abbeville, et possédèrent en Ponthieu et en Vimeu des biens qu'elles laissèrent aux Fretin, leurs parents.

1. — Jaspard DE LANSSERAY, greffier de l'hôtel-de-ville d'Abbeville, se défit de cette charge en 1537. Il avait épousé N... Boussart et acheta Hémencourt, près de Vron-en-Ponthieu, où il se retira. De lui est issu :

2. — Jaspard DE LANSSERAY, écuyer, secrétaire de monseigneur le duc de Vendôme, seigneur de Hémencourt, épousa Isabeau de Fretin, de laquelle il eut : 1° François, écuyer, sans suite ; 2° Gabriel, qui suit.

3. — Gabriel DE LANSSERAY, écuyer, seigneur de Hémencourt, épousa Anne de Cault, et fut père de : 1° César, qui suit, 2° Anne, femme de François Cornu, écuyer, seigneur de Beaucamp.

4. — César DE LANSSERAY, écuyer, seigneur de Hémencourt.

LAVIERS.

Je ne possède que fort peu de documents sur cette famille qui emprunta son nom au village de Laviers, près d'Abbeville, et qui s'éteignit dans les dernières années du XIII° siècle.

— Guy DE LAVIERS est cité dans une charte de 1160 avec Hodienne, sa mère, Fréesende, sa sœur et Etienne, son oncle.

— Robert DE LAVIERS, neveu d'Enguerran de Fontaines, sénéchal de Ponthieu, est témoin d'une donation de lui en 1178.

— Barthélemy DE LAVIERS vivant en 1160.

— Hugues DE LAVIERS, échevin d'Abbeville, témoin dans une charte de 1190.

— Grégoire DE LAVIERS, comparaît comme témoin dans une donation faite aux Lépreux du val de Buigny, en 1202.

— Robert DE LAVIERS, en 1202.

— Hugues DE LAVIERS, témoin en 1217.

— Robert DE LAVIERS, chevalier, seigneur dudit lieu, se déclare vassal de Jeanne, comtesse de Ponthieu et reine de Castille, en 1257.

— Jean DE LAVIERS, chevalier, homme-lige du comte de Ponthieu dans un accord de novembre 1271. Le même, du consentement de sa sœur et héritière Marguerite, avait vendu à l'abbaye de Saint-Valery l'avouerie d'Airaines en 1265.

LE CAUCHETEUR.

A ce que nous avons dit de cette famille dans notre premier volume (page 182) il faut encore ajouter les deux curieux documents qui suivent :

— Colart LE CAUCHETEUR, bourgeois d'Abbeville, ayant été exécuté avec plusieurs de ses complices convaincus d'avoir vendu la ville d'Abbeville au capitaine de Saint-Valery, ses biens avaient été confisqués par un sergent d'armes du roi, car le crime dont il s'était rendu coupable était celui de lèze-majesté : mais les officiers de Jacques de Bourbon, comte de Ponthieu, réclamèrent ces biens pour leur maître dont Colart était le vassal, et le prince en fut mis en possession par Guy de Châtillon, comte de Saint-Pol, lieutenant du régent en Picardie, le 25 septembre 1358. — C'est le même Colart LE CAUCHETEUR qui avait été anobli par lettres-patentes du mois de mars 1356.

— Jean LE CAUCHETEUR avoue tenir en fief du roi comme comte de Ponthieu, à cause du bailliage d'Abbeville, un fief situé à Epagne, le 4 décembre 1377.

LE COMTE.

Nous ne savons presque rien sur cette famille qui était pourtant déjà en possession de la noblesse le 8 mars 1543, ainsi qu'il résulte de preuves faites jusqu'à Pierre LE COMTE, vivant à ladite époque, par Charles LE COMTE, écuyer, seigneur de Saint-Jean, demeurant à

Rue, et par son frère, Artus Le Comte, écuyer, seigneur de Tarteron, demeurant à Vercourt-en-Ponthieu. — Jean Le Comte, écuyer, seigneur de Courcelles, eut une fille, Antoinette Le Comte, qui avait épousé Mathieu de Belleval, écuyer, avant 1540. — Martin Le Comte est qualifié écuyer par l'arrière-ban d'Amiens de 1557, et François Le Comte, écuyer, seigneur de Bertrancourt, par la coutume de Montdidier de 1567.

Les armes de cette famille étaient : *d'azur à trois bandes vairées d'argent et de gueules.*

LE CORDELIER.

Cette famille paraît avoir été originaire d'Abbeville où on la trouve dès les premières années du xive siècle établie dans une excellente position, tenant le milieu entre la haute bourgeoisie et la noblesse. Au xve siècle elle était devenue noble, ses membres se qualifiaient écuyers, possédaient des seigneuries, et l'un d'eux même occupait une charge distinguée à la cour du roi Charles VI. Deux sceaux de Robert et de Pierre Le Cordelier, le père et le fils, suspendus à une charte du 16 avril 1349, portent pour armoiries, le premier *deux gerbes de blé et un lion au canton dextre du chef,* le second *une gerbe de blé de laquelle sort un lion naissant.* Ce curieux modèle de brisure nous paraît mériter d'être particulièrement signalé.

1. — Robert Le Cordelier, homme-lige de Ponthieu, établit, avec le sénéchal, un gardien des lois d'Abbeville, le 14 mai 1309. Il souscrit, en 1310, une vente faite par Jean de Drucat, écuyer, habitant de Rouvroy. Le 16 avril 1349 il valide de son sceau, en qualité d'homme-lige de Ponthieu, une charte de Michel de Fontaines, sénéchal de Ponthieu. Il fut père du suivant.

2. — Pierre Le Cordelier, homme-lige de Ponthieu, figure en cette qualité avec son père, dans la pièce du 16 avril 1349 qu'on vient de rapporter. Il épousa Tiéphaine Allegrain.

— Jacques Le Cordelier, homme-lige de Ponthieu, souscrit l'accord fait par les habitants d'Abbeville avec leurs maire et échevins dont ils étaient mécontents, le 28 février 1311.

1. — Robert Le Cordelier, écuyer, seigneur de Chénevières-sur-Marne, maître des requêtes de l'hôtel du roi, allié à Marguerite Paillart, dont :

2. — Robert Le Cordelier, écuyer, seigneur de Chénevières-sur-Marne, écuyer du roi Charles VI, épousa par contrat du 20 mai 1416 Marguerite de Biencourt, dame de Saint-Aubin. De cette union naquit :

3. — Robert Le Cordelier, écuyer, seigneur de Chénevières-sur-Marne, allié à [Pérette Allegrain qui lui donna : 1° Benoît, dont suite ; 2° François, religieux ; 3° Henri ; 4° Jean, sans suite ; 5° Gentien, dont, entre autres, Françoise, femme de Louis Donon, écuyer.

— En 1575 on trouve un sieur Le Cordelier de Chénevières, écuyer, seigneur d'Airon, Saint-Waast, Saint-Aubin, issu de ceux qui précèdent ; il était huguenot et peu riche.

— En 1690, un sieur Le Cordelier de Chénevières, dont le frère, sieur des Fourneaux, gentilhomme servant du roi, soupçonné d'être calviniste.

LE FÈVRE.

Armes : — *de sable au chevron d'argent chargé de trois roses de gueules.* — Supports : *deux lions.*

Cette famille était originaire des environs de Doullens, ou peut-être de Doullens même. Je la crois éteinte, sans pourtant avoir de certitude absolue à cet égard. Elle fut maintenue dans sa noblesse par jugement de Bignon, intendant de Picardie, du 4 octobre 1698, sur preuves depuis 1544.

1. — Maxime LE FÈVRE, écuyer, élu pour le roi en la ville et élection de Doullens, vivant en 1541 avec Marie d'Ostrel, sa femme, dont :

2. — Jean LE FÈVRE, écuyer, seigneur de Milly et des Auteux, élu pour le roi en la ville et élection de Doullens, épousa Marie de Damiette, de laquelle sont issus : 1° Antoine, qui suit ; 2° Louise, alliée par contrat du 27 juin 1642 à Claude Le Mercher, écuyer, seigneur d'Avesnes.

3. — Antoine LE FÈVRE, écuyer, seigneur de Milly, des Auteux et d'Ansenne, conseiller du roi en l'élection de Doullens, épousa, par contrat du 6 décembre 1601, Jeanne de La Garde : en secondes noces, il épousa Marie Le Scellier, dont naquirent : 1° Jean, qui suit ; 2° Marie, femme d'Antoine Cardon, seigneur de La Hestroye.

4. — Jean LE FÈVRE, écuyer, seigneur de Milly, des Auteux et d'Ansenne, lieutenant d'infanterie au régiment de Monteclair, fut allié par contrat du 22 décembre 1642, à Catherine Larcher dont il eut : 1° François, qui suit ; 2° Charles, écuyer, seigneur de Milly, capitaine au régiment de la reine ; 3° Marguerite-Catherine.

5. — François LE FÈVRE, écuyer, seigneur de Milly, Ansenne et Himmeville, lieutenant de chevau-légers au régiment de Prouville, allié le 3 décembre 1668 à Hélène de Cornilles. Il était âgé de 53 ans et demeurait à Himmeville quand il fut maintenu dans sa noblesse par Bignon, le 4 octobre 1698. Il avait alors pour enfants : 1° Jean, âgé de 18 ans ; 2° François, âgé de 15 ans ; 3° Charles-Maxime, âgé de 7 ans ; 4° Jeanne-Hélène, âgée de 11 ans ; 5° Louise, âgée de 8 ans.

LE FÈVRE DE CAUMARTIN.

Je n'avais donné (page 182 de mon 1er volume) qu'une notice insignifiante sur cette famille que le Ponthieu s'honore d'avoir vu naître, et qui a eu tant d'illustration. Je répare ici cette omission en reproduisant d'après les plus savants généalogistes la filiation complète de cette grande famille, aujourd'hui entièrement éteinte.

Moréri prétend que l'auteur de toute la famille fut Huart LE FÈVRE, seigneur de Pérette, qui fut anobli par le roi Charles VI, en janvier 1400. Il avait pour frère Pierre LE FÈVRE, président à mortier au Parlement de Paris, en 1413, et pour fils Jean LE FÈVRE, chevalier, premier roi-d'armes de la Toison d'or. De ce dernier serait issu Aubert LE FÈVRE par qui le Père Anselme fait commencer la généalogie suivie, et j'imiterai son exemple.

Armes : — *d'azur à cinq trangles d'argent.*

1. — Aubert LE FÈVRE, écuyer, seigneur de Villers en Ponthieu, allié vers 1480 à Antoinette de Damiette, de laquelle il eut Jean, qui suit.

2. — Jean LE FÈVRE, écuyer, seigneur de Caumartin, Villers, Rossignol, Machy, Courtemanche et Sauvilliers, général des finances en 1555, mort avant 1560. Il avait épousé : 1° Colaye Bigant, dame de Tilloloy ; 2° Marie Aux-Couteaux. De son premier mariage il n'eut que trois filles : 1° Catherine, dame de Tilloloy, mariée le 8 octobre 1533, à Jean du Gard, seigneur de Fresneville ; 2° Colaye, alliée le 12 avril 1539 à Honoré Le Blond ; 3° Jeanne, alliée le 8 mai 1541 à Jean du Bois, conseiller-examinateur à Amiens. — Du second mariage sont nés : 4° Jean, qui suit ; 5° Antoine, auteur de la branche des seigneurs de Guibermesnil, qui sera rapportée plus loin ; 6° Firmin, chanoine de Saint-Quentin ; 7° Marguerite, femme de Christophe des Essarts, seigneur d'Orbigny ; 8° Jacqueline-Marie, alliée le 10 juin 1556 à Guillaume Manessier, écuyer, seigneur de Maison-Rolland.

3. — Jean Le Fèvre, écuyer, seigneur de Caumartin, Rossignol Vic-sur-Authie, Saint-Marc et Sauvilliers, baron de Saint-Port, général des finances en Picardie, mort le 6 décembre 1579. Il avait épousé, le 25 septembre 1548, Marie Varlet, qui le rendit père de : 1° Louis, qui suit ; 2° François, écuyer, seigneur de Mormant et de Boissette, général des finances en Picardie, mort le 11 décembre 1649. Il avait épousé 1° Gabrielle de Chantecler ; 2° Géraude de Hélin, desquelles il eut : A. Louis, écuyer, seigneur de Mormant, conseiller au Parlement de Paris, qui de Denise Gamin eut François, seigneur de Mormant, écuyer de la reine, mort sans alliance le 24 avril 1711 ; Merry, chevalier de Malte, tué à la défense de Candie ; Dominique, religieux à l'abbaye de Saint-Victor ; Elizabeth, femme d'Antoine de Belloy, seigneur de Francières ; Marie-Anne, alliée le 3 août 1679 à Louis-Nicolas Le Tonnelier de Breteuil ; B. Françoise, alliée le 6 avril 1611 à Charles de Machault, seigneur d'Arnouville ; C. Marie, alliée le 18 janvier à Claude Le Tonnelier de Breteuil ; D. Elizabeth, femme de Jean Florette, seigneur de Bussy ; E. Gabrielle, religieuse à Variville ; 3° Adrien, abbé de Saint-Quentin de L'Isle ; 4° Jacques, mort sans alliance ; 5° Catherine, mariée le 16 janvier 1575 avec Jean de Maillard, seigneur de La Boissière ; 6° Marie, femme de Jean-Jacques de La Vergne, seigneur de Saint-Leu, puis d'Elie du Tillet ; 7° Renée, femme de Jérôme Le Maistre, seigneur de Bellejamme, maître des Requêtes.

4. — Louis Le Fèvre, chevalier, seigneur de Caumartin et de Boissy-le-Châtel, baron de Saint-Port, vicomte de Rue, garde des sceaux de France : il naquit en 1552 et mourut le 21 janvier 1623. Il avait épousé en 1582 Marie Miron dont il eut : 1° Louis, qui suit ; 2° Jacques, auteur de la branche des marquis de Cailly qui sera rapportée plus loin ; 3° N... abbé de Saint-Quentin en L'Isle ; 4° François, évêque d'Amiens et conseiller d'Etat ; 5° Marie, religieuse Ursuline ; 6° Anne, mariée le 24 mai 1615 à Charles-Emmanuel de Bossut, baron d'Escry et de Saint-Seyne.

5. — Louis LE FÈVRE, chevalier, seigneur de Caumartin et de Boissy, président aux requêtes du Palais, intendant en Picardie, conseiller d'Etat et ambassadeur à Venise, mort le 16 août 1624. Il avait épousé : 1° Marie Lhuillier ; 2° le 25 avril 1622 Madeleine de Choisy ; de cette dernière il eut le suivant.

6. — Louis-François LE FÈVRE DE CAUMARTIN, chevalier, seigneur de Caumartin, Boissy et Argouges, conseiller d'Etat, intendant en Champagne et en Brie. Il mourut le 3 mars 1687. Il avait épousé : 1° le 10 novembre 1652, Marie-Urbaine de Sainte-Marthe ; 2° le 22 février 1664, Catherine-Madeleine de Verthamon. De ces deux mariages sont issus : 1° Louis-Urbain, marquis de Saint-Ange, comte de Moret, intendant des finances, conseiller d'Etat, mort le 6 décembre 1720 ; de Marie-Jeanne Quentin de Richebourg, sa femme, il avait eu trois fils et une fille qui moururent tous jeunes et sans alliance ; 2° Louis-François qui suit ; 3° Jean-François-Paul, chevalier de Malte, évêque de Vannes et de Blois, membre de l'Académie française ; 4° Félix, seigneur de Mézy, capitaine de frégate ; 5° Paul-Victor-Auguste, chevalier de Malte ; 6° Jeanne-Baptiste, mariée le 9 février 1690 à Barthélemy Mascranny, seigneur de Verrières ; 7° Marguerite, mariée le 14 janvier 1693 à Marc-René de Voyer de Paulmy, marquis d'Argenson, lieutenant-général de police à Paris ; 8° Madeleine-Charlotte-Emilie, mariée le 8 mars 1693 à Jacques de La Cour, seigneur de Manneville et de Balleroy ; 9° Elizabeth-Antoinette-Julie, mariée le 17 juillet 1696 à François-Dauphin Daulède de Lestonac, marquis de Margaux ; 10° Marie-Louise-Mélanie, mariée le 28 février 1702 à Jérôme-Joseph de Goujon, marquis de Thuisy.

7. — Louis-François LE FÈVRE DE CAUMARTIN, chevalier, seigneur de Boissy, conseiller au Grand Conseil, maître des Requêtes, intendant du Commerce, mort le 13 juillet 1722. Il avait épousé, le 19 octobre 1695, Antoinette Bernard, dont il eut : 1° Antoine-Louis-François, qui suit ; 2° Louis-Timoléon, mort à marier ; 3° Charlotte-Emilie, alliée en juin 1721 à Nicolas-

Alexandre de Ségur, président à mortier au Parlement de Bordeaux.

8. — Antoine-Louis-François LE FÈVRE DE CAUMARTIN, chevalier, marquis de Saint-Ange, comte de Moret, conseiller d'Etat et premier président du Grand Conseil, mort le 14 avril 1748. Il avait épousé, le 18 août 1722, Elizabeth de Fieubet, de laquelle il eut les suivants : 1° Antoine-Louis-François, qui suit ; 2° Alexandre-Louis-François, chevalier de Malte et premier chambellan du roi de Pologne ; 3° Anne-Elizabeth, qui épousa, le 20 juillet 1759, Pierre-Jean-François de La Porte, seigneur de Meslay.

9. — Antoine-Louis-François LE FÈVRE DE CAUMARTIN, chevalier, marquis de Saint-Ange, comte de Moret, seigneur de Caumartin et de Boissy-le-Châtel, président du Grand Conseil, conseiller d'Etat, intendant de Flandres, d'Artois et des Trois-Evéchés, chancelier de l'ordre de Saint-Louis, et prévôt des Marchands. Il avait épousé, le 30 juin 1749, Géneviève-Anne-Marie Mouffle : de ce mariage sont issus : 1° Marc-Antoine, conseiller au Parlement, intendant de Franche-Comté, émigré en 1792 et mort à Londres, sans alliance, en 1803 ; 2° Casimir-Antoine-Louis-François-Metz, officier au régiment du roi, mort en 1780, sans alliance.

BRANCHE

des Marquis de Cailly.

5. — Jacques LE FÈVRE DE CAUMARTIN, chevalier, marquis de Cailly, seigneur de Saint-Port et de Sainte-Assise, ambassadeur en Suisse et conseiller d'Etat, allié à Géneviève de La Barre, le 28 janvier 1624. Leurs enfants furent : 1° Louis-François, qui suit ; 2° Henri, abbé de Saint-Quentin en L'Isle ; 3° Jacques, prieur de Longjumeau ; 4° Robert, chevalier de Malte ; com-

mandeur de Chantreine ; 5° Félix, chevalier de Malte ; 6° Madeleine, mariée le 4 juillet 1650 à Jean de Créquy, seigneur de Hémont et d'Auffeu ; 7° Géneviève, femme de Charles de Morelet du Museau, marquis de Garennes et d'Archères ; 8° Alphonsine et Henriette, religieuses aux filles de La Croix, à Paris.

6. — Louis-François LE FÈVRE DE CAUMARTIN, chevalier, marquis de Cailly, allié 1° le 19 septembre 1666, à Anne de Sévigné ; 2° en septembre 1681 à Françoise-Elizabeth de Brion ; 3° en 1694 à Marie-Marguerite Baron. De la seconde femme naquirent : 1° Henri-Louis, marquis de Cailly, capitaine au régiment Royal-Roussillon, cavalerie, tué au combat de Turin, le 7 septembre 1706 ; 2° Marc-Louis, mort jeune ; 3° Marie-Elizabeth, dame de Cailly, mariée le 20 octobre 1710 à Pierre Delpech.

BRANCHE

des Seigneurs de Guibermesnil.

3. — Antoine LE FÈVRE, écuyer, seigneur de Moyenneville, Guibermesnil et Lintel, trésorier de France à Amiens, épousa Anne des Essarts dont il eut : 1° Antoine, qui suit ; 2° Marguerite, femme de François Briet, écuyer, seigneur de Famechon ; 3° Madeleine, alliée le 14 juillet 1608 à Jacques du Fay, seigneur de Carnois ; 4° Barbe, femme de Louis d'Acheu, seigneur de Bienfay ; 5° Anne et Jacqueline, religieuses.

4. — Antoine LE FÈVRE, écuyer, seigneur de Guibermesnil, maître d'hôtel du roi, épousa 1° Marguerite Le Veau, 2°, en 1612, Catherine de Bragelone, dont : 1° François, dont l'article suit ; 2° Catherine, femme d'Antoine de Caumont, écuyer, seigneur de Gauville ; 3° Anne, mariée, en 1626, avec Charles de Templeux, seigneur de Gremainvilliers.

5. — François LE FÈVRE, écuyer, seigneur de Guibermesnil et de Lintel, épousa en 1663 Marie-Philoclée Bourdin de Villaines, dont il eut : 1° Marc-Antoine, qui suit ; 2° Charles-Antoine, mort sans alliance ; 3° Marie-Anne-Cléophile, mariée en 1698 à Jean-Alexandre de Blair, seigneur de Fayolle.

6. — Marc-Antoine LE FÈVRE, chevalier, seigneur de Lintel, allié en 1698 à Suzanne du Bellay dont il n'eut pas d'enfants.

LE FOURNIER.

On a prétendu que cette famille qui, bien que très noble, fut condamnée par Bignon à payer l'amende, n'était autre qu'une branche des Le Fournier de Wargemont, et qu'aucune des deux ne voulait reconnaître cette parenté ni admettre une communauté d'origine. Toujours est-il qu'entre ces deux familles ou prétendues branches détachées d'un même tronc, comme on voudra les appeler, il n'y avait aucune similitude d'armoiries, les Le Fournier de Wargemont portant en effet, *d'argent à trois roses de gueules*, tandis que ceux-ci avaient pour blason : *de.... à un pélican de.... dévorant un perroquet de....*

1. — Guillaume LE FOURNIER, conseiller au Parlement de Paris, père de :

2. — Jean LE FOURNIER, allié à D... de Corbie, dont :

3. — Guillaume LE FOURNIER, allié à N... Le Boucher d'Orcay qui lui donna :

4. Jean LE FOURNIER, chevalier, époux de Jeanne de Cambron, dame de Saint-Maxent en Vimeu et de Laleu : de leur union naquit :

5. — François LE FOURNIER, chevalier, conseiller au Parlement, allié à N... de Vaudetar, dont : 1° Maurant, écuyer, seigneur de Neuville, gouverneur de Dieppe, célèbre capitaine huguenot

de 1570 à 1590, mort sans enfants de Marie Vitaut, de Rue, sa femme ; 2° Hugues, qui suit.

6. — Hugues LE FOURNIER, seigneur et baron de Neuville, chevalier de l'ordre du roi, capitaine d'Abbeville, père de : 1° Isaac, qui suit ; 2° Judith, femme de Pierre de Montmorency, baron d'Acquest.

7. — Isaac LE FOURNIER, chevalier, baron de Neuville et d'Acquest, allié à Madeleine de Montmorency de Bours, qui le rendit père de : 1° Charles, baron de Neufville, vicomte de Saint-Acheul, seigneur de Heuzecourt, Neuville, Onneux, Coulonvillers, Genvillers, la Motte-les-Buleux et Montigny-les-Jongleurs, sans enfants de N... de Boubers-Bernâtre ; 2° Jean, chevalier, marquis de Neuville, condamné par Bignon, le 10 novembre 1698.

LE FUZELIER.

Armes : — *d'or à trois fusées de gueules, mises en fasce.* — Supports : *deux lions.* — Cimier : *un lion naissant.*

Cette famille, éteinte, n'était pas d'une très ancienne noblesse, ou du moins il est impossible de faire remonter sa généalogie au delà de 1467. Elle était originaire de Ponthieu et ne quitta jamais ce pays.

1. — Jean LE FUZELIER, allié à N... Le Roy d'Argny, avant 1467, eut d'elle : 1° Nicolas, qui suit ; 2° Jean, auteur de la seconde branche qui suivra ; 3° Jeanne, femme d'Ancel de Becquefevre.

2. — Nicolas LE FUZELIER, dit Colart, écuyer, seigneur de Montois, procureur du roi en Ponthieu, vivant en 1530 à Abbeville avec Marie Monet, sa femme, dont : 1° Jacques, qui suit ; 2° Godefroy.

3. — Jacques LE FUZELIER, écuyer, seigneur d'Arry, et de

Montois, prévôt du Vimeu, allié par contrat du 10 mars 1545 à Blanche de Haudecoutre, dont il eut : 1° Nicolas, qui suit ; 2° Christophe, écuyer, seigneur d'Arry, époux de Jeanne du Quesnoy, dont Antoinette, femme de Pierre de Belleval, écuyer.

4. — Nicolas Le Fuzelier, écuyer, seigneur de Soutiauville, vendit la terre d'Arry avant 1619 à César de Hallwin. De Catherine du Blaisel qu'il avait épousé le 20 mars 1584, il eut : 1° Jacques, qui suit ; 2° N... écuyer, seigneur de Broutelles, père d'Antoine et de François.

5. — Jacques Le Fuzelier, écuyer, seigneur de Soutiauville, épousa Jeanne de Buines, par contrat passé le 12 août 1629. De cette union naquirent : 1° Jacques, qui suit ; 2° François, écuyer, seigneur dudit lieu.

6. — Jacques Le Fuzelier, écuyer, seigneur de Dannes, né en 1629, mort sans enfants à Tigny, près Nempont-Saint-Firmin, où il habitait.

DEUXIÈME BRANCHE.

2. — Jean Le Fuzelier, écuyer, père de :

3. — Nicolas Le Fuzelier, écuyer, plusieurs fois échevin d'Abbeville : de lui est issu :

4. — Philippe Le Fuzelier, écuyer, prévôt des cinquanteniers et arbalétriers.

LE PRÉVOST.

Cette famille n'a jamais eu rien de commun avec celle du même nom dont la généalogie se trouve rapportée dans le 4er volume de ce Nobiliaire, à la page 186, bien qu'elles soient toutes deux originaires du Ponthieu. Celle dont nous nous occupons ici portait pour armes : — *Écartelé, au 1 et 4 de gueules au souci d'or, tigé et feuillé de sinople ; au 2 et 3 d'argent à la bande de sable frettée d'or.*

1. — Oudet LE PRÉVOST, seigneur de Sanguines en Beauvoisis, demeurant à Etréjust, eut pour fils :

2. — Godefroi LE PRÉVOST, écuyer, seigneur de Sanguines, capitaine de chevau-légers, allié à N... Lucas, dont :

3. — Henri LE PRÉVOST, écuyer, seigneur de Sanguines, allié à N... du Hamel, dont :

4. — Jean LE PRÉVOST, écuyer, seigneur de Sanguines, mayeur d'Abbeville en 1572, épousa : 1° N... de Caux ; 2° N... Boussart. Du second mariage sont issus : 1° Jacques, seigneur de la Haye Le Comte, Vergier et Villers, allié à Anne Vacquette, dont plusieurs enfants, sans suite ; 2° Claude, lieutenant de roi à Loches ; 3° Jean, qui suit ; 4° Oudart, auteur de la deuxième branche, qui suivra.

5. — Jean LE PRÉVOST, écuyer, épousa en premières noces, en 1596, Marguerite de Boffles, et en secondes noces Marie Le Nourriquier : il fut père de : 1° Nicolas, qui suit ; 2° Pierre, auteur du rameau de la première branche.

6. — Nicolas LE PRÉVOST, écuyer, seigneur de Vaux, épousa Marguerite d'Hervilly dont il eut :

7. — Henri LE PRÉVOST, écuyer, allié à N... Aux-Couteaux, dont

8. — N... LE PRÉVOST, fille, morte sans alliance en 1692.

RAMEAU DE LA PREMIÈRE BRANCHE.

6. — Pierre LE PRÉVOST, écuyer, seigneur de Frétin, demeurant à Outrebois, épousa par contrat du 18 mars 1648 Anne Carbonnel, qui lui donna :

7. — Simon Le Prévost, écuyer, seigneur de Fretin, allié à Anne du Fay.

DEUXIÈME BRANCHE.

5. — Oudart Le Prévost, écuyer, épousa Jeanne de Damiette, dont

6. — Charles Le Prévost de Sanguines, écuyer, seigneur de Franleu et de Noyelles-sur-Authie, épousa Anne de L'Arche dont il eut :

7. — Gilles Le Prévost de Sanguines, écuyer, seigneur de Franleu, qui s'allia à Catherine Enlart de Montigny. D'eux est issu :

8. — Louis Le Prévost de Sanguines, écuyer, seigneur de Franleu, capitaine d'infanterie : il épousa une Artésienne, Marie-Françoise d'Aix, et alla se fixer à Arras.

LONGROY.

Le village de Longroy a donné son nom à une noble famille qui a occupé une haute position en Ponthieu, dont les membres se sont distingués pendant les guerres de la fin du xive et du commencement du xve siècles, et méritèrent par leurs services la faveur du roi et des princes. Les pièces que nous avons réunies nous permettent de rétablir deux fragments de la généalogie des sires de Longroy ; elles ont été recueillies dans les collections de Dom Grenier et de Dom Villevieille, dans les chroniqueurs français du xive et du xve siècles, et dans divers chartriers de familles picardes.

Les armes de la maison de Longroy étaient : *de gueules au chef d'or*. Pour brisure les cadets chargeaient quelquefois le *gueules d'un écusson de Trie, d'or à la bande d'azur,* ou plus souvent plaçaient sur le *chef d'or un lambel d'azur.* — Cette famille s'éteignit entre 1550 et 1580.

1. — Barthélemy DE LONGROY, chevalier, donne à l'abbaye du Lieu-Dieu, du consentement d'Alix, sa femme, de Guillaume, Raoul et Renaut, ses fils, et d'Amable, sa fille, cinq acres de terre auprès de ladite abbaye, en 1192.

2. — Guillaume DE LONGROY, chevalier, fils du précédent, transige avec les moines de Marmoutiers pour des terres voisines de Bellème, en 1212. Il reçut, en 1214, en don de Philippe-Auguste, les biens confisqués sur Robert du Coudray. Il eut pour fils le suivant.

3. — Jean DE LONGROY, chevalier, fils de Guillaume, qui fait une donation au prieuré de Bellème, en 1234.

Voici le second fragment de filiation suivie que rien ne rattache à celui qui précède :

1. — Robert DE LONGROY, chevalier, sire dudit lieu, fait un accord avec Hugues de Brestel, son vassal, touchant les devoirs du fief de Basinval tenu de lui, en mars 1240. Il renonce, en 1268, à toutes ses prétentions sur les biens de l'abbaye de Sery à Soreng, et ratifie toutes les concessions faites par feu Guillaume de Soreng, son ancêtre, en mai 1268. Il vivait encore en 1272. De lui est issu Jacques.

2. — Jacques DE LONGROY, chevalier, sire dudit lieu, confirme en 1274, plusieurs donations faites à l'abbaye du Lieu-Dieu. Il n'était alors encore qu'écuyer et fort jeune. Il épousa Marguerite de Trie, dame de Waumain. Celle-ci était veuve en 1325, quand, le 30 mai, Charles Le Bel lui remit une somme qu'elle devait pour la garde-noble de son fils mineur Jacques.

3. — Jacques DE LONGROY, chevalier, sire dudit lieu, Hallencourt, Saint-Waast-en-Chaussée et Prousel. Il servit au roi le 4 juillet 1348, à cause du château d'Airaines, un aveu pour son

fief d'Hallencourt dont il ne devait jouir qu'après la mort de Firmin de Cromont. Il confirme, le 4 décembre 1354, l'abbaye du Lieu-Dieu dans un droit seigneurial qu'elle avait à Goussonville. D'Alix de Famechon, sa femme, il eut pour fils Robert, qui suit.

4. — Robert DE LONGROY, chevalier, sire dudit lieu, de Waumain, de Hallencourt ; il était, le 13 mars 1356, seigneur féodal du bois du Translay situé à Frieucourt qui appartenait à Laurent de Grébaumaisnil, écuyer. Il donna, le 2 janvier 1356, quittance de 225 livres tournois pour lui, deux chevaliers et neuf écuyers de sa compagnie servant en Poitou et en Saintonge sous Jean de Hangest, lieutenant du roi dans ces provinces. Il se distingua à la bataille de Poitiers et il fut au nombre de ceux qui échappèrent à la mort et à la captivité. Robert vendit, en 1380, son fief d'Hallencourt à Esteule Coulars. De sa femme, dont le nom est inconnu, il eut : 1° Jacques, qui suit ; 2° Gilles, écuyer, seigneur en partie de Bovelles, qui dénombra ledit fief au duc de Lorraine à cause de sa châtellenie de Boves, le 3 mars 1375. Il épousa Marguerite de Hallencourt et eut d'elle Jacques, écuyer, seigneur en partie de Bovelles, qui servit le 29 juin 1387, un nouvel aveu au duc de Lorraine, seigneur de Boves.

5. — Jacques DE LONGROY, chevalier, sire dudit lieu, Saint-Victor en Caux, Soreng, Basinval, Espinoy, Goussonville, Bos-Ricard, Hallencourt, Questre, le Wastine, Prousel, Ronquerolles et Querrieu, conseiller et chambellan du duc de Bourgogne, et lieutenant du capitaine-général de Picardie. Il reçut du duc de Bourgogne, par lettres du 20 mai 1398, une rente de 300 livres comme récompense de ses services. Ce prince lui fit encore présent d'un cheval de bataille en 1405, et de 1,000 écus d'or le 1ᵉʳ novembre 1407. Jacques assista, sous les ordres de Jean de Luxembourg, à la bataille de Saint-Remy-au-Plain, en 1412. — La même année, à la tête de quinze cents hommes d'armes il tente une entreprise sur Guines où étaient renfermés des Anglais et des Orléanais, et il est

repoussé. L'année suivante, en 1413, il prit sa revanche et avec trois cents lances et six cents archers il réussit à s'emparer de la ville. — Il fut nommé capitaine d'Ardres et des pays environnants, en 1414, et le 6 septembre de la même année il donna quittance en cette qualité de 58 livres tournois pour lui banneret et cinq écuyers de sa compagnie. — Le 25 octobre 1415 il amena à Azincourt les milices communales du Boulonnais. Il fut investi, avec deux autres chevaliers, du commandement de l'arrière-garde et il fut tué dans la bataille. — Il avait épousé Marie de Querrieu, dame dudit lieu, de Hérissart et de Wèvre. De cette union naquirent seulement deux filles : 1° Guyotte, femme de Jean de Craon, dit le Jeune, chevalier, seigneur de Domart, Bernaville et vicomte de Laon : en deuxièmes noces elle épousa Philippe de Fosseux, dit le Borgne, chevalier, seigneur d'Ailly ; 2° Isabelle, alliée à Valeran de Rivery, chevalier, sire dudit lieu.

Parmi les personnages que l'on n'a pu rattacher à la filiation on trouve :

— Barthélemy DE LONGROY fait une donation à l'abbaye de Saint-Martin-au-Bosc, en 1270.

— Geoffroy DE LONGROY, chevalier, témoin d'une charte pour un bornage, en septembre 1279.

— Gilles DE LONGROY, chevalier bachelier, et Guillaume DE LONGROY, écuyer, servant tous deux dans le corps d'armée du comte d'Eu, connétable de France, dans Tournai et en Tournaisis, du 9 mars au 1er octobre 1340.

— Clément DE LONGROY, dit Désiré, chevalier, sire de Fontaine-les-Haudricourt (canton d'Aumale, Seine-Inférieure) maître d'hôtel du roi et de la reine Blanche. Il servait avec deux chevaliers et deux écuyers sous les ordres de Guy de Haucourt, chevalier, gouverneur de Ponthieu, en février 1369. Il servit un aveu, le 27 novembre 1377, à Martelet de Bacqueville, chevalier, seigneur de Senarpont, pour le fief de Marrez, assis à Senar-

Cy gist noble homme mess. Climent de Longroy dit Desré, chlr: sire de Fontaines mestre d'ostel du Roy nrē: et de la Royne Blanche qui trespassa la

pont. Il avait épousé Béatrix de Pons, dame de Fontaine-les-Haudricourt, qui lui apporta cette seigneurie. Nous possédons la tombe de ce chevalier et de sa femme, découverte dans un jardin à Fontaine-les-Haudricourt, et on en trouvera ci-contre la reproduction. La beauté et la parfaite conservation de ce monument dont nous nous sommes rendus acquéreurs pour en assurer la conservation, nous ont engagé à le faire graver pour l'offrir dans ce volume à nos lecteurs.

— Thomas DE LONGROY, écuyer, servait dans la compagnie de Jaquet de Le Mattre, en 1375. — Le même servait dans la compagnie de Jean de Roye, chevalier, en 1380.

— Jean DE LONGROY, chevalier, écuyer et échanson du duc de Bourgogne, reçoit de ce prince une gratification de 200 francs d'or, le 22 septembre 1407.

— Jacotin DE LONGROY, possesseur de biens à Domart, en 1447.

— Jacquette DE LONGROY, femme de Jean Maquerel, chevalier, seigneur d'Harmanville, Bailleul, Imbleville, Neux en Artois, et baron de Bosc-Geoffroy, vers 1460.

— Monseigneur DE LONGROY *(sic)* a un fief à Hallencourt en 1530 et en 1550.

LONGUEMORT.

La famille de Longuemort est originaire du hameau de ce nom qui fait aujourd'hui partie de la commune de Tours-en-Vimeu. Elle s'éteignit au xvi° siècle : au xv°, déjà, la seigneurie de Longuemort avait changé de maitres. — Nous n'avons pu retrouver les armes de cette famille.

— Jean et Philippe DE LONGUEMORT, frères, fondèrent une chapelle dans la « ville » de Longuemort et la dotèrent de 24 journaux de terre situés à Hamercourt que Hue de Bailleul, chevalier, et Jean de Bailleul, son neveu, amortirent comme suzerains, le lundi avant la Saint-Michel 1282.

— Ogier DE LONGUEMORT, moine à l'abbaye de Saint-Valery, en juin 1319.

— Jeanne DE LONGUEMORT, femme de Guillaume de Hantecourt, écuyer, dit Maillart, en 1326.

— Jean DE LONGUEMORT et Thomas de Bernapré sont déchus de leur opposition à une sentence qui les condamnait à restituer un prisonnier qu'ils avaient fait à Romescamps, dans la juridiction de la commanderie de Saint-Maulvis, le 11 février 1382.

— Bertaut DE LONGUEMORT, écuyer, tenait un fief de la seigneurie de Fresne que Jean de Saint-Ouen, chevalier, seigneur de Saint-Ouen et de Fresne, avoua tenir en fief de l'évêché d'Amiens, le 7 juin 1384. — Bertaut possédait encore ce fief en 1390.

— Jean DE LONGUEMORT vend le 8 septembre 1402 à Pierre de Picquigny le fief de Morvillers tenu de la commanderie de Saint-Maulvis à cause de Romescamps, mais Pierre en fut dépossédé par sentence du 6 décembre 1406.

— Enguerran DE LONGUEMORT, écuyer, seigneur de Longuemort et de Tilloloy en partie, et Marguerite de Neuville, sa femme, tous deux demeurant à Neuville, vendent à l'abbaye de Saint-Martin d'Aumale 4 livres parisis de cens sur tous leurs biens, le 9 avril 1413. Il était mort avant 1427, quand le 27 novembre de la même année Henri VI, roi d'Angleterre, ordonna de faire payer à l'abbaye d'Aumale la rente fondée en 1413.

— Guillaume DE LONGUEMORT, écuyer, possédait des terres à Grébaumaisnil le 18 juin 1483.

— Guillaume DE LONGUEMORT, dit de Saigny, écuyer, natif de Criel, au comté d'Eu, avait épousé Marguerite de Frévin, de Douay, et il en avait deux fils, Claude, âgé de cinq ans, et Simonnet, âgé de dix mois, quand il fut reçu bourgeois de Douay, en 1484.

M.

MAISNIEL. (du)

Lorsque nous avons donné, dans notre premier volume (pages 234 et suivantes), la généalogie de cette famille, nous n'avions pour nous guider que des renseignements insuffisants, et le résultat a été que nous avons omis plusieurs fois, à certains degrés, de mentionner tous les enfants, les filles surtout. Or, ce qui intéresse principalement dans une généalogie, ce sont les alliances qui rattachent une famille à tant d'autres, et comme celles de la famille du Maisniel ont toujours été aussi nombreuses que choisies, il s'ensuit que les passer sous silence c'était causer à une des meilleures maisons du Ponthieu un préjudice considérable. Plutôt que de s'occuper à des rectifications partielles et dans lesquelles il était facile de faire quelque confusion, on a trouvé plus convenable à tous égards de donner de nouveau la filiation corrigée et augmentée de la famille du Maisniel, telle qu'elle doit être. Du travail inséré dans le premier volume, il faut conserver seulement le préambule auquel il n'y a rien à retrancher, et après l'avoir lu il faut passer de suite à la généalogie qui va suivre.

1. — Jean DU MAISNIEL, habitant à Saint-Riquier en 1350. On croit qu'il eut pour femme Jeanne de La Barre : il fut père de : 1° Nicolas, qui suit ; 2° Jeannin, reçu bourgeois d'Abbeville en 1390.

2. — Nicolas DU MAISNIEL, écuyer ; (voir dans le 1er volume, page 235, ce que nous disons de lui à propos de la qualité de maïeur d'Abbeville qu'on lui donne à tort.) D'Isabeau de Moyenneville, sa femme, il eut : 1° Jean, qui suit; 2° Robert.

3. — Jean DU MAISNIEL, écuyer, allié en 1417 à Suzanne Le Vasseur de Neuilly, dont il eut : 1° Jacques, qui suit ; 2° Pierre, échevin d'Abbeville en 1459 ; 3° Nicolas ; 4° Laurent, auteur de la branche des seigneurs de Bayencourt, éteinte au milieu du siècle dernier, et sur laquelle nous n'avons aucun document.

4. — Jacques DU MAISNIEL, écuyer, seigneur de Triconval par acquisition du 15 novembre 1432, épousa Jeanne de Blottefière qui le rendit père de : 1° Jacques, qui suit ; 2° Pierre, sans enfants ; 3° Alix, femme de Jean Le Pelle, écuyer, seigneur de Béthencourt-Rivière, Longuemort et Epaumesnil : par son testament du 21 mars 1480, il fit don à sa femme de ces deux dernières seigneuries, et de celle-ci elles passèrent aux enfants de son frère Jacques.

5. — Jacques DU MAISNIEL, écuyer, seigneur de Triconval, Longuemort, Fresnoy et Epaumesnil, allié le 17 juin 1489 à Jeanne de Bruges. De cette union sont issus : 1° Pierre, qui suit ; 2° Jacques, auteur de la seconde branche, qui suivra à son rang ; 3° Nicolas, seigneur de Poullières, dont la petite-fille, Antoinette, épousa par contrat du 6 octobre 1550 Claude de Cacheleu, écuyer, seigneur de Loches.

6. — Pierre DU MAISNIEL, écuyer, seigneur de Longuemort et Triconval, allié 1° par contrat du 20 août 1515 à Jeanne

d'Aoust, puis à Isabeau le Sueur, dame de Frireules : d'elles deux naquirent : 1° Jean, qui suit ; 2° Jeanne, dame de Frireules, mariée le 8 février 1532 à François Caisier, seigneur de Béalcourt ; 3° Isabeau, mariée à Jean de Layre ; puis, le 18 février 1562, à Louis Ballen, écuyer, seigneur du Titre ; puis, le 2 mars 1571 à Jean Obert, écuyer, seigneur d'Avesnes ; puis, le 8 mai 1572 à Philippe Briet, écuyer, seigneur de Domqueurrel ; puis enfin, en cinquièmes noces, le 16 juillet 1582, à Antoine Le Vasseur, écuyer, seigneur de Neuilly.

7. — Jean DU MAISNIEL, écuyer, seigneur de Longuemort et de Triconval, mayeur d'Abbeville en 1557. Il épousa, par contrat du 14 juin 1545, Adrienne de Laire dont il eut : 1° Pierre, qui suit ; 2° Isabeau, mariée à Antoine de Belleval, écuyer, seigneur d'Angerville et de Raimesnil.

8. — Pierre DU MAISNIEL, écuyer, seigneur de Longuemort et de La Fresnoye, capitaine de 100 hommes de pied, demeurait à Longuemort en 1574 et encore en 1596. De sa femme, Charlotte de Mons, il eut Adrien, qui suit.

9. — Adrien DU MAISNIEL, chevalier, seigneur de Longuemort et Triconval, capitaine de 100 hommes de pied, allié 1° par contrat du 17 janvier 1596 à Jeanne de Louvel ; 2° par contrat du 20 avril 1623 à Bonne de Bernets. Des deux mariages naquirent : 1° Suzanne, mariée en 1624 à Claude de Damiette, écuyer ; 2° Claire, mariée en 1629 à Charles de Belleval, écuyer, seigneur de Rouvroy ; 3° N... religieuse à Rue ; 4° Henri-René, qui suit ; 5° Antoine, marié à Anne de Huppy ; 6° François ; 7° Laurent ; 8° Adrien, seigneur d'Hantecourt, marié à Adrienne Bizart, puis à Claude de Neuilly ; 9° Anne, femme de Pierre Mallet, écuyer, seigneur de Tillemont ; 10° Bonne, femme de François de Belleval, seigneur de La Coste.

10. — Henri-René DU MAISNIEL, chevalier, seigneur de Longuemort, capitaine de cavalerie au régiment de Chaulnes, né le 17 novembre 1625, marié 1° par contrat du 26 avril 1663 à Isabelle L'Yver, 2° par contrat du 21 avril 1666, à Géneviève Ogier de

Cavoye. Du second mariage sont nés : 1° Gilbert, qui suit ; 2° Henri, chevalier, seigneur de Longuemort, capitaine de dragons au régiment de Sommery, lieutenant-colonel du régiment de La Suze en 1744 ; 3° Joseph, capitaine d'infanterie au régiment Royal ; 4° Géneviève, femme d'Antoine de Cardevacque, chevalier, seigneur de Boucly.

11. — Gilbert DU MAISNIEL, chevalier, seigneur de Longuemort, capitaine au régiment Dauphin, vend en 1718 sa terre de Longuemort pour aider son fils à retirer la terre de Beaufort-en-Santerre des mains des créanciers de la maison de Cavoye. Il mourut à Beaufort en 1740. Il avait épousé en premières noces Élizabeth de Vassal, et en secondes noces, en 1702, Marie-Françoise Amelot. De la première il eut : 1° Henri-Gilbert, mort à l'âge de 9 ans ; 2° Marie-Antoine, qui suit ; 3° Jean-Gilbert, mousquetaire, tué à la bataille de Fontenoy ; 4° Henri, chevalier, mousquetaire, tué à la bataille de Dettingen, en juin 1753.

12. — Marie-Antoine DU MAISNIEL, chevalier, seigneur de Beaufort, mousquetaire du roi, allié : 1° à Marguerite d'Ainval, 2° à Jeanne Cloquet. De la seconde il n'eut que

13. — Jeanne-Géneviève DU MAISNIEL, dame de Beaufort, née en avril 1740, mariée le 1ᵉʳ mars 1759 à Jean-Charles-Edouard, marquis de Navier, seigneur de Bouchoir, officier d'artillerie.

SECONDE BRANCHE.

6. — Jacques DU MAISNIEL, écuyer, seigneur d'Epaumesnil, épousa le 5 juillet 1524 Jeanne de Blondelus, dont il n'eut que

7. — Jacques DU MAISNIEL, écuyer, seigneur d'Epaumesnil, mort le 1ᵉʳ juillet 1580. Il avait épousé par contrat du 6 mars 1541 Jeanne Rohault, dont il eut : 1° Pierre, qui suit ; 2° Anne, mariée le 1ᵉʳ mai 1571 à Jean Royel, seigneur du Grand-Bus ;

3° Marguerite, mariée le 11 septembre 1579 à Thibaut Auger ; 4° Marie, morte fille ; 5° Isabeau.

8. — Pierre DU MAISNIEL, écuyer, seigneur d'Epaumesnil, Applaincourt et La Tricquerie, allié le 26 juillet 1584 à Marie Flourie, dont : 1° Claude, sans suite ; 2° Pierre, qui suit ; 3° Jeanne, femme de Jean Hocquet : 4° Marie, femme d'Adrien Gallet ; 5° Françoise, femme de Nicolas d'Arrest, écuyer, seigneur de Beaulieu.

9. — Pierre DU MAISNIEL, écuyer, seigneur d'Applaincourt et de La Tricquerie, épousa, par contrat du 29 octobre 1624 Hélène Vaillant de Villers ; de cette union naquirent : 1° Pierre, qui suit ; 2° Jean, sans suite ; 3° François, auteur de la 3ᵐᵉ branche ; 4° Antoine, prieur de Saint-Acheul ; 5° Marie, alliée par contrat du 17 août 1667 à Philippe du Gardin, écuyer, gentilhomme du duc d'Orléans, puis, le 8 novembre 1695, à Louis de Riencourt, chevalier, seigneur de Lignières.

10. — Pierre DU MAISNIEL, écuyer, seigneur de La Tricquerie, gentilhomme de la vénerie du roi, né le 11 décembre 1602, épousa par contrat du 29 octobre 1651 Marie de Bellanger, dont : 1° Pierre, qui suit ; 2° Angélique, mariée 1° à Pierre Vaillant, écuyer, seigneur de Villers ; 2° par contrat du 26 mai 1700 à Gaston-Jean-Baptiste de Hangest, capitaine au régiment du roi, 3° par contrat du 24 mai 1706 à Antoine de Mailly, chevalier, marquis d'Haucourt ; 3° Louise-Hélène et Antoinette, religieuses ; 4° Jacqueline, mariée le 30 mars 1689 à Antoine Danzel, chevalier, seigneur de Lignières.

11. — Pierre DU MAISNIEL, écuyer, seigneur d'Applaincourt et de La Tricquerie, gentilhomme de la vénerie du roi, épousa 1° Catherine Pingré, 2° en 1687 Madeleine de Monchy. Du premier mariage sont issus : 1° Pierre, qui suit ; 2° Marguerite, alliée par contrat du 1ᵉʳ juin 1721 à François de Belloy, chevalier, seigneur de Beauvoir.

12. — Pierre DU MAISNIEL, chevalier, seigneur d'Applaincourt et de La Tricquerie, gentilhomme de la vénerie du roi, épousa par

contrat du 11 février 1722 Catherine Tillette de Buigny dont il eut des enfants.

Cette branche, encore en possession de La Tricquerie, existe toujours à Abbeville.

TROISIÈME BRANCHE.

10. — François DU MAISNIEL, écuyer, seigneur de Saint-Mégrin et de Belleval, mayeur d'Abbeville en 1661, épousa par contrat du 25 octobre 1676 Marguerite Manessier, de laquelle il eut :

11. — Charles-François DU MAISNIEL, écuyer, seigneur de Saint-Léger et Belleval, allié par contrat du 10 juin 1703 à Marie de Lanzac, dont il eut un fils, Charles-Joseph ; de celui-ci sont issus tous les autres membres de la famille du Maisniel qui habitent Abbeville et Lille.

MAISNIÈRES.

La maison de Maisnières, éteinte au xv° siècle, fut incontestablement l'une des premières et des plus illustres du Ponthieu, puisqu'elle était issue directement des comtes de Ponthieu qui étaient eux-mêmes de race royale. Jamais origine ne fut plus authentiquement prouvée, et une charte de Guillaume, comte de Ponthieu, du mois de novembre 1218, établit d'une manière irréfutable que Guy DE MAISNIÈRES, premier du nom, était le frère puîné de son propre père, Jean, comte de Ponthieu. On trouvera cette charte si importante dans les papiers de Dom Grenier, à la Bibliothèque impériale, vol. 57 bis, folio 48.

Nous ne nous bornerons pas à déduire la filiation suivie des sires de Maisnières, par les nombreuses chartes émanées d'eux qui sont en notre possession, seulement depuis leur séparation de la branche des comtes de Ponthieu. Nous allons, afin de bien établir la grandeur de cette maison de Maisnières, reprendre, d'après les travaux du Père Anselme, de Du Cange, de M. du Fourny, des Bénédictins, la suite des comtes de Ponthieu, ancêtres directs de nos seigneurs de Maisnières, depuis le plus ancien dont l'histoire ait conservé la mémoire d'une manière authentique, c'est-à-dire depuis Angilbert, gendre de l'Empereur Charlemagne.

Les sires de Maisnières portaient, comme leurs aînés les comtes de Ponthieu, *d'or à trois bandes d'azur* : la branche cadette, celle des seigneurs de Maintenay, ajouta souvent à ces armes, comme brisure, *une bordure semée de besants.*

1. — Angilbert, gouverneur de Ponthieu, devenu gendre de Charlemagne en épousant sa fille Berthe. Il se fit religieux à l'abbaye de Saint-Riquier, en devint abbé en 793, et y mourut le 18 février 814. De lui sont issus : 1° Nithard, qui suit ; 2° Harnid.

2. — Nithard, gouverneur des côtes maritimes et de Ponthieu, devint, comme son père, abbé de Saint-Riquier, sans cesser pour cela ses fonctions de gouverneur ou comte des côtes maritimes. Il fut tué, en 853, en combattant contre les Danois. Il eut pour fils et successeur :

3. — Helgaud, comte des côtes maritimes, puis abbé de St.-Riquier, mort vers 876, laissant :

4. — Herlouin, comte de Ponthieu et de Montreuil, qui paraît avoir été le père du suivant :

5. — Helgaud II, comte de Ponthieu et de Montreuil, tué en 926 en combattant contre les Normands. Il eut trois enfants : 1° Herlouin, qui suit ; 2° Lambert, tué en Normandie ; 3° Éverard, seigneur de la ville de Ham.

6. — Herlouin II, comte de Ponthieu et de Montreuil, fut assassiné. Des deux femmes qu'il avait épousées, et dont on ignore les noms, il laissa un fils :

7. — Roger, comte de Ponthieu et de Montreuil, connu par les interminables guerres qu'il soutint contre Arnould, comte de Flandre. On lui donne pour fils Guillaume.

8. — Guillaume I, comte de Ponthieu et de Montreuil, laissa cinq enfants, savoir : 1° Hildouin, qui suit ; 2° Arnould, comte de Boulogne ; 3° Hugues, comte de Saint-Paul ; 4° N..., comte de Guines ; 5° Élizabeth, abbesse de Sainte-Austreberthe de Montreuil.

9. — Hildouin, comte de Ponthieu et de Montreuil, père de Hugues, qui suit, et de Hildouin, comte d'Arcies et de Rameru.

10. — Hugues I, comte de Ponthieu et de Montreuil, épousa Giselle, fille puînée de Hugues-Capet, et d'elle il eut : 1° Enguerran, qui suit ; 2° Guy, abbé de Forestmontiers, en 996.

11. — Enguerran I, comte de Ponthieu et de Montreuil, vivant encore en 1043, époux d'Adèle, veuve d'Ernicule II, comte de Boulogne, qui lui donna : 1° Hugues, qui suit ; 2° Foulques, abbé de Forestmontiers.

12. — Hugues II, comte de Ponthieu, seigneur d'Abbeville, avoué de l'abbaye de Saint-Riquier, mourut le 20 novembre 1052. De sa femme, dont le nom n'a pu être retrouvé, il eut pour enfants : 1° Enguerran II, comte de Ponthieu, tué en 1053, en voulant secourir le château d'Arques ; 2° Guy, qui suit ; 3° Foulques, dit de Montreuil, apanagé de la seigneurie de Maintenay ; on donnera à part la généalogie de ses descendants (Voir au mot Montreuil.)

13. — Guy Ier, comte de Ponthieu, avoué de l'abbaye de Saint-Riquier : il mourut vers 1100, et fut enterré au prieuré de Saint-Pierre d'Abbeville qu'il avait fondé. Sa femme, Ade, était morte avant lui et avait été enterrée dans l'abbaye de Saint-Josse. Ils n'eurent qu'une fille unique.

14. — Agnès, comtesse de Ponthieu. En elle s'éteignit la première race des comtes de Ponthieu. Elle épousa Robert II, comte d'Alençon et de Bellesme, et de leur union naquit un fils, qui devint la tige des comtes de Ponthieu de la seconde race.

15. — Guillaume, dit Talvas, comte d'Alençon et de Ponthieu, mort le 29 juin 1171, laissant d'Alix de Bourgogne, sa femme, Guy, qui suit.

16. — Guy II, comte de Ponthieu, mort à Éphèse, en 1147. D'Ide, sa femme, il avait eu : 1° Jean I, comte de Ponthieu, qui continua la série des comtes de Ponthieu, de la seconde race, éteinte en 1251 dans la personne de Marie, comtesse de Ponthieu et de Montreuil ; 2° Guy, seigneur de Maisnières et de Noyelles, qui suit ; 3° Agnès, abbesse de Sainte-Austreberthe de Montreuil.

17. — Guy, chevalier, sire de Maisnières et de Noyelles, souscrit, comme témoin, la charte de son frère en faveur des habitants d'Abbeville, en 1184, celle d'Eustache, vicomte de Canchy, en faveur du prieuré de St.-Pierre d'Abbeville où il se faisait religieux en 1189, et enfin celle du comte Guillaume, son neveu, en faveur des habitants d'Hiermont, en 1192. Il assista au mariage de ce dernier en 1195, et donna son consentement à une donation de Guillaume aux habitants de Doullens, en 1202. Il était mort avant 1218, laissant : 1° Jean, qui suit ; 2° Guillaume, auteur de la branche des seigneurs de Maintenay, qui suivra plus loin ; 3° Gauthier, chanoine de Saint-Wlfran, en 1183.

18. — Jean DE MAISNIÈRES, chevalier, seigneur et châtelain dudit lieu, comparaît dans un assez grand nombre de chartes, dont voici les principales : en novembre 1218 il achète à Guillaume, son frère cadet, 27 livres que celui-ci tenait de Guillaume, comte de Ponthieu, son cousin. En octobre 1225, il règle avec l'abbaye de Corbie leurs droits respectifs à Maisnières. En décembre 1230 il fait quelques échanges avec l'abbaye de Corbie. Enfin, en avril 1244 il était en procès avec la même abbaye, et donna à cette date une charte de compromis entre ladite abbaye et lui sur une enquête à faire à cause des motifs qui les divisent. — Jean vivait encore en 1248. De sa femme, dont le nom est resté inconnu, il eut un fils, qui suit.

19. — Henri DE MAISNIÈRES, chevalier, seigneur dudit lieu et de Neslette, cède à moitié fruits aux religieux de Sery des terres qu'il avait auprès de la ferme de Saint-Séverin, en 1253. Dans un nouvel accord qu'il fait avec la même abbaye de Sery, on y voit nommés Aélis, sa femme, et Guillaume, son fils aîné. Cette pièce est de 1273. De sa femme, Aélis, Henri eut donc, entre autres enfants : 1° Guillaume, qui suit ; 2° Jean, écuyer, père d'un autre Jean, écuyer, qui est dit cousin de Jean DE MAISNIÈRES, chevalier, dans une charte de 1294.

20. — Guillaume DE MAISNIÈRES, chevalier, seigneur dudit lieu et de Neslette, mort avant 1283, fut père de : 1° Jean, qui suit ; 2° Aléaume, écuyer, qui fait un arrangement avec l'abbaye de Corbie, en mai 1283, et qui vivait encore en 1304.

21. — Jean DE MAISNIÈRES, chevalier, seigneur dudit lieu et de Neslette. Il fait un accommodement avec l'abbé de Corbie sur plusieurs contestations entre eux relatives à leurs possessions respectives à Maisnières, en mai 1283. Il avait aussi des difficultés avec l'abbaye de Sery, en 1298, pour le moulin de Clores. De sa femme, dont le nom est inconnu, Jean eut plusieurs enfants : 1° Aléaume, qui suit ; 2° Colart, écuyer ; 3° Angelot, écuyer ; nommés tous deux avec leurs frères dans une pièce du 7 mars 1339 ; 4° Jeanne, femme d'Aléaume de Belleval, chevalier, seigneur dudit lieu, en 1312.

22. — Aléaume DE MAISNIÈRES, écuyer, seigneur dudit lieu ; il se désiste à Oisemont, en avril 1304, d'une plainte qu'il avait portée contre les gens de l'abbé de Corbie. Il est cité, dans une pièce du 7 mars 1339, avec ses frères, Colart et Angelot. De lui sont issus : 1° Jean, qui suit ; 2° Robert, dont la postérité sera rapportée après celle de son frère ; 3° N..., femme de Pierre de Belleval, écuyer.

23. — Jean DE MAISNIÈRES, écuyer, seigneur dudit lieu, est partie dans un procès contre les religieux de Corbie pour quelques faits survenus audit lieu de Maisnières. Il avait épousé Isabelle de Belleval, dont il n'eut qu'une seule fille, Isabelle : celle-ci

épousa Jean Quiéret, dit Poulain, écuyer, et elle vendit avec lui à l'abbaye de Corbie tout ce qu'elle possédait à Maisnières et à Vy, le 25 novembre 1362.

23 bis. — Robert DE MAISNIÈRES, dit Froissart, écuyer, est partie, avec son frère Jean, dans un procès contre les religieux de Corbie pour quelques faits survenus à Maisnières, en avril 1344. Il vivait encore en 1377 et servit alors un aveu au roi de France. Il fut père de :

24. — Guillaume DE MAISNIÈRES, écuyer, vivant en 1380. De celui-ci est issu Raoul, qui suit.

25. — Raoul DE MAISNIÈRES, écuyer, seigneur dudit lieu en 1415 et en 1424. De sa femme, dont le nom est inconnu, il eut deux fils : 1° Lionel, écuyer, seigneur de Maisnières, mort sans alliance le 9 août 1452, et en léguant sa seigneurie à son frère ; 2° Edmond, qui suit.

26. — Edmond DE MAISNIÈRES, écuyer, seigneur dudit lieu et de Rogeant-en-partie, fut allié à Jeanne d'Occoches. Ils vendirent, le 5 avril 1459, leur seigneurie de Maisnières à l'abbaye de Corbie. Edmond mourut peu de temps après cette vente, sans laisser d'enfants, à Rogeant où il habitait, et après sa mort, sa veuve se fixa à Nesle-Normandeuse où on la trouve en 1464.

BRANCHE

des Seigneurs de Maintenay.

18. — Guillaume DE MAISNIÈRES, chevalier, épousa Clémence de Montreuil, dame et héritière de Maintenay, la dernière représentante des sires de Montreuil, issus comme les Maisnières des comtes de Ponthieu, mais de ceux de la première race. — Guillaume et Clémence échangent, en mars 1243, les donations faites aux moines de Maintenay, par Enguerran de Montreuil, leur prédécesseur. Il figura aussi dans une charte de Wautier, abbé

de Saint-Josse-sur-Mer, du mois de février 1244. — Il mourut en avril 1249 et fut enterré dans l'église de Valoires à laquelle il avait fait une donation. Il fut père d'Enguerran, qui suit.

19. — Enguerran DE MAISNIÈRES, chevalier, seigneur de Maintenay, parut dans divers titres, avec Clémence, sa femme, jusqu'en 1255. On le voit ensuite seul dans un autre de 1259. De lui est né Aléaume.

20. — Aléaume DE MAISNIÈRES, chevalier, seigneur de Maintenay, dit fils d'Enguerran dans une charte de 1283. Sa femme se nommait Marchie. Il donna avec elle cinquante sols de rente aux religieux de Valoires, en avril 1280. On ne lui connaît pas d'autre fils que le suivant.

21. — Guillaume DE MAISNIÈRES, chevalier, seigneur de Maintenay. Il fut choisi, avec Guillaume de Moy, comme arbitre pour régler un différent entre le roi d'Angleterre comme comte de Ponthieu, et Jean de Châtillon, comte de Saint-Paul, en mai 1322. Il servait, en 1340, dans la « bataille » des maréchaux avec treize écuyers. Il eut pour fils : 1° Guillaume, qui suit ; 2° Enguerran, chevalier, nommé amiral de France, par lettres patentes du régent en date du 29 avril 1359, prêta serment en cette qualité le 25 mai suivant. Son sceau portait un écu *à trois bandes et une bordure semée de besants.*

22. — Guillaume DE MAISNIÈRES, chevalier, seigneur de Maintenay et de Pierrecourt, servit un aveu pour le fief de Wailly en 1376. Il est désigné sous le nom de *Guillaume de Ponthieu*, dans un arrêt de 1385. Il avait épousé Jeanne de Coucy, dame de Pinon, de laquelle il n'eut qu'une seule fille.

23. — Jeanne DE MAISNIÈRES, dite de Ponthieu, dame de Maintenay, Pinon, Baigneux, Horcourt et Nanteuil-la-Fosse, épousa en premières noces Guy Quiéret, dit Boort, chevalier, avec qui elle vivait en 1368. Elle se remaria en secondes noces, vers 1375, avec Dreux, sire de Crèvecœur, chevalier,

MAISONS.

Cette famille avait emprunté son nom au village de Maison-Roland, aujourd'hui canton d'Ailly-le-Haut-Clocher. On ne sait que peu de chose sur elle, et elle était éteinte dès le xvi° siècle.

— Andrieu de MAISONS, fils d'Ourson de MAISONS, acquiert de Simon de Picquigny et de Mahaut, sa femme, une maison à St.-Riquier, en avril 1313.
— Nicolas de MAISONS avait du bien à Fransu en 1447.
— Jean de MAISONS, tant pour lui que pour Jeannet de MAISONS, son frère, Jean, seigneur de Beauvoir, mari de Marie Quiéret, en l'abbaye de St.-Riquier, donnent à cens à Jean de Boutignies une maison en ruine située à St.-Riquier, le 20 juin 1435.
— Jean de MAISONS, écuyer, prévôt de St.-Riquier, rend une sentence contre les religieux de l'abbaye de Valoires, le 4 novembre 1447. Il rendit un autre jugement en faveur de l'abbaye de St.-Riquier, en 1459.

MAUTORT.

Armes : *De sable à la fasce d'or accompagnée de trois têtes de lion arrachées d'or.*

Le hameau de Mautort a donné son nom à cette noble famille qui en conserva la seigneurie jusqu'au milieu du xiv° siècle.

— On trouve Warin de MAUTORT, témoin d'une charte de 1162. De lui était sans doute issu, après quelques générations, le suivant :

1. — Anscher de MAUTORT, chevalier, seigneur dudit lieu, du

consentement de sa femme, de son fils aîné et de sa bru, et de tous ses autres enfants y dénommés, vendit à l'abbaye de St.-Valery, en novembre 1234, une rente de 14 setiers de blé que lui devait ladite abbaye sur la dîme de Cambron pour le terrain sur lequel était édifié le moulin de Port. D'Heudebourde, sa femme, Anscher eut pour enfants : 1° Michel, qui suit ; 2° Raoul ; 3° Simon ; 4° Hugues ; 5° Gentienne.

2. — Michel de MAUTORT, chevalier, sire dudit lieu, et Emmeline, sa femme, consentent à la vente faite en 1234 par Anscher, leur père et beau-père. Il fut encore témoin d'une vente faite par Guy de Citerne à l'abbaye de St.-Valery, en 1260. De lui est issu :

3. — Jean de MAUTORT, écuyer, seigneur dudit lieu, ratifie une vente faite à Cambron, en décembre 1274. On croit qu'il eut pour fils Michel.

4. — Michel de MAUTORT, écuyer, sire dudit lieu, fait un accord avec les habitants d'Abbeville, en mai 1291, touchant les limites de la banlieue d'Abbeville et celles de la seigneurie de Mautort. On lui donne pour fille

5. — Marie de MAUTORT, dame dudit lieu, encore en novembre 1343. Elle avait épousé, vers 1310, Jean de Hesdin, écuyer, qui devint seigneur de Mautort.

A cette famille appartenait encore Pierre de MAUTORT, qui fut maïeur d'Abbeville en 1411. Il représentait sans doute une branche cadette, et il préféra aux honneurs de la chevalerie la position plus modeste, mais beaucoup plus sûre, dans ces temps de désastres, de bourgeois d'Abbeville.

MÉRÉLESSART.

Le nom de cette famille, qu'elle avait emprunté au village de Mérélessart, canton de Hallencourt, se rencontre bien rarement dans les chartes de Ponthieu. On en jugera par la brièveté des documents que nous pouvons seulement donner, malgré de consciencieuses recherches.

— Ade de Mérélessart, chevalier, père de
— Bernard de Mérélessart, chevalier, sire dudit lieu, en contestation avec l'abbaye de Saint-Valery au xiii° siècle.
— Guy, seigneur de Mérélessart, et Emmeline, sa femme, donnèrent de grands biens au monastère de Saint-Acheul, au commencement du xiii° siècle.
— Eustache de Mérélessart, écuyer, seigneur dudit lieu, et Jeanne Haterel, sa femme, font une vente à l'abbaye de Saint-Valery, le 13 juillet 1399.

MIANNAY.

La famille de Miannay, qui possédait la seigneurie de ce nom, disparut entièrement du Ponthieu, après la première moitié du xiv° siècle. — On trouve, en 1220, un Godefroy de Miannay, chevalier, seigneur dudit lieu, qui sert de témoin dans une donation faite à l'abbaye de Sery. — Le même comparaît dans un autre acte de 1231. — Jean de Miannay, chevalier, seigneur dudit lieu, figure encore en Ponthieu, en 1311, comme tenant un fief de la seigneurie de Ponches. — Jean de Miannay tenait des terres à Saint-Maxent en octobre 1279. — Martin de Miannay est au nombre des nobles et fieffés du bailliage d'Amiens, convoqués pour la guerre le 25 août 1337.

Les armes de cette famille nous sont inconnues.

MONCHAUX.

Le village de Monchaux, assis sur la rive gauche de la Bresle, fut possédé jadis par des seigneurs du même nom qui y édifièrent un château-fort dont les ruines imposantes attirent encore les regards. Cette puissante famille paraît avoir eu pour armoiries primitives un écusson *fretté à un franc-quartier chargé d'une fleur de lys;* telles sont, du moins, les armes que l'on remarque sur le sceau de Guy de Monchaux, chevalier, en 1302. Ce blason fit place à *une croix ancrée* à la fin du xiv° siècle, ainsi que l'atteste le sceau de Raoul de Monchaux, écuyer, en 1387. On trouve enfin dans des notes généalogiques qui appartiennent à une époque beaucoup plus rapprochée de la nôtre que les seigneurs de Monchaux portaient : *d'or à la croix ancrée de gueules.*

1. — Anselme de Monchaux, chevalier, sire dudit lieu, souscrit la donation faite à l'abbaye de Sery par G. de Mortemer, de toute la terre qu'il avait à Andainville, en 1160. Il fut père de : 1° Guillaume, mort jeune; 2° Raoul, qui suit.

2. — Raoul de Monchaux, chevalier, seigneur dudit lieu, donne, en 1175, à l'abbaye du Tréport, tout ce qu'il a dans les églises de Rieux et de Monchaux. En 1186, il donna à l'abbaye de Sery le champ Wlfran et quatre sous de cens pour fonder un service anniversaire en mémoire de Guillaume, son fils aîné, et de sa femme trépassés. Il prit cette même année l'habit dans l'abbaye de Sery et en fut abbé de 1202 à 1205, date de sa mort. D'Agnès, sa femme, il laissa : 1° Guillaume, mort jeune; 2° Jean, qui suit; 3° Alix, femme de Robert de Deville, chevalier, en 1206; 4° autre Guillaume, prieur de l'abbaye de Sery en 1207, devint procureur en 1210, et enfin abbé de 1211 à 1212.

3. — Jean de Monchaux, chevalier, sire dudit lieu, en 1189. Il fit en 1194 une donation à l'abbaye de Sery pour fonder un anniversaire pour sa femme décédée. Il fit à la même abbaye

en 1201 une autre donation, et en fit aussi une à l'hôpital de Bouttencourt, par charte du 24 février 1203. Il était qualifié bailli d'Abbeville en 1205 et figure pour la dernière fois dans une charte de 1209 où il ratifie une donation faite par sa sœur à l'abbaye de Sery. De Béatrix de Nempont, sa femme, il avait eu : 1° Enguerran, chevalier, qui comparait avec son père dans une charte de 1201 ; 2° Gauthier, qui suit ; 3° Henri.

4. — Gauthier de MONCHAUX, chevalier, sire dudit lieu ; il donne à l'abbaye du Tréport une maison à Monchaux, en juin 1224 : il lui donne encore, en 1239, son terrage d'Ansenne pour se libérer d'une rente qu'il lui devait. D'Adeline, sa femme, était né, entre autres enfants, Jean, qui suit.

5. — Jean de MONCHAUX, chevalier, sire dudit lieu ; il amortit, en janvier 1253, un cens de sept sous donnés à l'abbaye de Sery sur une maison sise à Monchaux, et joignant celle d'Aléaume de Gamaches. Il reconnut, en 1256, que ladite abbaye avait de toute ancienneté le droit de passage sur toutes ses terres de Rieux et de Monchaux. De sa femme, dont le nom est inconnu, il eut Guy, qui suit.

6. — Guy de MONCHAUX, chevalier, sire dudit lieu et de Rieux ; il donna quittance, le 13 septembre 1302, de 7 livres 10 sous tournois pour ses gages et ceux de onze écuyers de sa compagnie servant le roi en Artois. De lui est issu Raoul.

7. — Raoul de MONCHAUX, chevalier, seigneur dudit lieu et de Rieux ; il avoua, en avril 1317, devoir à l'abbaye du Lieu-Dieu une rente en blé sur ses biens. Il reconnut, en 1322, que l'abbaye de Sery avait toute justice sur le fief des Caplais qui était situé derrière les murs de l'abbaye. Il confirma, en 1328, par une charte dans laquelle il est qualifié « noble et puissant seigneur, » la vente du pré de la Poterne faite à l'abbaye de Sery par Guillaume de Manage, écuyer. Il fut père de : 1° Jean, qui suit ; 2° Raoul, écuyer, qui donne quittance, le 9 septembre 1387, de 165 livres tournois pour lui et dix écuyers de sa compagnie servant en Flandre à la garde du château de l'Écluse. A cette pièce pend un sceau chargé d'une croix ancrée.

8. — Jean de MONCHAUX, chevalier, seigneur dudit lieu, Rieux et Embreville; il exempte, par charte du 4 avril 1361, l'abbaye du Lieu-Dieu du droit de terrage et de champart qu'elle lui devait sur 30 journaux de terre entre le bois de Hucquelieu et la porte de la ferme. Sur son sceau on voit une croix ancrée. Il avait servi du 2 mars au 1er octobre 1340, comme écuyer, dans la « bataille » des maréchaux de France en Flandre et en Hainaut. Il servit un aveu au roi à cause du château d'Abbeville pour sa seigneurie d'Embreville, le 10 septembre 1380. Il eut pour fils et héritier

9. — Jacques de MONCHAUX, écuyer, seigneur dudit lieu, de Rieux et d'Embreville, servit au roi un aveu pour sa seigneurie d'Embreville, le 8 avril 1407.

Parmi les personnages que nous n'avons pu rattacher à cette généalogie, mais qui appartenaient à la famille, nous citerons :

— Renaulme de MONCHAUX, chevalier, témoin dans une charte de 1164.
— Landry de MONCHAUX, baron du Ponthieu, de 1192 à 1202.
— Alise de MONCHAUX, morte en 1295 et enterrée dans le cloître de l'abbaye de Sery, auprès de la porte du chapitre. On voyait son image sculptée sur sa tombe avec la représentation de ses armes.
— Jean Lenffant de MONCHAUX, sénéchal du Ponthieu en 1215.
— Jean de MONCHAUX, écuyer, servait dans la compagnie de Thierri de Disquemue, chevalier, selon la montre qui en fut faite le 23 septembre 1380.
— Gillet de MONCHAUX, écuyer, servait dans la compagnie de Sohier de la Viéville, chevalier, le 1er janvier 1380.
— N.... de MONCHAUX, écuyer, servait dans la compagnie de Jean de Cayeu, sire de Vismes, chevalier, le 19 juillet 1380.
— Baudouin de MONCHAUX, écuyer, servait dans la compagnie de Jacques de Heilly, chevalier, le 12 août 1392.

— Pierre de Monchaux, écuyer, servait dans la compagnie de Gilles de Mailly, chevalier, le 29 juillet 1392.

— Barbe de Monchaux, femme de Jacques du Bus, écuyer, seigneur d'Arleux, vers 1495.

MONCHY.

La maison de Monchy est originaire de Picardie, mais elle se fixa en Ponthieu à la fin du XIV® siècle et se divisa alors en plusieurs branches qui toutes l'habitèrent assidûment, et s'y éteignirent comme elles y avaient pris naissance, après y avoir possédé de belles seigneuries, rempli les charges les plus élevées et joué un rôle très-important. Cette famille, illustrée par un Maréchal de France, par deux Chevaliers des Ordres, par deux Prévôts de l'hôtel du Roi et par un grand nombre de personnages distingués, est une des gloires du Ponthieu où son séjour de quatre siècles lui a acquis le droit de cité. Sa place était donc marquée à l'avance dans notre recueil des Généalogies de Ponthieu.

Le plus ancien sire de Monchy, dont l'histoire nous ait conservé le nom, est Dreux ou Drion, qui avait épousé Ade de Picquigny et qui suivit le roi Louis le Jeune en Terre-Sainte, en 1146. Pendant deux cents ans on trouve divers autres membres de la même famille, mais que rien ne rattache les uns aux autres. Nous allons en donner la liste, par ordre chronologique, avant la filiation suivie et prouvée qui ne commence qu'en 1351. Peut-être ces jalons pourront-ils servir plus tard à quelque généalogiste plus heureux à reconstituer la tige de ce grand arbre, à resouder les anneaux détachés de la chaîne, en un mot à rattacher par une longue suite de degrés authentiques le Dreux de Monchy de 1146 au Jean de Monchy de 1356.

— Mathieu, sire de Monchy-le-Breton, au comté de Saint-Pol, vivait sous saint Louis.

— Ansel de Monchy, époux d'Antoinette de Picquigny, fonda l'abbaye de Suvie en souvenir d'une victoire qu'il avait remportée en Terre-Sainte sur les infidèles.

— Henry, sire DE MONCHY, épousa Catherine de Montmorency.
— Eudes DE MONCHY, chevalier, vivant en 1232.
— Anselme DE MONCHY, vivant en 1238 avec Widra, sa femme, et Hugues, son fils.
— Jean DE MONCHY, chevalier, envoyé en 1302 comme ambassadeur auprès de Boniface VIII, par Philippe-le-Bel.
— Nicolas, sire DE MONCHY, chevalier, en 1312.
— André DE MONCHY, témoin dans le procès de Robert, comte d'Artois.
— Adam DE MONCHY, au nombre des gentilshommes convoqués pour la guerre par ordre de Philippe VI, en 1337.
— Hugues DE MONCHY, allié à Ide de Créquy, vers 1340.
— André DE MONCHY, chevalier, obtient, en 1356, des lettres de rémission pour un homicide.
— Frémant DE MONCHY, arbalétrier dans la compagnie de Philippe d'Artois, chevalier banneret, en 1386.
— Fremin DE MONCHY et Perronnelle, sa femme, obtinrent des lettres de rémission vers 1400.
— Hubert, bâtard DE MONCHY, fut légitimé vers 1530 ou 1533.

Les armes de la maison DE MONCHY étaient *de gueules à trois maillets d'or,* que la branche aînée a quelquefois écartelé de celles des Montcavrel dont elle était l'héritière, *de gueules à trois quintefeuilles d'or, au chef d'or.* Les seigneurs de Senarpont et de Vimes avaient adopté pour brisure tantôt l'écusson de Ligne : *d'or à la bande de gueules,* tantôt celui de Cayeu : *parti d'or et d'azur à la croix ancrée de gueules,* qu'ils mettaient en abîme sur leurs propres armes.

Un seul rameau de cette famille figure au grand *Nobiliaire de Picardie;* c'est celui de Noroy, issu des seigneurs de Caveron, dont l'intendant Bignon confirma dans sa noblesse, le 2 juin 1708, le dernier représentant âgé de 90 ans, sur preuves du 10 mars 1535.

La maison DE MONCHY est entièrement éteinte.

1. — Jean DE MONCHY, chevalier, seigneur dudit lieu et de Mortagne, en 1351, épousa N.... de Planques, dont 1° Jean, qui suit ; 2° Catherine, dame de La Fosse, femme de Pierre de la Viefville.

2. — Jean DE MONCHY, II du nom, chevalier, seigneur de Monchy et de Planques, capitaine de Falaise, vivait encore en 1441. Il épousa Jeanne de Cayeu, dame de Visme, de Senarpont et de Dominois, la dernière de son nom. De cette alliance naquirent : 1° Pierre, seigneur DE MONCHY, dit *le Bègue*, gouverneur de Saint-Omer, allié à Jeanne de Ghistelles, dont la seule Julienne, dame de Monchy, qui porta cette terre à Jean Bournel, seigneur de Thiembronne, Beauchamp et Lambersart, son mari, dont elle était veuve en 1474 ; 2° Jean, mort en Turquie, à 28 ans ; 3° Edmond, qui suit.

3. — Edmond DE MONCHY, chevalier, seigneur de Massy, de Planques et de Bellacourt, fait chevalier à la prise du Crotoy, en 1437 ; il mourut après 1470. Il avait épousé le 31 janvier 1431 Jeanne, dame de Montcavrel, de laquelle il eut : 1° Pierre, qui suit ; 2° Hugues, chanoine de Saint-Omer ; 3° Jean, échanson du duc de Bourgogne, mort à Monthléry ; 4° Edmond, auteur de la branche des seigneurs de Senarpont, qui suivra ; 5° Catherine, femme de Wauthier, seigneur de Heulles ; 6° Jeanne, femme d'Antoine de Rubempré, seigneur d'Authie.

4. — Pierre DE MONCHY, chevalier, seigneur de Montcavrel, Massy, Aussennes, Inquessan, Planques, lieutenant du roi en Picardie et chambellan du roi, avait épousé le 18 novembre 1473 Marguerite de Lannoy, qui le rendit père de : 1° Jean, qui suit ; 2° Hugues, seigneur d'Aussennes, qui, de Jeanne, dame de Gouy, qu'il avait épousée le 29 janvier 1511, eut deux filles : Hélène, femme de Jean de Vaudricourt, écuyer, seigneur de Nempont, et Claude, abbesse de Sainte-Austreberthe de Montreuil ; 3° Jeanne, mariée le 26 janvier 1487 à

Hugues de Miraumont, dit *Hutin*, écuyer ; 4° Michelle, femme de Galois Blondel, baron d'Argoules, puis de Jean de Rochebaron, seigneur de Lignon.

5. — Jean DE MONCHY, chevalier, seigneur de Montcavrel, maître-d'hôtel du roi, épousa par contrat du 26 mai 1490 Anne Picard. Il fut tué à la bataille de Ravenne, en 1512. Il laissait plusieurs enfants : 1° Nicolas, qui suit ; 2° Jacques, auteur de la branche des seigneurs d'Inquessen et de Caveron, qui suivra ; 3° Claude, femme de Philippe de Wissocq, écuyer, seigneur de Gapennes ; 4° Françoise, alliée à Jean de La Haule, seigneur de Fremanville ; 5° Anne, religieuse chartreuse à Gonnay ; 6° Jeanne, sœur grise à Montreuil.

Charles, bâtard de Monchy, fils de Jean, fut chevalier de l'ordre du roi et enseigne d'une compagnie de gendarmes.

6. — Nicolas DE MONCHY, chevalier, seigneur de Montcavrel, épousa par contrat du 15 octobre 1516 Jossine d'Ailly, dont il n'eut que le suivant.

7. — François DE MONCHY, chevalier, seigneur de Montcavrel, chevalier de l'ordre du roi, allié par contrat du 18 novembre 1535 à Jeanne de Vaux, dame et héritière d'Hocquincourt, de laquelle il eut : 1° Charles et Louis, tous deux tués à la bataille de Dreux, en 1562 ; 2° Pierre, tué au combat de Jarnac, en 1569 ; 3° Antoine, qui suit ; 4° Charlotte, femme de Nicolas, baron de Mailloc ; 5° N...., demoiselle de Montdragon, morte sans alliance.

8. — Antoine DE MONCHY, chevalier, seigneur de Montcavrel, allié, par contrat du 7 mai 1570, à Anne de Balsac, dont : 1° Jean, qui suit ; 2° Georges, auteur de la branche des seigneurs d'Hocquincourt, qui suivra à son rang ; 3° Charlotte, femme de Jacques de Runes, écuyer, seigneur de Fouquesolle et de Beaucamp.

9. — Jean DE MONCHY, chevalier, seigneur de Montcavrel, Rubempré, Varennes, et Toutencourt, chevalier des ordres du

roi, gouverneur d'Ardres et d'Etaples, mourut en octobre 1638. De Marguerite de Bourbon, dame de Rubempré, sa femme, il avait eu plusieurs enfants : 1° César, mort enfant ; 2° François-Charles, marquis de Montcavrel, mort sans alliance à Paris, le 10 février 1627 ; 3° Bertrand-André, qui suit ; 4° Georges, chevalier de Malte ; 5° Anne, femme de Henry-Marc-Alphonse-Vincent Gouffier, seigneur de Crèvecœur et de Bonnivet ; 6° Madeleine, religieuse au Moncel ; 7° Jeanne, morte sans alliance ; 8° Marguerite, alliée, par contrat du 29 avril 1630, à René de Mailly, sire et baron dudit lieu, gouverneur de Corbie ; 9° Charlotte, abbesse de Sainte-Austreberthe de Montreuil.

10. — Bertrand-André DE MONCHY, chevalier, marquis de Montcavrel, seigneur de Rubempré, épousa par contrat du 9 mars 1627, Madeleine Aux-Épaules. D'eux sont issus : 1° Jean-Baptiste, qui suit ; 2° Jeanne, née en 1628, alliée, par contrat du 13 janvier 1649, à Louis-Charles de Mailly, marquis de Nesle ; 3° Marguerite, sans alliance ; 4° Geneviève et Catherine, sans alliance.

11. — Jean-Baptiste DE MONCHY, chevalier, marquis de Montcavrel, né en novembre 1629, allié à Claude de Mailly, dont

12. — Jean-François DE MONCHY, chevalier, marquis de Montcavrel, en 1699.

BRANCHE

des Seigneurs d'Hocquincourt.

9. — Georges DE MONCHY, chevalier, seigneur d'Hocquincourt, gouverneur de Monthulin, de Boulogne et de Péronne, capitaine de chevau-légers, premier maître-d'hôtel de la reine, grand louvetier du Boulonnais, grand-prévôt de l'hôtel et lieutenant-

général de Lorraine. Il épousa, par contrat du 1ᵉʳ avril 1598, sa cousine, Claude DE MONCHY, dame d'Inquessen. D'eux naquirent : 1° Charles, qui suit ; 2° Catherine, fille d'honneur de la reine, mariée, par contrat, du lundi 12 février 1624, à Jacques Rouxel, comte de Grancey, maréchal de France. De Gabrielle du Châtelet, sa femme, il n'eut pas d'enfants.

10. — Charles DE MONCHY, chevalier, marquis d'Hocquincourt, maréchal de France, gouverneur de Péronne, Roye et Montdidier, grand prévôt de l'hôtel du roi, tué devant Dunkerque le 13 juin 1658 en combattant dans les rangs de l'armée espagnole contre la France. Il avait épousé Éléonore d'Étampes, par contrat du 7 novembre 1628. Il en eut plusieurs enfants : 1° Georges, qui suit ; 2° Armand, évêque et comte de Verdun, abbé de Saint-Vanne de Verdun et de Notre-Dame de Bohéries, mort le 30 octobre 1679 ; 3° Jacques, tué au siège d'Anvers, en 1652 ; 4° Dominique, reçu chevalier de Malte le 20 avril 1637, nommé *le chevalier d'Hocquincourt*, mort dans un naufrage après avoir soutenu contre les Turcs un brillant combat naval, le 28 novembre 1665 ; 5° Honoré, aussi chevalier de Malte ; 6° Gabriel, dit *le comte d'Hocquincourt*, commandant les dragons de la reine, tué en Allemagne, le 25 juillet 1675 ; 7° Claude, religieuse à Chelles ; 8° Marguerite, chanoinesse de Remiremont.

11. — Georges DE MONCHY, chevalier, marquis d'Hocquincourt, chevalier des ordres du roi, lieutenant-général des armées du roi, mestre de camp du régiment de Bretagne, gouverneur de Péronne. Il fut allié en 1660 à Marie Molé, dont il eut : 1° Charles, marquis d'Hocquincourt, gouverneur de Péronne, tué en Irlande à la tête de son régiment le 1ᵉʳ juillet 1690 ; 2° Jean-Georges, marquis d'Hocquincourt et gouverneur de Péronne après son frère, tué auprès de Huy, le 27 août 1692 ; 3° Armand, mort jeune ; 4° Louis-Léonor, abbé de Notre-Dame de Bohéries, mort le 9 mai 1705 ; 5° Gabriel-Antoine, chevalier de Malte ; 6° Marie-Madeleine-Thérèse-Geneviève, demoiselle d'Hocquincourt, alliée en janvier 1695 à Antoine de Pas,

marquis de Feuquières, lieutenant-général des armées du roi et gouverneur de Verdun.

Seigneurs d'Inquessen et de Caveron.

6. — Jacques DE MONCHY, seigneur d'Aussennes et d'Inquessen, chevalier de l'ordre du roi, capitaine et gouverneur de Laon et du Laonnais, épousa Madeleine de Bossut, de laquelle il eut : 1° Philippe, mort sans alliance ; 2° Nicolas, chevalier de Malte en 1559 ; 3° Louis, seigneur d'Aussennes et d'Inquessen, gouverneur de Laon et du Laonnais, allié à Anne de Vaudricourt, dont Nicolas, mort prisonnier de guerre et sans alliance, et Claude, femme de Georges DE MONCHY, marquis d'Hocquincourt ; 4° Michel, abbé de Valoire, conseiller au Parlement de Rouen, mort en 1620 ; 5° Robert, qui suivra ; 6° Jacques, jésuite ; 7° Barbe, femme de Hector de Saint-Blaise, seigneur de Pouy ; 8° Anne, femme de Jean de Maulde, baron de Colembert en Boulonnais.

7. — Robert DE MONCHY, chevalier, seigneur de Caveron, capitaine de 50 hommes d'armes, colonel d'un régiment de pied pour la Ligue, chevalier de l'ordre du roi, épousa en premières noces Marguerite de Fiennes, dame d'Hennevaux et de Saint-Martin, et en secondes noces Anne de Pellevé. De la première il eut : 1° Géraud, qui suit ; 2° Antoine, baron de Saint-Martin, seigneur de Noroy, qui, de Jeanne de Guillebon, eut : — A. Robert ; — B. N... dame d'honneur de la duchesse de Nemours, femme de N... de Borel, baron de Manerbe ; — C. Marie-Françoise, femme de François-Annibal du Merle, seigneur de Blancbuisson : de Charlotte de Brouilly, sa seconde femme, Antoine eut encore : — D. Jean, seigneur de Noroy, sans enfants de Suzanne Le Faron ; — E. Charles ; — F. Antoine, seigneur de Rozanne ; — G. Marie, alliée le 7 septembre 1694 à Louis du Tertre, seigneur de Beauval : d'Anne de Calonne, sa

troisième femme, Antoine eut encore : — H. Barbe, mariée en 1610 à Antoine de Loyer, seigneur de Terrebœuf ; — I. Marguerite, femme de Michel de La Pasture, baron du Courset — d'Anne de Pellevé, sa seconde femme, Robert DE MONCHY eut : 3° Jean-Baptiste ; 4° Charles, seigneur de Caveron, allié d'abord à Madeleine de Bournonville, dame du Quesnoy, Fransu, Bouchoir et Longvillers, dont : — A. Jean-Robert, mort sans alliance ; — B. Marie-Claude, femme de Jean-Baptiste DE MONCHY DE MOMONT, puis, le 9 juin 1649, de Charles, seigneur de Sailly ; d'Isabeau du Chastellet sa seconde femme naquirent trois filles : — C. Marie ; — D. Adrienne, toutes deux religieuses au Moncel ; — E. Jourdaine, femme de Charles des Guets, seigneur du Luc.

8. — Géraud DE MONCHY, chevalier, seigneur d'Henneveux, gentilhomme de la chambre du roi, mort en 1615, avait épousé le 15 mars 1604 Marie du Fay, dont : 1° Robert, qui suit ; 2° Charles, seigneur de Rousseloy ; 3° Marie.

9. — Robert DE MONCHY, chevalier, seigneur d'Henneveux, Saint-Martin et Longfosse, mestre de camp d'un régiment d'infanterie, mort le 10 janvier 1638. De Marguerite de Raimbaucourt qu'il avait épousée le 13 février 1634, il avait eu : 1° Jean-Louis, sans alliance ; 2° Pierre-Robert, seigneur d'Henneveux, Saint-Martin et Châteaurouge, tué au siége de Lille en 1667, sans laisser d'enfants de Claude de Rouville, sa femme, qu'il avait épousée par contrat du 18 juillet 1664.

BRANCHE

des Seigneurs de Senarpont.

4. — Edmond DE MONCHY, chevalier, conseiller et chambellan du roi, seigneur de Senarpont et de Visme. Il épousa par contrat du 16 avril 1481, Isabeau de Ligne, dont il eut : 1° Jean, qui

suit ; 2° Jeanne, femme de Jacques, seigneur de Fouquesolle et d'Andrehan. — Il eut encore un fils bâtard, Edmond, qui fut la tige des seigneurs de Campeneuseville, rapportés plus loin.

5. — Jean DE MONCHY, écuyer, seigneur de Senarpont, Visme et Guimerville, épousa en 1500 Marguerite d'Abbeville, dite d'Ivergny, dame de Moimont, dont il n'eut que : 1° Louis, seigneur d'Ercourt, l'un des 100 gentilshommes de la maison du roi, mort sans alliance; et 2° Jean, qui suit.

6. — Jean DE MONCHY, chevalier, seigneur de Senarpont, baron de Visme, chevalier de l'ordre du roi, capitaine de Corbie, puis de Boulogne et de 50 hommes d'armes, lieutenant-général de Picardie, épousa par contrat du 18 mars 1531 Claude, dame de Longueval : Il épousa, en secondes noces, par contrat du 24 novembre 1563, Madeleine de Suze. De ses deux mariages naquirent : 1° François, tué à Amiens; 2° Antoine, qui suit ; 3° Jean, seigneur d'Ercourt, marié à Charlotte de Fleurigny, dont Louise, femme d'Alexandre de Morogues ; 4° Sidrach, auteur de la branche des seigneurs de Moismont, qui sera rapportée plus loin ; 5° Gédéon, seigneur de Mons, de Broutelles et de La Chaussée, allié à Charlotte d'Orbec, dont Suzanne, femme de François de Martel, seigneur de Fontaines ; 6° Suzanne, alliée à Thomas Sureau, seigneur de Farceaux, puis à Adrien de Bréauté ; 7° Gabrielle, épouse de Claude de Hames, seigneur de Bondus et d'Adinfer, puis de Robert des Marets, seigneur de Saint-Aubin en Caux ; 8° Antoinette, femme de Gilles Carbonnel, seigneur de Chassegay ; 9° Françoise, alliée à Nicolas Aux-Epaules, seigneur du Mont-Sainte-Marie, puis à Jacques Thésart, seigneur des Essarts ; 10° Charlotte, mariée avec François de Boulainvilliers ; 11° Jeanne, alliée à Robert de Pont-Bellanger, puis à François Thésart, seigneur des Essarts, puis enfin à Paul de Briqueville.

7. — Antoine DE MONCHY, chevalier, seigneur de Senarpont et de Longueval, baron de Visme, gentilhomme de la maison du roi, chevalier de son ordre et gouverneur de Boulogne. Il

épousa 1° par contrat passé le 31 décembre 1559, Jeanne Olivier de Leuville ; 2° Anne de Ligny ; 3° Françoise de Vaux : de ces trois unions naquirent : 1° Gédéon, qui suit ; 2° Benjamin, seigneur de Hodenc, mort sans alliance ; 3° Thomas ; 4° François, auteur de la courte branche des seigneurs de Longueval, qui suivra ; 5° Antoinette, alliée d'abord, le 22 juin 1579, à Henri de Cappendu, vicomte de Boursonne, puis à Philippe de Setonville, puis enfin à Jean de Gaillard, seigneur de Raucourt ; 6° Anne, femme de François Vatel, seigneur de Marigny ; 7° Claude, mariée le 25 janvier 1599 à François de Hervilly, seigneur de Vize.

8. — Gédéon DE MONCHY, chevalier, seigneur de Senarpont, baron de Visme, chevalier de l'ordre du roi, épousa par contrat du 9 octobre 1586, Christine de Vieuxpont, de laquelle il eut : 1° Anne, qui suit ; 2° Charles, auteur de la branche des barons de Visme, qui suivra à son rang.

9. — Anne DE MONCHY, chevalier, seigneur de Senarpont, gentilhomme ordinaire de la chambre du roi, allié par contrat du 2 février 1618 à Angélique Rouxel de Medavy. De cette union naquirent : 1° Charles, mort jeune ; 2° André, qui suit ; 3° Marguerite et Angélique, religieuses à l'abbaye-aux-Bois.

10. — André DE MONCHY, chevalier, marquis de Senarpont, seigneur de Guimerville, épousa, par contrat passé le 6 décembre 1655, Madeleine de Lannoy, dont il eut : 1° Charles, qui suit ; 2° André, chevalier de Malte ; 3° deux filles sans alliance connue.

11. — Charles DE MONCHY, chevalier, marquis de Senarpont, seigneur de Réderie et de Guimerville, page de la petite écurie du roi et capitaine de dragons, épousa, le 9 avril 1690, Marie-Madeleine de Melun, de laquelle il n'eut qu'une seule fille : Marie-Madeleine-Josèphe, qui épousa, le 9 mars 1710, son cousin, Nicolas DE MONCHY, baron de Visme, et lui apporta Senarpont.

BRANCHE

des Seigneurs de Moismont.

7. — Sidrach DE MONCHY, écuyer, seigneur de Moismont, épousa, le 23 juillet 1574, Anne de Marnix de Sainte-Aldegonde, dont il eut : 1° Charles, qui suit; 2° Jacques; 3° Anne; 4° Françoise, femme d'Adrien de Mireville, seigneur d'Estrimont.

8. — Charles DE MONCHY, écuyer, seigneur de Moismont et de Sainte-Radegonde, lieutenant de la compagnie des gendarmes de M. le Connétable, épousa Charlotte de Baquelier, par contrat du 6 mars 1604. De cette union naquirent : 1° Adrien, qui suit; 2° Charlotte, mariée en 1628 à Hélie de la Gandille, seigneur de Doudeauville; 3° Jeanne, femme de N... de La Mortellerie. En secondes noces il épousa Marthe Le Grand dont il n'eut que : 4° Pierre, prêtre de l'Oratoire. En troisièmes noces il épousa enfin Anne des Champs, de laquelle est né : 5° Jean-Baptiste, lieutenant de roi à Gravelines, mort en 1646, sans enfants de Marie-Claude DE MONCHY.

9. — Adrien DE MONCHY, chevalier, seigneur de Moismont, de Bois-Robert, de Baquelier et de Criquebœuf, épousa Anne de Bretel, dont il eut : 1° Claude, prêtre de l'Oratoire; 2° Raoul, mort sans postérité; 3° Henri, mort sans alliance; 4° Madeleine, femme de Jean de Vieuxpont, seigneur d'Ouzonville.

BRANCHE

des Seigneurs de Longueval.

8. — François DE MONCHY, chevalier, seigneur de Longueval, Buires, Flers, Frise, Biencourt et Commenchon, lieutenant de

roi à Amiens, gouverneur de Verneuil-au-Perche, épousa Claude de Créquy ; de cette union naquirent : 1° Charles, qui suit ; 2° François, seigneur de Biencourt, page de la reine ; 3° Charlotte, dame de Buire et de Biencourt, femme d'Adrien de Créquy, seigneur de la Cressonnière et de Frohen. De son second mariage avec Charlotte de la Chaussée il n'eut point d'enfants.

9. — Charles DE MONCHY, chevalier, seigneur de Longueval, épousa, en 1626, Suzanne Martel, dont il eut trois fils : François, Charles et Bernard, qui ne laissèrent pas de postérité, et une fille, Madeleine, femme de Gabriel de Roque, seigneur de Ville, près Noyon.

BRANCHE

des Barons de Visme.

9. — Charles DE MONCHY, chevalier, baron de Visme, épousa par contrat du 12 septembre 1619, Marie du Caurel, de laquelle il eut 22 enfants, entre autres : 1° François, qui suit ; 2° Georges, auteur du rameau des seigneurs de Talmas, qui suivra ; 3° Henri, vicaire-général, official et doyen de la cathédrale de Boulogne ; 4° Nicolas, tué en Hongrie ; 5° Louis, comte d'Atin, marié deux fois et sans postérité ; 6° Suzanne, femme : 1° de François-Pascal Lavernot, seigneur et vicomte d'Argnies et de Francières, 2° de Jean de Sacquespée, seigneur de Selincourt ; 7° Catherine, alliée, par contrat du 5 mars 1630, à Antoine de Belleval, chevalier, seigneur d'Angerville et de Tœuffles ; 8° Madeleine, femme de N... de Belleval, chevalier ; 9° Jeanne, abbesse de Berthaucourt ; 10° Marie, religieuse de la même abbaye.

10. — François DE MONCHY, chevalier, baron de Visme, seigneur de Sailly, épousa, par contrat du 9 mai 1659, Isabelle de Saint-

Blimond. Il en eut 14 enfants, entr'autres : 1° François, mort page de la grande écurie du roi ; 2° André, qui suit ; 3° Georges, chevalier de Malte ; 4° Jean-François, commandeur de Malte ; 5° Nicolas, dont la postérité sera rapportée après celle de son ainé ; 6° Suzanne, religieuse à l'abbaye d'Estrun ; 7° Isabelle, abbesse d'Avesnes ; 8° Charlotte, femme d'Ambroise, marquis de Melun ; 9° Françoise, mademoiselle de Sailly, morte sans alliance ; 10° Marguerite.

11. — André de Monchy, chevalier, marquis de Monchy, baron de Visme, sénéchal et gouverneur de Ponthieu, colonel d'infanterie, allié, par contrat du 25 novembre 1695, à Jeanne d'Estailleur de Chanteraine, dame de Chanteraine, La Queute et Francières. De leur union naquirent : 1° Benoit-Alexandre, qui suit ; 2° Jean-François, mort jeune à Saint-Sulpice ; 3° André-Honoré, marquis de Monchy, comte de Willerval, capitaine de cavalerie et chevalier de Saint-Louis, allié, le 18 octobre 1736, à Marie-Hélène-Liévine du Rietz de Willerval, puis à N... le Roy ; mort sans enfants ; 4° Marguerite-Isabelle, alliée le 20 août 1721, à Jérôme-René de Coppequesne, chevalier, seigneur de Fressenneville et de Friville ; 5° Françoise-Charlotte, prieure d'Avesne ; 6° Marie-Jeanne, abbesse d'Avesnes, en 1750 ; 7° Henriette-Josèphe, qui épousa, par contrat du 12 février 1742, Louis, comte des Essars, chevalier, seigneur du Hamelet, chevalier de Saint-Louis, capitaine-général des garde-côtes ; 8° Marie-Thérèse, mademoiselle de Francières.

12. — Benoit-Alexandre DE MONCHY, chevalier, comte de Monchy, baron de Visme, vicomte de La Queute, sénéchal et gouverneur de Ponthieu, épousa, en août 1723, Louise-Élizabeth Texier d'Hautefeuille, dont André, mort jeune et deux filles sans alliance, l'une d'elles morte en bas-âge.

11. — Nicolas DE MONCHY, chevalier, marquis de Senarpont, capitaine de cavalerie au régiment de Melun, épousa le 9 mars 1710, sa cousine, Marie-Madeleine-Josèphe DE MONCHY, héritière de Senarpont : d'elle il eut : 1° Maximilien, mort à l'âge

de 12 ans ; 2° Nicolas-Louis-Joseph-René, comte de Monchy, mort à l'âge de 24 ans, étant capitaine de dragons ; 3° Andrée-Armande, chanoinesse de Maubeuge, puis femme de Philippe-Charles-Joseph, prince de Berghes ; elle n'eut pas d'enfants et laissa Senarpont à sa sœur ; 4° Marie-Madeleine-Anicie, alliée, le 1ᵉʳ décembre 1743, à Maximilien-Guillaume-Adolphe, prince d'Orange et de Nassau-Siégen.

RAMEAU

des Seigneurs de Talmas.

10. — Georges DE MONCHY, chevalier, seigneur de Talmas, épousa 1° Marie-Louise de Ghistelles ; 2° par contrat du 12 mars 1673, Marguerite de Saint-Lo : de ces deux unions naquirent : 1° Georges, capitaine au régiment de Robecq, tué à la Marsaille, en 1693, sans alliance ; 2° Louise, femme de N. de Thubeauville, chevalier, seigneur de la Rivière ; 3° Marie-Élizabeth, abbesse de Berthaucourt, en 1719 ; 4° Armand-Georges, qui suit ; 5° Henri, marquis de Monchy, maréchal des camps et armées du roi, grand-écuyer du duc de Lorraine, mort en 1740, sans enfants ; 6° autre Henri, vicaire-général d'Ypres, grand-prévôt d'Aire ; 7° André-Théodose, chevalier de Saint-Louis, capitaine au régiment royal des carabiniers ; 8° Marguerite-Anne, morte sans alliance.

11. — Armand-Georges DE MONCHY, chevalier, comte de Monchy, seigneur de Talmas et de Beaucamp-le-Vieux, mort en 1723, allié à Thérèse de Videbien, dont : 1° Henriette, héritière de Talmas, qui épousa Joachim-Hippolyte-Alexandre de Fléchin, marquis de Wamin ; 2° Marie-Élizabeth-Maximilienne, Mademoiselle de Monchy ; 3° Elisabeth-Thérèse, Mademoiselle d'Ignaucourt ; 4° Thérèse-Hubertine-Armande-Marguerite, Mademoiselle de Juvency.

BRANCHE

des Seigneurs de Campeneuseville.

5. — Edmond DE MONCHY, fils bâtard d'Edmond DE MONCHY, seigneur de Senarpont et de Pérette de Nesle, fut seigneur de Campeneuseville, et homme d'armes dans la compagnie d'ordonnance du sire de la Gruthuze. Il fut légitimé au mois d'octobre 1511. De Jeanne de Noyelle, sa femme, naquit :

6. — Jean DE MONCHY, écuyer, seigneur de Campeneuseville, conseiller au châtelet de Paris, épousa en 1531 Marguerite Turquan, dont il eut : 1° Claude, qui suit ; 2° Catherine, femme de Pierre de Pilloque, avocat au parlement de Paris ; 3° Isabeau.

7. — Claude DE MONCHY, écuyer, seigneur de Campeneuseville, épousa le 4 mai 1577 Claude du Bosc et fut père de : 1° Isambert, qui suit ; 2° Jacques, écuyer, seigneur de Lamberval, allié à Marguerite de Vendome-Ligny, dont naquit Charles, écuyer, seigneur de Valcourt, de Lamberval et de Digeon, allié à Marguerite Le Vaillant de laquelle il eut Léonard, écuyer, seigneur de Digeon et Valcourt, mort sans alliance, Marthe, femme de Pierre Le Vaillant, écuyer, seigneur des Couppes, et Madeleine, femme de François Labitte, de Digeon ; 3° Claude, femme de Guillaume du Tournoy-Anglois, gentilhomme de la chambre du roi, puis de Simon de Badou, seigneur de Prunay près Alby ; 4° Anne ; 5° Marie, femme de Socrate Aubert, seigneur de la Moissonnerie.

8. — Isambert DE MONCHY, écuyer, seigneur de Campeneuseville, allié à Ide de Bézu, eut d'elle : 1° Jean, qui suit ; 2° Louis, écuyer, seigneur de Lamberval, l'un des 200 chevau-légers de la garde du roi, capitaine de chevau-légers ; 3° Charles, écuyer, seigneur de La Haye.

9. — Jean DE MONCHY, écuyer, seigneur de Campeneuseville, épousa en 1635 Suzanne Charlet : d'eux naquirent : 1° Jean,

écuyer, seigneur de Campeneuseville, maintenu dans sa noblesse le 23 février 1669 ; il avait épousé Catherine Fayet, le 21 novembre 1666 ; 2° Louis, écuyer, seigneur de Lamberval.

MONTREUIL.

Les seigneurs de Montreuil étaient issus des comtes de Ponthieu de la première race, par Foulques, dit DE MONTREUIL, fils cadet d'Hugues II, comte de Ponthieu et de Montreuil, et frère de Guy Ier, comte de Ponthieu. Cette illustre origine est prouvée par les chartes et les recherches des plus savants généalogistes et historiens, Du Cange, le Père Anselme, etc... Nous n'entreprendrons pas de donner ici la filiation complète et suivie des comtes de Ponthieu depuis Angilbert jusqu'à Hugues II, père de Foulques DE MONTREUIL : on la trouvera à l'article concernant les seigneurs de Maisnières qui, eux aussi, étaient issus des comtes de Ponthieu, et dès lors, il devenait inutile de la reproduire encore. Depuis Angilbert, comte des côtes maritimes et gendre de Charlemagne, jusqu'à Hugues II père de Foulques, il y eut onze générations de comtes : Hugues II, qui va suivre, formait le 12me degré, et Foulques DE MONTREUIL, le 13me.

Les armes des sires de Montreuil étaient les mêmes que celles des comtes de Ponthieu, c'est-à-dire : *d'or à trois bandes d'azur.*

12. — Hugues II, comte de Ponthieu, avoué de l'abbaye de Saint-Riquier, douzième descendant d'Angilbert, mourut le 20 novembre 1052. De lui étaient issus : 1° Enguerran, comte de Ponthieu, tué en 1053 en secourant le château d'Arques ; 2° Guy, qui hérita du comté de Ponthieu à la mort de son père ; 3° Foulques, dit DE MONTREUIL, qui suit.

13. — Foulques, dit DE MONTREUIL, chevalier, fut apanagé de la seigneurie de Maintenay. Il mourut en 1087, laissant entre autres enfants, Enguerran, qui suit.

14. — Enguerran DE MONTREUIL, chevalier, seigneur de Maintenay. Il donna, vers 1106, aux religieux de Marmoutiers des biens situés auprès de son château pour y construire un monastère. Il fut père de Guillaume.

15. — Guillaume DE MONTREUIL, chevalier, seigneur de Maintenay. Il confirma à l'abbaye de Saint-Josse-sur-mer, en 1174, le don de quelques eaux faites à ce monastère par Eustache, seigneur de Montawis. Il eut avec Hugues, abbé de Valoires, au sujet des eaux et de la pêche de Préaux, un différend qui fut terminé par Thibaut, évêque d'Amiens, en 1177. Il eut pour fils Enguerran.

16. — Enguerran DE MONTREUIL, chevalier, seigneur de Maintenay, fut père de :

17. — Wautier DE MONTREUIL, dit Tyrel, chevalier, seigneur de Maintenay. Il donna, en 1213, à l'abbaye de Valoires ce qu'il avait à Montigny. De sa femme, dont le nom est inconnu, il eut : 1° Guillaume, qui suit ; 2° Robert, chevalier, vivant en 1219.

18. — Guillaume DE MONTREUIL, chevalier, seigneur de Maintenay, confirme en 1200 aux religieux de Maintenay les donations qui leur avaient été faites par ses ancêtres. De Béatrix, sa femme, il n'eut qu'une fille unique.

19. — Clémence DE MONTREUIL, dame et héritière de Maintenay, apporta cette seigneurie à Guillaume de Maisnières, chevalier, qu'elle épousa vers 1230.

MORIVAL.

Cette famille est peu connue ; elle était cependant d'excellente et très ancienne noblesse, ainsi que l'on peut s'en convaincre par les documents qui suivent : elle devait son nom au village de Morival, section de la commune de Visme. Nous n'avons pu retrouver ses armoiries.

— Bernard et Lambert DE MORIVAL ont fait des donations à l'abbaye de Sery, avant 1185.

— Raoul DE MORIVAL, vicomte, assiste à la vente d'une masure, en 1182.

— Roger DE MORIVAL sert de témoin dans une charte de l'abbaye de Sery, de l'an 1185.

— Drouet DE MORIVAL, écuyer, servait dans la compagnie d'André, sire de Rambures, chevalier, le 1er septembre 1387.

1. — Gauthier DE MORIVAL, chevalier, seigneur dudit lieu ; il ratifia, en 1191, toutes les donations faites par ses ancêtres à l'abbaye de Sery. Il s'y fit religieux, vers la même époque : ses enfants furent : 1° Pierre, qui suit ; 2° Gauthier.

2. — Pierre DE MORIVAL, chevalier, seigneur dudit lieu, au moment de partir pour la croisade fait une donation de terres à l'abbaye de Sery, en 1191. Dans cette pièce sont rappelés sa femme et son fils, Richard.

3. — Richard DE MORIVAL, chevalier, seigneur dudit lieu, vers 1200. Il aurait pu être père du suivant :

4. — Raoul DE MORIVAL, chevalier, dit Broutin, sire dudit lieu ; avec sa femme et tous ses enfants il reconnait en juillet 1246, n'avoir aucun droit sur dix journaux de terre assis à Luastre et qui appartenaient à l'abbaye de Sery. Il confirma à la même abbaye, en avril 1249, les donations faites par ses ancêtres. D'Ermengarde, sa femme, il avait eu beaucoup d'enfants : 1° Enguerran, qui suit ; 2° Gauthier, clerc ; 3° Bertin ; 4° Bernard ; 5° Hugues ; 6° Pierre ; 7° Marie ; 8° Jeanne ; 9° Béatrix.

5. — Enguerran DE MORIVAL, chevalier. Il n'est connu que par les deux chartes de son père.

N.

NEUVILLE.

Les seigneurs dont nous allons parler tiraient leur nom du hameau de Neuville-Saint-Riquier, annexe de la commune d'Oneux, canton de Nouvion. On ne sait que peu de chose sur eux, mais au moins un sceau de Thomas DE NEUVILLE, de 1275, nous a conservé le blason de cette noble famille qui était *une étoile à six rais*.

— Thomas DE NEUVILLE, chevalier, et Guyon, son frère, aussi chevalier, engagent à l'abbaye de Saint-Riquier pour la somme de 60 livres parisis quatorze journaux de terre au Val de la Haye, 1241.

— Thomas DE NEUVILLE, écuyer, vend à l'évêque d'Amiens toutes les dîmes qu'il tenait à Baiardes, à Saint-Pierre, à Vaux et à Bussus pour 900 livres parisis, en janvier 1275. Il lui vend encore, en juin 1276, moyennant 248 livres parisis toute la dîme qui lui appartient au territoire de Gueschard.

— Jean DE NEUVILLE, seigneur de Ponches, et les autres hommes-liges de Crécy, assistèrent à la preuve faite par les parents d'Andrienet Rabot de son innocence, (v. ce nom), en août 1299.

— Thomas DE NEUVILLE-SAINT-RIQUIER, écuyer, tenait de l'évêque d'Amiens une rente de 20 muids de blé aux territoires de Neuville et de Coulonvillers, avec les dîmes des laines d'agneaux à Oneux, au Festel, Coulonvillers, Bussu, Soiarmont, Imécourt, Neuville et Hanchies, en 1302.

NIBAS.

Armes : *de gueules à trois épées d'argent garnies d'or, mises en pal, la pointe en haut.*

Cette famille de bonne noblesse et éteinte depuis plusieurs siècles, était originaire du village de Nibas. On remarque dans sa généalogie suivie, que nous allons donner ci-dessous, une lacune d'un siècle que toutes nos recherches n'ont pu parvenir à combler. Mais, du moins, ce nouveau travail, tel qu'il est, suppléera à l'insuffisance de la trop courte notice que nous avions donnée dans notre premier volume, (page 261).

1. — Jean DE NIBAS, écuyer, seigneur dudit lieu, fut arbitre avec Jean de Frieucourt, chevalier, d'un différent entre la comtesse de Dreux, dame de Saint-Valery, et l'abbaye de Saint-Valery touchant les marais situés entre Cayeu et Eu, en mai 1243. Il laissa pour fils : 1° Jean, écuyer, possesseur d'un fief à Saucourt en 1264, et de deux manages à Nibas et à Saint-Valery, en 1265 ; 2° autre Jean, qui suit.

2. — Jean DE NIBAS, dit Le Doyen, écuyer, seigneur dudit lieu ; il reconnut en mai 1265, qu'il n'avait rien à prétendre sur les deux manages de son frère, et que l'abbaye de Saint-Valery avait la moitié du four de Nibas. Il donna, le 25 juillet 1270,

à ladite abbaye deux journaux de terre à Escarbotin pour faire célébrer un service annuel dans l'église de Friville pour sa femme. De celle-ci, nommée Marie, il n'avait eu qu'un fils, Jean.

3. — Jean DE NIBAS, écuyer, seigneur dudit lieu, n'est connu que par les actes de son père, dans lesquels il est toujours mentionné. De lui, après deux générations environ, est issu le suivant que nous indiquons donc comme devant représenter la sixième génération.

. . . .
. . . .

6. — Antoine DE NIBAS, écuyer, seigneur dudit lieu, allié à Antoinette de Moyenneville, habitait Nibas avec sa femme, en 1403. De leur union est issu Jean, qui suit.

7. — Jean DE NIBAS, écuyer, seigneur dudit lieu. Il constitue, le 8 juillet 1438, au tuteur de Nicolas Le Vasseur, une rente de cinquante livres sur sa seigneurie de Nibas. Le 27 janvier 1449, comme homme-lige de Girard de Biencourt, seigneur de Poutraincourt, il assista à la saisine de quatre journaux de terre à Biencourt, acquis par les chartreux d'Abbeville. De Robine Cochet, sa femme, il eut : 1° Antoine, qui suit ; 2° Jean, qui suivra après son frère ; 3° Isabelle, alliée d'abord à Jean du Bus, puis, et avant le 4 mars 1454, à Colart Abraham, écuyer, seigneur de Woincourt en partie.

8. — Antoine DE NIBAS, écuyer, seigneur dudit lieu et d'Allenay, vend, le 28 avril 1484, 40 livres de rente à Antoine de Saint-Lau, écuyer, sur sa seigneurie de Nibas, tenue de l'abbaye de Saint-Valery, et sur celle d'Allenay tenue de Guillaume d'Abbeville dit d'Ivregny, écuyer, comme époux de Marie de Biencourt, dame de Saint-Maxent. Il vend encore à Jean Blottefière, écuyer, une rente annuelle de 26 livres 13 sous 8 deniers sur ses dites seigneuries, le 9 janvier 1484. L'abbaye de Saint-Valery avait obtenu, le 17 mars 1494, du bailli d'Amiens, l'autorisation de saisir les biens d'Antoine DE NIBAS,

pour obtenir le paiement de diverses créances qu'elle possédait ; Antoine lui vendit sa seigneurie de Nibas, qu'il tenait d'elle en plein fief, moyennant 480 livres tournois, le 4 avril 1495. Il se retira ensuite à Lignemarre où il vivait encore le 18 janvier 1499.

8 bis. — Jean DE NIBAS, écuyer, frère du précédent. Il prit à rente de l'abbaye de Saint-Valery la maison et chef-lieu de la seigneurie de Nibas, vendue par son frère à ladite abbaye. De lui est issu le suivant.

10. — Antoine DE NIBAS, écuyer, sénéchal de Domart, en 1504.

A cette famille appartenaient encore :

— Colart DE NIBAS, vivant en 1329.
— Colart DE NIBAS, écuyer, servait dans la compagnie de Pierre de Hangest, chevalier, en 1380. Il habitait à Pendé, en 1383, quand il servit à la seigneurie de Boubers un aveu pour un fief qu'il tenait d'elle audit lieu de Pendé.
— Guiot DE NIBAS, écuyer, servit dans la compagnie de Louis de Boubers, écuyer, en 1387.

NOUVION.

Cette ancienne famille, qui tirait son nom de la seigneurie et pairie de Nouvion en Ponthieu, est connue depuis l'an 1110. Le dernier de ses membres, dont les documents que nous avons réunis fassent mention vivait à la fin du xve siècle. Bien qu'Eustache DE NOUVION se soit servi, en 1222, d'un sceau chargé de *trois bandes*, il est constant, d'après les sceaux de ses descendants et d'après tous les armoriaux de Ponthieu, que les armes des seigneurs de Nouvion furent : *d'azur à trois aigles éployées d'or, 2 et 1*.

1. — Henri DE NOUVION, chevalier, seigneur dudit lieu, vivait en 1128. On lui donne pour fils et héritiers : 1° Bertrand, qui

suit ; 2° Gauthier, chevalier, qui figure avec son frère dans un assez grand nombre de chartes en qualité de témoin, de 1160 à 1195.

2. — Bertrand DE NOUVION, chevalier, sire dudit lieu, comparait comme témoin dans un grand nombre de chartes depuis 1160 jusqu'en 1195. Il eut pour enfants : 1° Eustache, qui suit ; 2° Dreux, chevalier, vivant avec Béatrix, sa femme, en 1232.

3. — Eustache DE NOUVION, chevalier, seigneur dudit lieu et de Béthencourt ; il amortit à l'abbaye du Gard le tiers de la dîme de Belloy, en avril 1219 : il sert un aveu aux sires de Picquigny et de Saint-Sauflieu pour ce qu'il tient à Picquigny, en juin 1223. De Marie, sa femme, il eut beaucoup d'enfants : 1° Henri, qui suit ; 2° Hugues ; 3° Michel ; 4° Guy ; 5° Pierre ; 6° Agnès ; 7° Eve.

4. — Henri DE NOUVION, chevalier. seigneur dudit lieu et de Béthencourt. Il renonça, en février 1231, moyennant une rente annuelle de 30 sous, au droit qu'il avait de recevoir chaque année de l'abbaye de Saint-Josse un manteau et une paire de bottes. Il n'avait pas encore d'enfants alors, car dans cette charte il désigne Hugues, son frère, comme son héritier présomptif. Il comparut encore dans un acte de 1270. De lui sont issus : 1° Jean, qui suit ; 2° autre Jean, qui suivra après son frère ; 3° Thomas, chevalier, époux d'Agnès, qui ratifie en 1305, le testament de son frère aîné.

5. — Jean DE NOUVION, chevalier, seigneur dudit lieu, donne en 1302, 30 journaux de bois à la chartreuse d'Abbeville dont il se dit le fondateur. Il lui donne encore 40 journaux de terre en 1303, et fait en 1305 son testament par lequel il lègue à la même chartreuse le moulin et le vivier Bonnelle-sous-Nouvion.

5 bis. — Jean DE NOUVION, chevalier, seigneur de Tieuvres et de Pissy, époux de Colaye de Mailly. Il fait un échange de terres à Pissy avec l'abbaye de Saint-Lucien de Beauvais, en août 1276. Il vendit à l'évêque d'Amiens sa terre de Pissy, en novembre 1295.

Les personnages qui suivent appartiennent à cette famille, mais ils n'ont pu trouver place dans le fragment de filiation suivie qui précède.

— Robert DE NOUVION, chevalier, vivant en 1110.

— Henri DE NOUVION, chevalier du Temple, accepte une donation faite à son ordre en 1164.

— Alard DE NOUVION, chevalier, témoin dans une charte de 1202.

— Simon DE NOUVION, chevalier, fait une donation à l'abbaye de Valoires du consentement de ses frères Hugues et Thomas.

— Enguerran DE NOUVION, chevalier, père de Gauthier et de Pierre, tous deux vivant en 1219.

— Jean, seigneur de Nouvion et de Doudelainville, chevalier, avoue tenir noblement en pairie du roi, à cause du comté de Ponthieu, sa terre de Nouvion avec tous les hommages qui en dépendent, le 8 octobre 1379.

— Jean DE NOUVION, dit Gauvain, tenait à Ponches un fief mouvant de la seigneurie dudit lieu, en 1380.

— David DE NOUVION, fils puîné de Guillaume DE NOUVION et de Marie de Noyelles, relève un fief de la succession de sa mère à Bruay, le 1er octobre 1474.

— Jean DE NOUVION, époux de Marguerite de Corbie, relève un fief tenu de l'évêché de Beauvais, le 4 octobre 1482.

NOYELLES.

C'est par erreur que nous avions classé cette famille parmi celles de l'ancienne bourgeoisie d'Abbeville, car elle avait été anoblie par lettres du roi Charles VI du 20 juin 1388, enregistrées à la chambre des comptes le 13 juillet suivant, dans la personne de Jean DE NOYELLES, demeurant à Saint-Valery avec sa femme, Simone. Les armes qui lui furent octroyées dans cette circonstance étaient un écu : *d'argent à la fasce d'azur accompagnée en chef de trois fleurs de lys de gueules, et en pointe d'une molette de sable.*

De Jean DE NOYELLES, anobli, était issu, après deux ou trois générations :

1. — Jean DE NOYELLES, écuyer, mayeur d'Abbeville en 1478, qui fut père de :

2. — Jean DE NOYELLES, écuyer, avocat en Parlement, qui était mort en 1524, laissant seulement trois filles : 1° Catherine, femme de Nicolas de Beauvisage ; 2° Marie, alliée dès 1515 à Nicolas Le Prévost, écuyer, seigneur de Pendé : elle mourut le 13 mars 1533 et fut inhumée dans l'église de Pendé ; 3° N.. femme de Louis de Haudecoustre, écuyer, seigneur de Lanchères et de Boismont, prévôt du Vimeu pour le roi, déclaré noble par certificats des maire et échevins de Saint-Valery, des 4 novembre 1530, 4 décembre 1534, et 6 décembre 1535.

OCCOCHES.

Cette ancienne famille, dont la noblesse est immémoriale, tirait son nom du village d'Occoches, situé aujourd'hui dans le canton de Bernaville, et qui faisait partie du Ponthieu. Une courte branche, héritière de la seigneurie de Neufville, en Artois, en prit le nom, tout en conservant les armes d'Occoches, mais elle s'éteignit après une courte durée. La branche aînée ne quitta pas le Ponthieu, où elle s'éteignit au siècle dernier, après s'être alliée aux meilleures maisons de la province et de l'Artois. Les armes de la famille d'Occoches étaient : *d'argent à la fasce de gueules, surmontée de trois coqs de sable, membrés, becqués, crétés et barbelés de gueules.* — Gélic a prétendu, se fondant sur la similitude d'armoiries, que les d'Occoches étaient des cadets de la maison de Béthune qui portait, comme chacun le sait, *d'argent à la fasce de gueules,* et qu'en devenant possesseurs de la seigneurie d'Occoches ils avaient ajouté, en guise de brisure, les trois coqs à leurs armoiries qui devenaient parlantes (Occoches, Aucoch, Aucock). Il est inutile de s'arrêter à réfuter une opinion qui ne repose sur aucun fondement sérieux, qui n'est étayée d'aucune preuve. On ne l'a rapportée ici que pour montrer jusqu'où peut entraîner l'amour excessif des hypothèses, amour que Gélic a porté dans ses écrits au plus haut degré.

La filiation prouvée s'établit de la manière suivante :

1. — Hugues d'Occoches, chevalier, seigneur de la Chapelle et de Bazel, vivant avec Alette de Béthune, sa femme, en 1198. Ils eurent pour enfants : 1° Porus, qui suit ; 2° Simon ; 3° Wautier, mort en 1246, et enterré à Saint-Aubert.

2. — Porus d'Occoches, chevalier, seigneur de la Chapelle et de Rossut, vivant avec Marie de Dincourt, sa femme, en 1240 : de cette union naquirent quatre fils : 1° Hugues, qui suit ; 2° Porus ; 3° Pierre ; 4° Simon.

3. — Hugues d'Occoches, chevalier, seigneur de la Chapelle, vivant en 1287, avec Marguerite de Matringhen, sa femme. On ne lui connaît pas d'autre fils que le suivant :

4. — Hector d'Occoches, chevalier, seigneur de Mancicourt, allié à Jacqueline de Framecourt, dont : 1° Porus, qui suit ; 2° Colaye, femme de Jacques de Melun, seigneur de Monchy ; 3° N... femme de N... de Wavrans, chevalier.

5. — Porus d'Occoches, chevalier, allié à Marguerite de Villers-au-Tertre, fut père de : 1° Jacques, seigneur de Mancicourt, allié à Florence Le Fèvre, dont Isabeau, dame de Mancicourt, femme d'Amé d'Esne, chevalier, pair du Cambrésis, avant 1480 ; 2° Jean, qui suit ; 3° Bonne, dame de Saint-Martin, femme d'Adrien de Bailleul.

6. — Jean d'Occoches, écuyer, épousa N... de Neufville, dame dudit lieu, qui lui apporta tous les biens de la branche aînée de sa maison. De cette union naquirent : 1° Robert, écuyer, seigneur de Neufville, Alènes, Flamenghen et Hennin-sur-Cageul, le devint aussi d'Ailly-le-Haut-Clocher par son mariage avec Catherine de Fosseux : il servait en septembre 1411 dans la compagnie de M. de Contes, chevalier-bachelier :

il fut père de : A.— Jean, seigneur de Neufville, Allequier, Ailly et Boubers, conseiller et chambellan du duc de Bourgogne, allié à Isabeau de Ligne, qui se remaria avec Jean de Mailly, chevalier ; B. — N .. femme de N... de Mailly ; 2° Antoine, écuyer, dont les biens furent confisqués et donnés par Louis XI le 13 juillet 1477 à Antoine de Lameth, son écuyer d'écurie ; 3° Pierre, qui suit.

7. — Pierre d'Occoches, écuyer, dit le Barbe, seigneur dudit lieu, servait en 1411 dans la compagnie de M. de Contes, avec son frère Robert : il était qualifié en 1421, noble et puissant seigneur, et seigneur en partie d'Hénencourt. De son mariage avec N... de la Thieulloye naquirent : 1° Jean, écuyer, dit Butor, seigneur en partie du fief d'Occoches à Hénencourt, en 1440, allié à Masse de Boncourt dont Antoine, sans postérité ; 2° Huc, qui suit ; 3° Jeanne, femme d'Edmond de Maisnières, écuyer, seigneur dudit lieu et de Rogeant en partie ; 4° Jeanneton, religieuse à Epagne,

8. — Hue d'Occoches, écuyer, épousa Jeanne d'Aigneville, qui était veuve de lui, dès le 27 janvier 1463. Ils n'eurent que deux enfants : 1° Pierre, qui suit ; 2° Jeanne, femme de Florimond de Brimeu, chevalier, sénéchal de Ponthieu.

9. — Pierre d'Occoches, écuyer, seigneur de Framicourt-le-Grand et d'Yzencourt : de sa femme dont le nom est inconnu il eut : 1° Antoine, qui suit ; 2° Jean, écuyer, allié à Jeanne de Bulleux, dame de Sotteville.

10. — Antoine d'Occoches, écuyer, seigneur de Framicourt, fut père de : 1° Antoine, qui suit ; 2° Jean, écuyer, seigneur d'Yzencourt, dont Antoine, écuyer, seigneur d'Izencourt, premier écuyer de la grande et de la petite écurie de Mgr le connétable ; père de Roberte, dame d'Yzencourt, qui testa le 5 août 1567 ; 3° Françoise, femme de Lionel du Hamel, écuyer, seigneur du Hamel et d'Allery.

11. — Antoine d'Occoches, écuyer, seigneur de Framicourt, épousa Jeanne de Sors, et mourut avant 1567, laissant : 1° Charles,

qui suit ; 2° Aimée, femme de Jacques de Caumont, écuyer, seigneur de Woincourt, puis de Charles de Saint-Ouen, écuyer, seigneur de Fresne.

12. — Charles d'Occoches, écuyer, seigneur de Framicourt, vivant en 1584, fut père de :

13. — Antoine d'Occoches, écuyer, seigneur de Framicourt, Witaintainéglise et du fief de Saint-Valery à Martainneville et au Plouy, en 1622. Il se maria trois fois : 1° avec Marie de Fontaines, de Pellevert ; 2° avec N... Polhoy ; 3° avec Marie Rabellin. Il eut dix enfants : 1° François, sans alliance ; 2° Antoine, qui suit ; 3° Marie, femme d'Isembart du Royon ; 4° Charles ; 5° Antoinette, femme de François Danzel, écuyer ; 6° Hippolyte ; 7° Charles ; 8° Pierre ; 9° Suzanne ; 10° Marie.

14. — Antoine d'Occoches, écuyer, seigneur de Framicourt et de Witainéglise, épousa le 10 mai 1624 Madeleine du Closel dont il eut Charles, qui suit, Marie et Catherine.

15. — Charles d'Occoches, chevalier, seigneur de Witainéglise, Framicourt, Closel, Fresnoy et Follemprise, fut père de :

16. — Charles d'Occoches, chevalier, seigneur de Witainéglise, Framicourt, Closel, Fresnoy et Follemprise, se maria deux fois, à N... de Mauvoisin, puis à N... de Blottefière : il n'eut d'enfants d'aucune des deux et fut le dernier de sa race.

Parmi les membres de la famille d'Occoches que l'on n'a pu rattacher directement à la généalogie, il faut citer :

— Pierre d'Occoches qui sert de témoin dans le cartulaire de Saint-Pierre, en 1190.

— Roland d'Occoches, en 1200.

— Huon d'Occoches, sergent du comte d'Artois, sénéchal de Ternois, et Huon, son fils, en 1269.

— Jean d'Occoches, chevalier, en 1296.

— Robart d'Occoches, écuyer, en 1345.

— Witasse d'Occoches, comme mari d'Yfame Le Trépié, tenait un fief à Hallencourt mouvant du château dudit lieu, en 1375.

— Marie de Bullecourt, dame de Cagny, veuve de Galehaut d'Occoches, chevalier.

— Henri d'Occoches, écuyer, servant dans la compagnie de Sohier de la Viefville, en 1380.

— Robert d'Occoches, écuyer, tuteur de Jeanne d'Allouaigne, à cause de sa femme, en 1381.

— Jean d'Occoches, écuyer, dit Galehaut, seigneur du Mesnil, en 1394.

— Marie de Tramecourt, veuve de Jean d'Occoches, écuyer, seigneur de Neuville, et tutrice de Jean, son fils mineur, en 1417.

— Jean d'Occoches, dit Martel, chevalier, seigneur de Tilloy, en 1431.

— Robert d'Occoches, écuyer, homme-lige du château d'Agnières, en 1435.

— Robert d'Occoches, écuyer, seigneur de Parsène et de Maisnil-Saint-Denis, époux de Marie de Menon, en 1445, fut père de Jean, écuyer, vivant en 1458.

— Charles, duc de Bourgogne, accorde, le 1er octobre 1469, à Robert d'Occoches, chevalier, seigneur de Héricourt, une pension de 100 livres sur la recette de Béthune, en considération de ce que trois de ses frères ont été tués au service du duc Philippe, son père, et des services que Robert lui-même a rendus en diverses occasions, dans la guerre contre les Gantois, à la bataille de Montlhéry, à l'attaque de Liège où, étant à l'avant-garde il reçut un coup de fauconneau au-dessus du genou, de telle sorte qu'il ne se peut plus servir de cette jambe, etc...

— Antoine d'Occoches, écuyer, seigneur de Courcelles-sous-Moyencourt, et Isabelle de Domqueur, sa femme, tous deux demeurant audit Courcelles, en 1485.

— Pierre d'Occoches, écuyer, seigneur du Hamel-Notre-Dame, en 1484.

— Antoine d'Occoches, écuyer, et Marguerite de La Caurie, sa femme ; il était mort avant 1495, et sa veuve était alors tutrice de Jeannet, leur fils, et de Mariette, leur fille.

— Jean d'Occoches, écuyer, seigneur de Fay-aux-Loges, en 1488.

OISENCOURT.

Le fief qui donnait son nom à cette famille, relevait de la seigneurie de Liercourt et faisait partie de ce qui est devenu le canton d'Hallencourt. Nous en avons vainement cherché quelque trace. Nous n'avons pas été plus heureux pour les armoiries de la famille qui nous sont inconnues.

— Guy d'Oisencourt et Béatrix, sa femme, amortissent 2 journaux de terre à Escarbotin, le 14 juillet 1284.

— N... d'Oisencourt, doyen du chapitre de Noyelles, en 1300.

— Raoul d'Oisencourt, écuyer, comme tuteur de Guillaume d'Oisencourt, son neveu mineur, seigneur en partie de Laviers, amortit une maison à Laviers acquise par les Chartreux d'Abbeville, le 3 mars 1351.

— Pierre d'Oisencourt, écuyer, comme époux de Colaye, fille de feu Firmin L'Enfant, chevalier, vendit au seigneur de Grambus, chevalier, tout ce que sa femme possédait à Saint-Riquier, en 1376.

— Robert d'Oisencourt, écuyer, seigneur en partie d'Oisencourt, dénombra sa dite seigneurie, le 15 mars 1378, et avoua la tenir en fief de celle de Liercourt.

— Raoul d'Oisencourt, écuyer, seigneur en partie du Maisnil, tenait à vie au Maisnil un fief de la seigneurie dudit lieu, er 1383. Il avait pour femme Jeanne du Quesnoy et vivait encore en 1400.

— Gaillard d'Oisencourt, à Abbeville en 1404.

— Sire Robert D'OISENCOURT, doyen de chrétienté à Abbeville, en 1411.

— Jean D'OISENCOURT, écuyer, demeurant à Acheu en Vimeu, vend une rente de 6 livres 12 sous sur le fief d'Acheu à Huppy, le 8 février 1463. Pour se libérer de plusieurs arrérages de cette rente, il vendit ce fief d'Acheu à Huppy à Pierre de Haucourt, écuyer, à la charge de le tenir de Jean de Soissons, chevalier, seigneur de Mareuil, le 3 mai 1476.

— On trouve encore des D'OISENCOURT possesseurs de la seigneurie de Laviers, en 1450.

— Isabelle D'OISENCOURT, femme de Jean de Péletot, chevalier, nomme avec son mari Colart Malicorne, leur procureur général pour les représenter dans les affaires qu'ils peuvent avoir en Ponthieu, le 6 juillet 1379.

ONEUX.

Avant d'appartenir à l'abbaye de Saint-Riquier la seigneurie d'Oneux avait formé l'apanage de seigneurs du même nom. On ne sait presque rien sur eux; et leurs armoiries n'ont pu être retrouvées.

1. — Eustache, chevalier, maire d'Oneux, céda, en novembre 1223, à l'abbaye de Saint-Riquier le droit qu'il disait avoir à cause de sa mairie et qu'il tenait en fief de ladite abbaye, de prendre toutes les branches des arbres gros et petits que l'on coupait dans le bois de l'abbaye à Oneux ; il reçut en échange 80 journaux de terre à Oneux. D'Agnès, sa femme, il eut pour fils ; 1° Aléaume, qui suit ; 2° Enguerran ; 3° Guillaume.

2. — Aléaume D'ONEUX, chevalier, maire d'Oneux, et Jeanne, sa femme, engagèrent à l'abbaye de Saint-Riquier pour 60 livres parisis une pièce de terre de huit journaux appelée la Couture du Festel, tenue en fief de ladite abbaye, en août 1240. Les

mêmes engagèrent à l'abbaye tous les droits de leur mair d'Oneux pour 12 livres, moyennant aussi d'être déchargés service que cette mairie leur imposait, en 1260. Aléaume Jeanne eurent pour fils et successeur le suivant.

3. — Aléaume d'Oneux, écuyer, vendit à l'abbaye de Sain Riquier sa mairie d'Oneux, et il ne conserva à Oneux que s manoir, 25 journaux de terre, 2 sous et 8 chapons de cens la charge de tenir cela en fief de l'abbaye de Saint-Riquier, veille de Noël 1274. De Marie, sa femme, Aléaume n'eut qu'u fils.

4. — Hue d'Oneux, écuyer, qui figure dans la charte de 1274.

P.

PONCHES.

La famille de Ponches fut l'une des plus considérables de notre pays au moyen-âge, puis qu'à cause de la terre et seigneurie de Ponches qu'ils possédaient et à laquelle ils avaient emprunté leur nom les sires de Ponches étaient pairs de Ponthieu. La branche aînée s'éteignit dans la maison de Boufflers, en 1431, en lui apportant la terre patronymique que les Boufflers conservèrent sans interruption, sous le titre de comté, jusqu'à la fin du siècle dernier. Une branche cadette, fixée en Normandie, y prit fin dans le courant du xvie siècle. Avant de déduire la filiation suivie de ces deux branches nous donnerons, comme nous l'avons toujours fait, la liste, par ordre chronologique, des membres de la famille que l'on n'a pu y rattacher directement.

L'écu des sires de Ponches, dont nous n'avons pu retrouver les métaux et les couleurs, portait *sept merlettes, posées,* 2, 2, 2 et 1. Les armes sont ainsi blasonnées sur le sceau d'André, sire de Ponches, pendant à un acte du 1er février 1280 par lequel il vend à

Edouard, roi d'Angleterre, tout ce qu'il a de terre à Cambron, à Saigneville et au Maisnil. Le sceau de Guy DE PONCHES, fils d'André, suspendu à la même pièce, ne porte pas d'écusson, mais seulement *une étoile à cinq rayons*. — GUY DE PONCHES, chevalier, se servait aussi en 1230 d'un sceau dont l'écusson était chargé de *huit merlettes, 3, 2, 2 et 1*.

— Girard DE PONCHES, chevalier, fils d'autre Girard, vivait en 1175.

— Jean DE PONCHES, chevalier, vivait en 1206. — Il était mort en 1236, et avait laissé deux fils, Guy et Richard. Il avait eu lui-même trois frères, Guy, Firmin et Gauthier.

— Gauthier DE PONCHES, chanoine de Saint-Wlfran d'Abbeville, dans une charte du mois de mai 1219.

— Tassart DE PONCHES, chevalier, seigneur d'Arry et Jacquette de La Varenne, sa femme, ont pour fils Baudouin DE PONCHES, possesseur d'un manage à Ligescourt en 1379. — Tassart sert un aveu au roi pour son fief d'Arry, le 15 mars 1381.

— Eustache DE PONCHES sert un aveu pour Ponches et pour Miannay, le 5 juillet 1381.

— Guy DE PONCHES, l'un des arbitres choisis par Robert de Fiennes, connétable de France pour estimer les terres que le comte de Flandre devait lui céder, en mars 1366.

— Guérard DE PONCHES, homme du roi pour son château de Crécy, en 1377.

— Martin DE PONCHES, vivant en 1379, fut père de :

— Pierre DE PONCHES, écuyer, possesseur d'un fief à Crécy, en 1420. De lui est issu le suivant.

— Pierre DE PONCHES, lieutenant du bailli de Crécy, qui signe les coutumes de Ponthieu, en 1495.

— Antoinette DE PONCHES, femme de Colart, seigneur du Maisnil, et morte, ainsi que son mari, avant 1460.

— Antoinette DE PONCHES, fut la première femme de Jean Le Pelle, écuyer, seigneur de Longuemort, qui épousa en secondes noces Aélips du Maisniel avec laquelle il vivait en 1480.

— Marguerite DE PONCHES, veuve d'Oudart de Warnes, releva de la succession de feu Barthélemy DE PONCHES, son oncle, un fief du château d'Aire situé à Enquin, en 1439.

1. — Guy DE PONCHES, chevalier, seigneur dudit lieu, pair de Ponthieu, se fit moine à l'abbaye de Valoires. De lui étaient issus : 1° Dreux, qui suit ; 2° Hugues, vivant en 1175.

2. — Dreux DE PONCHES, chevalier, seigneur dudit lieu, pair de Ponthieu, vivant en 1177 et 1199. Il fut père de : 1° Guy, qui suit ; 2° Jacques, dit frère de Guy dans une charte de 1218.

3. — Guy DE PONCHES, chevalier, seigneur dudit lieu, pair de Ponthieu, en 1206 et 1243. De sa femme, dont le nom est inconnu, il eut André.

4. — André DE PONCHES, chevalier, seigneur dudit lieu, pair de Ponthieu, en 1255. Il épousa Maroie, dame de Raimbehan et du Quesnoy, avec laquelle il vendit, le 1er février 1280, au roi Edouard d'Angleterre, tout ce qu'il avait à Cambron, à Saigneville et au Maisnil. D'eux est issu Guy, qui suit.

5. — Guy DE PONCHES, dit Guyot ou Wiot, chevalier, seigneur dudit lieu, pair de Ponthieu, dès 1280, fut père de Jean.

6. — Jean DE PONCHES, chevalier, seigneur dudit lieu, pair de Ponthieu, vivant encore en 1320, fut père de : 1° Jean, qui suit ; 2° Guérard, auteur de la seconde branche qui suivra.

7. — Jean DE PONCHES, dit Hutin, écuyer, seigneur dudit lieu, pair de Ponthieu, fut allié à Denise de Haucourt, de laquelle il eut :

8. — Pierre DE PONCHES, chevalier, seigneur dudit lieu et de Ligescourt, pair de Ponthieu, chambellan du roi ; de Catherine de La Haye-Bournan, sa femme, il n'eut qu'une seule fille et héritière.

9. — Péronne DE PONCHES, dame et héritière de la pairie et de la seigneurie dudit lieu, les apporta à Jacques de Boufflers, chevalier, qu'elle épousa en 1431.

DEUXIÈME BRANCHE.

7. — Guérard DE PONCHES, écuyer, possesseur d'un fief à Crécy en 1379 et d'un autre fief à Neuville-sous-Forestmontiers en 1380, fut père de : 1° Jean, possesseur du fief de son père à Crécy, vers 1381 ; 2° Robert, qui suit.

8. — Robert DE PONCHES, écuyer, allié à Christine Parent, dont : 1° François, écuyer, seigneur du Mesnil-Waché, père de Françoise, femme de Guy des Hayes, seigneur de Bois-Guéroult, en 1481 ; 2° Guillaume, qui suit.

9. — Guillaume DE PONCHES, chevalier, seigneur du Mesnil-Vaché, gouverneur de Caudebec, épousa Françoise de Boufflers, le 28 septembre 1517.

PONTHOILES.

Famille originaire du village de Ponthoiles (canton de Nouvion), et qui en possédait encore la seigneurie à la fin du XIV° siècle.

— Remaniez DE PONTHOILES tenait, en 1289, la seigneurie d'Offeincourt d'Emmeline de Bussu, femme de Jean d'Yvrencheux.

— Henri DE PONTHOILES, homme-lige du comté de Ponthieu, assiste avec les autres hommes-liges à la déclaration faite par Jean de Lannoy, sénéchal de Ponthieu, qu'il entendait maintenir les priviléges de la ville d'Abbeville, le 1ᵉʳ avril 1310.

— Jean DE PONTHOILES, dit Braviart, est au nombre des nobles et fieffés du bailliage d'Amiens convoqués pour la guerre, le 25 août 1337.

— Bernard DE PONTHOILES, dit Dieu, écuyer, tenait son fief de Ponthoiles de la pairie de Nouvion, le 8 octobre 1379.

— Béatrix de Gueschard, comme ayant le bail de Jeanne DE PON-

THOILES, sa cousine, fille de feu Bernard DE PONTHOILES, écuyer, avoua tenir noblement du roi, à cause de son bailliage de Rue-en-Ponthieu, ce qu'elle possédait à Ponthoiles avec tous les droits qui en dépendaient, et plusieurs hommages, entre autres celui de la comtesse d'Harcourt et d'Aumale pour un fief et demi, le 24 septembre 1380.

PONT-REMY.

La terre et seigneurie de Pont-Remy a eu des seigneurs de son nom qui portaient le titre de vicomtes ; cette famille avait entièrement disparu avant le xve siècle. Ses armes étaient : *d'argent au chef de gueules.*

1. — Girard DE PONT-REMY, chevalier, en 1160. On lui donne pour fils :

2. — Eustache, vicomte de Pont-Remy, chevalier, qui signe la charte de commune d'Abbeville, en 1184. Cinq ans après, en 1189, il se fit moine au prieuré de Saint-Pierre d'Abbeville. Il eut deux fils : 1° Godefroy, chevalier, vicomte de Pont-Remy, témoin dans une charte de 1199 ; 2° Eustache, qui suit.

3. — Eustache, vicomte de Pont-Remy, chevalier, fut pleige en 1231, de Simon de Dammartin, comte de Ponthieu, lorsque Saint-Louis obligea ce seigneur à ratifier le traité consenti par sa femme, Marie, comtesse de Ponthieu, en 1225. On croit qu'Eustache eut pour fils : 1° Enguerran, qui suit ; 2° Hugues.

4. — Enguerran, vicomte et seigneur de Pont-Remy, chevalier, fait un accord avec Simon, comte de Ponthieu, en 1238. Il vivait encore en 1274. On lui donne pour fils :

5. — Thibaut, vicomte et seigneur de Pont-Remy, pair du comté de Ponthieu, chevalier, était déjà en possession de la seigneurie de Dreuil-les-Airaines en 1279, quand il promit, en décembre de la même année, aux habitants de leur laisser tous leurs

droits et privilèges. Il servit en 1311 un aveu et dénombrement au roi d'Angleterre pour sa seigneurie et son château du Pont-Remy. De lui sont issus : 1° Eustache, qui suit ; 2° Godefroy, auteur de la seconde branche qui suivra.

6. — Eustache, vicomte et seigneur de Pont-Remy, chevalier, seigneur de Coquerel-sur-Somme, vivant encore en 1337. Il n'eut qu'une fille, N... dame et héritière du Pont-Remy qui apporta cette seigneurie à son mari, Jean de Baiz, chevalier ; celui-ci la possédait en 1377.

DEUXIÈME BRANCHE.

6. — Godefroy DE PONT-REMY, écuyer, seigneur de Dreuil-les-Airaines, dès 1295, eut pour fils le suivant.

7. — Jean DE PONT-REMY, dit Flament, écuyer, seigneur de Dreuil-les-Airaines, en 1333 et 1337. On ne lui connait pas d'autre fils et héritier que :

8. — Thibaut DE PONT-REMY, écuyer, seigneur de Dreuil-les-Airaines. Il avait épousé Marie Quiéret et mourut sans enfants en 1377, et laissant son château et sa seigneurie de Dreuil à son neveu, Jean Quiéret.

On trouve encore :

— Thomas DE PONT-REMY, parmi les nobles et fieffés ajournés pour la guerre, le 25 août 1337.

— Guillaume DE PONT-REMY, écuyer, qui tenait, en 1383, à la motte du Quesnoy, un fief relevant de la seigneurie de Boubers.

QUESNE. (DU)

Le petit village du Quesne, qui fait partie du canton d'Hornoy, est un annexe de Saint-Aubin-en-Rivière, qui, lui, appartient au canton d'Oisemont. Il possédait au moyen-âge une léproserie à laquelle les premiers seigneurs du village et qui avaient pris son nom, ne cessèrent de faire d'importantes donations. Les armes de la famille du Quesne étaient : *de vair à un pal de...*

1. — N... DU QUESNE, chevalier, seigneur dudit lieu, vivant vers 1160, fut père de : 1° Foulques, qui suit ; 2° Lucas, chevalier, qui confirme en 1213 une charte de son frère.

2. — Foulques DU QUESNE, chevalier, seigneur dudit lieu, souscrivit une donation faite à l'hôpital du Quesne par Enguerran de Saint-Aubin, en 1203. Il donna, en février 1225, au même hôpital, du consentement de son fils, tout le terrage qu'il avait à Saint-Aubin. Il souscrivit, en février 1235, une donation faite à la léproserie par Hugues de Molliens. D'Eve, sa femme, il n'eut qu'un fils.

3. — Gauthier DU QUESNE, chevalier, seigneur dudit lieu. Il amortit, en février 1235, 10 journaux de terre à Beaucamp donnés à la léproserie du Quesne par Anselme de Beaucamp. Sa femme s'appelait Marie.

A la même famille appartenaient encore :

— Hugues DU QUESNE, d'Orival, chevalier, Lumine, sa femme, et Hugues, leur fils, qui vendent des terres à l'abbaye de Foucarmont, en août 1238.

— André DU QUESNE, dit d'Orival, écuyer, et Alix, sa femme, qui vendent une dîme à l'abbaye de Foucarmont, en avril 1270.

— Enguerran DU QUESNE, dit Le Caron, écuyer, et Marguerite de Nointel, sa femme, sœur et héritière de feu Enguerran de Nointel, écuyer, vendirent au prieuré de Saint-Pierre d'Abbeville, le 10 juillet 1487, un cens sur des héritages situés au-dessus des monts de Caubert.

QUESNOY. (DU)

Il ne faut pas confondre cette famille avec celle du Quesnoy, originaire du Boulonnais et qui existe encore. Elles n'ont eu de commun que le nom. Cette dernière portait pour armoiries *d'or à l'aigle éployée de sable*, tandis que la nôtre, d'après ses sceaux, avait pour blason, *trois fasces et une bande brochante sur le tout*. L'une avait emprunté son nom au village du Quesnoy, arrondissement de Saint-Pol-sur-Ternoise, Pas-de-Calais, l'autre à celui du Quesnoy-Montant, canton de Moyenneville, Somme. Il est difficile, on le voit, d'attribuer à l'une d'elles les membres de l'autre. L'une seulement, celle du Boulonnais, a sa généalogie parfaitement suivie et régulière à laquelle l'intendant Bignon donna la sanction légale, le 4 octobre 1698, tandis que celle du Ponthieu, la seule qui nous occupe, ne peut nous fournir rien de semblable, et pour dresser une sorte de filiation suivie, il faut la baser sur des conjectures, sur des rapprochements de noms de baptême et de possessions dans les mêmes lieux. Nous ne donnons donc comme nullement authentique le travail qu'on va lire : au lieu de certitudes il n'est composé que de probabilités.

Nommons d'abord les personnages qui n'ont pu y prendre place.

— Pierre DU QUESNOY scella de son sceau chargé de *trois fasces et d'une bande sur le tout* la requête des maïeur et échevins d'Abbeville dont il était homme-lige, au sénéchal de Ponthieu pour être autorisés à lever une taille de 3,000 livres, le 1er avril 1321.

— Mignot et Eustache DU QUESNOY, parmi les nobles et fieffés du bailliage d'Amiens convoqués pour la guerre, le 25 août 1337. Le premier figure encore, comme homme-lige de l'abbaye de Saint-Valery dans une pièce de 1351.

1. — André DU QUESNOY, assiste comme homme-lige de l'abbaye de Saint-Valery à une vente en octobre 1265. Il eut pour fils Jean, qui suit.

2. — Jean DU QUESNOY, chevalier, possesseur d'un pré à Roussigny en février 1293, et tenant un fief de la seigneurie de Ponches, en janvier 1311. Il fut père de Robert.

3. — Robert DU QUESNOY, chevalier, possesseur d'une maison à Laviers, en 1351. D'Isabelle de La Porte, sa femme, il eut : 1° Guillaume, écuyer, seigneur du Quesnoy en Vimeu pour lequel il servit un aveu, le 5 janvier 1377 : cette seigneurie passa à son frère Jean ; 2° Jean, qui suit ; 3° Henri, écuyer, possesseur d'un fief à Laviers, en 1379 ; 4° Jeanne, femme de Robert d'Oisencourt, écuyer, et demeurant à Rue en 1400.

4. — Jean DU QUESNOY, dit le jeune, écuyer, seigneur dudit lieu, et de Nempont, était sous la tutelle de sa mère, en 1377, quand celle-ci servit un aveu au roi pour tout ce que Jean possédait dans le ressort de la chatellenie de Waben. Il avoua tenir son fief du Quesnoy de la seigneurie de Boubers en 1383. Il fut

banni de France et sa seigneurie de Nempont lui fut confisquée, mais elle lui fut rendue en vertu de lettres patentes du roi en date du 8 février 1403. Serait-ce de lui que serait issu le personnage qui suit?

5. — ? Jean DU QUESNOY, écuyer, seigneur de Lambercourt; il prétendait devoir être mis en possession de certaines terres situées à Poutraincourt, à Lanchères et à Brutelles, le 10 juin 1455. Il acheta, le 24 mai 1457, à Jean d'Arras, demeurant à Cambron, un fief noble assis à Cambron et tenu de l'abbaye de Saint-Valery. De Marie de Gouy, sa femme, il eut pour enfants : 1° Robert, qui suit ; 2° Marie, alliée en 1462 à Clément de Saint-Blimond, écuyer.

6. — Robert DU QUESNOY, chevalier, seigneur de Lambercourt et de Sotteville, mort avant le 28 octobre 1485.

R.

RABOT.

Il y avait à Crécy, en 1370, un fief Rabot. Avait-il donné son nom à cette ancienne famille, ou l'avait-il reçu d'elle ? Nous penchons pour la seconde hypothèse, car, comme on vient de le dire, ce fief apparaît pour la première fois au xiv° siècle, tandis que le premier membre connu de la famille Rabot vivait en 1190. Quoiqu'il en soit les Rabot occupaient en Ponthieu une haute position : comme hommes-liges du comté et comme chevaliers, ils souscrivirent un grand nombre de chartes des comtes. A partir du xiv° siècle le nom de Rabot disparut entièrement, et depuis il fut mis tellement en oubli qu'on ne le trouve dans aucun travail historique ou généalogique et que nous croyons être le premier qui l'ait prononcé depuis quatre siècles. Il nous a été impossible de retrouver les armoiries de la famille.

1. — Reniaumes ou Renier RABOT, chevalier, homme-lige du Ponthieu, figure soit en cette qualité, soit comme simple

témoin dans un grand nombre de chartes de 1195 à 1218. De lui est issu :

2. — Geoffroy RABOT, chevalier, était possesseur de dîmes à Verton, vers 1230. En 1231, il fut témoin d'une charte. De Sarah, sa femme, naquirent : 1° Henri, qui suit ; 2° Jean, qui fait une vente en septembre 1242, du consentement d'Isabelle, sa femme ; 3° Adam ; 4° Pierre ; 5° Guillaume ; 6° Isabelle, femme de Jean Halle, nommée avec son mari dans la vente faite par son frère Jean en 1242.

3. — Henri RABOT, chevalier ; il vendit au chapitre d'Amiens, en juin 1263, pour la somme de 250 livres parisis toutes les dîmes qu'avaient à Verton son père et sa mère. Sa femme se nommait Sarah, comme sa mère, et d'elle il eut : 1° Jean, qui suit ; 2° Andrienet, qui fut condamné à mort et exécuté pour un crime qu'on ne rapporte pas, mais en 1299, son innocence fut proclamée à la suite d'une enquête dirigée par le sénéchal de Ponthieu lui-même, et ses biens qui avaient été confisqués furent restitués à son neveu.

4. — Jean RABOT, chevalier, allié à Aëlis de Marconne. Il était mort avant 1299, quand au mois d'août de la même année, sa veuve provoqua une enquête sous la direction du sénéchal de Ponthieu pour reconnaître l'innocence de son beau-frère, Andrienet, et pour faire restituer à son fils, Jeannet, les biens de son oncle que le roi avait fait saisir ; ce qui eut lieu en effet. Jean fut père de : 1° Henri, chevalier, qui vendit au comte de Ponthieu, en 1311, son fief à Crécy, (le fief Rabot) ; 2° Jeannet, mis en possession des biens de son oncle, en août 1299.

RAIMBEHAN.

Famille très peu connue, et dont on aurait peine à découvrir la véritable origine, si l'on ne s'en rapportait qu'à la consonnance de son nom, plutôt artésien que picard. Mais le fief de Raimbehan était situé en Vimeu, au territoire de Nibas et cette famille en posséda la seigneurie pendant tout le XIIIe siècle. Ses armes étaient, d'après un sceau de 1273, *une croix ancrée et une bande sur le tout.*

1. — N... DE RAIMBEHAN, chevalier, sire dudit lieu à Nibas, père de : 1° Guillaume, qui suit ; 2° Pierre, chevalier.

2. — Guillaume DE RAIMBEHAN, chevalier, souscrit des lettres d'amortissement accordées à l'abbaye du Lieu-Dieu, en 1236, par Gérard d'Abbeville, sire de Boubers et de Fressenneville. Il ratifia une donation faite par son frère Pierre à la même abbaye, de 10 sous de rente sur le fief du Maisnil à Franleu, en janvier 1248. De lui est issu Pierre, qui suit, et Guillaume, qui suivra après son frère.

3. — Pierre DE RAIMBEHAN, chevalier ; il confirma, en mai 1266, une donation faite à l'abbaye du Lieu-Dieu par son père de 2 journaux de terre à Franleu. Il fonda une chapelle à Raimbehan, au territoire de Nibas. Il ne paraît pas avoir eu d'enfants, car ses biens passèrent à son frère Guillaume, avant 1273.

3 bis. — Guillaume DE RAIMBEHAN, chevalier ; il confirma, le mardi après lætare 1273, la fondation faite par son frère Pierre d'une chapelle à Raimbehan et reconnaît que la présentation et la nomination à cette chapelle seront alternatives entre lui et ses héritiers et l'évêque d'Amiens. C'est à cette pièce qu'est suspendu le sceau qui nous a permis de rétablir les armes de Raimbehan. — Guillaume n'eut qu'une fille, Maroie, dame de Raimbehan et du Quesnoy, alliée avant 1280 à André de Ponches, chevalier, sire dudit lieu.

RAMBURELLES.

La famille de Ramburelles posséda la seigneurie du village de ce nom, situé en Vimeu, jusqu'au commencement du XVe siècle, car vers 1410, Marie DE RAMBURELLES, héritière des biens de ses ancêtres, apporta Ramburelles à son mari Jean de Fontaines, chevalier, seigneur de la Neuville-au-Bois. Tous les autres personnages du même nom que l'on trouve postérieurement à cette époque établis en Ponthieu ou même possesseurs de terres et de fiefs à Ramburelles appartenaient probablement à une branche cadette. Ceci n'est qu'une conjecture, car les documents réunis sur les Ramburelles sont en si petite quantité qu'ils ne peuvent suffire pour dresser la généalogie suivie de la famille.

Les armes étaient : *d'azur à l'écusson d'argent.*

1. — Guillaume DE RAMBURELLES, chevalier, seigneur dudit lieu, souscrivit comme témoin l'amortissement accordé par Hugues, chevalier, sire de Pierrecourt, de biens donnés à l'abbaye du Lieu-Dieu par Raoul de Saint-Aignan, en 1204. De lui est issu Guillaume.

2. — Guillaume DE RAMBURELLES, chevalier, seigneur dudit lieu : il donna à l'abbaye du Lieu-Dieu une rente de 20 sous parisis en mars 1234. Il amortit, en mai 1243, toutes les terres que l'abbaye du Lieu-Dieu avait acquises d'Adam de Fesques à Beauchamp. Il vendit encore, en décembre 1248, à la même abbaye, une rente de 2 sous et de 2 chapons sur une masure à Beauchamp. D'Isabelle, sa femme, il eut, entre autres enfants, Jean, qui suit.

3. — Jean DE RAMBURELLES, chevalier, seigneur dudit lieu, amortit le 25 avril 1270, le droit de terrage sur les terres de l'abbaye de Sery à Saint-Séverin, que Jean de Watiermolins, et Agnès, sa femme, avaient vendu à ladite abbaye.

A la branche aînée appartenaient encore :

— Jean DE RAMBURELLES, qui tenait un fief de la seigneurie d'Avesnes tenue elle-même de celle de Picquigny, en janvier 1302.

— Raoul DE RAMBURELLES, dit Brillart, écuyer, seigneur de Ramburelles, Jean et Pierre DE RAMBURELLES, hommes-liges tous trois de la seigneurie de Bailleul, le 9 décembre 1370. De Raoul est née à ce que l'on croit :

Marie DE RAMBURELLES, dame dudit lieu, qui épousa avant 1440 Jean de Fontaines, chevalier, seigneur de La Neuville-au-Bois, et lui apporta la terre et seigneurie de Ramburelles.

Les personnages qui suivent devaient donc appartenir à la branche cadette :

— Hugues DE RAMBURELLES, chevalier, souscrit la donation de la dime de Cambron au fief de Frieucourt, faite à l'abbaye du Lieu-Dieu pour Walon de Cambron, chevalier, en 1217.

— Jean DE RAMBURELLES, au nombre des nobles et fieffés du bailliage d'Amiens convoqués pour la guerre le 25 août 1337.

— Bernard DE RAMBURELLES, écuyer, servait dans la compagnie que Jean de Fosseux, chevalier banneret, commanda au voyage que le duc de Bourgogne fit de Flandre à Paris pour le bien du roi, et dont il fit montre à Beauvais, le 30 août 1417.

— Jean DE RAMBURELLES tenait à Ramburelles des terres joignant un fief que Jean Tirel avoua tenir de noble et puissante dame madame Marie DE RAMBURELLES à cause de la seigneurie dudit lieu, le 22 octobre 1425.

— Pierre DE RAMBURELLES, chanoine de Saint-Wlfran d'Abbeville, obtint du seigneur de Ramburelles la saisine d'un fief assis à Ramburelles, près des terres de Pierre DE RAMBURELLES, le 2 janvier 1444.

— Hue DE RAMBURELLES, écuyer, maître-d'hôtel du comte de Saint-Pol, certifie, le 9 décembre 1463, qu'il a fait prendre au grenier au sel de Paris un « minot de sel, mesure de Paris » pour la provision dudit comte. — Sceau enlevé.

RUE.

Cette ancienne famille est originaire d'Abbeville à laquelle elle donna des mayeurs dès le XIIe siècle, conjointement avec les Quiéret, les Clabault, les Boubers et les Le Ver. Il ne faut pas confondre, comme l'a fait le père Ignace dans son histoire des Mayeurs, les de Rue avec les de La Rue ; les premiers n'étaient plus représentés en Ponthieu dès le XVIe siècle, tandis que les seconds, divisés en deux branches principales, à la fin du XVIIe siècle, avaient été maintenus, les seigneurs de Quevauvillers par Bignon, le 5 septembre 1699, les seigneurs de Rozoy le 18 janvier 1706. Cette seconde famille n'a rien eu de commun avec Abbeville : il est donc juste de lui restituer ses armes, *d'argent à trois fasces de gueules*, que le père Ignace donne à tort aux de Rue dont le blason n'a pu être retrouvé.

— Eustache DE RUE et Vivien, son frère, sont témoins d'une donation faite à l'abbaye de Saint-Josse-sur-Mer par Guy, comte de Ponthieu, en 1100.

— Guy, comte de Ponthieu, amortit la dîme de Rohastre que feu Bernard DE RUE avait donnée à l'abbaye de Sery vers 1150.

— Gérold DE RUE fut présent à la donation des dîmes de Sumbres à l'abbaye de Saint-Josse-sur-Mer par Pharamond de Tingry en 1171.

— Gauthier DE RUE fut mayeur d'Abbeville en 1187.

— Pierre DE RUE, dit « filius domini Burnesem, » a des biens dans la forêt de Cantatre, en 1206.

— Hugues DE RUE fut mayeur d'Abbeville en 1210.

— Pierre DE RUE, chevalier, figure comme témoin dans de nombreuses chartes de 1193 à 1210.

— Hue DE RUE et Rocouls de Laviers sont déclarés par Jean de Normanville, chevalier, quittes envers lui de la somme de 1000 livres qu'ils lui devaient, en février 1218.

— Rorgon DE RUE était mort avant le mois de février 1216.

— Robert DE RUE donna à l'hôpital du Val de Buigny une rente d'un muid d'avoine qu'il avait acquis de Barthélemy, fils du vicomte de Rue à qui ledit hôpital la devait, en mai 1225.

— Eustache DE RUE, bailli du Pont-Remy, et homme-lige du comte de Ponthieu, en 1310.

— Jean DE RUE, au nombre des nobles et fieffés convoqués pour la guerre, le 25 août 1337.

— Mathieu DE RUE, écuyer, avoue tenir noblement en fief du roi, à cause du bailliage de Rue, tout ce qu'il possède à Rue et aux environs avec les hommages qui en dépendent, en 1375.

1. — Raoul DE RUE, écuyer, allié à Jeanne Caupain, vers 1330, eut d'elle : 1° Jean, écuyer, mort sans alliance ; 2° Jeanne, légataire universelle de ses parents à cause de la mort de son frère, épousa vers 1350 Pierre Lenganeur, écuyer, seigneur de Caux et de Tofflet, huissier d'armes du roi, et mayeur d'Abbeville. Leur fille aînée, Agnès, épousa par contrat du 7 décembre 1392 Thomas Le Ver, écuyer, seigneur de Halloy.

S.

SACQUESPÉE.

Armes : *de sinople à l'aigle d'or chargée d'une épée d'argent en bande tirée d'un fourreau de sable, la poignée et bouterolle d'or, le pommeau dans le bec de l'aigle.* — Supports : *deux hommes armés.* — Cimier : *un aigle naissant.*

On a prétendu qu'il y avait eu deux familles de ce nom, que la première, originaire d'Artois, portait les armoiries ci-dessus décrites, et que la seconde, originaire d'Amiens, au lieu de ses armes primitives et parlantes, *une épée entrée jusqu'au milieu de la lame dans un sac*, aurait pris celles de la maison artésienne pour faire mieux croire qu'elle en était une branche habituée en Picardie. Il n'y a dans tout cela qu'une histoire faite à plaisir, comme de tout temps on a su les faire en province, pour nuire à une ancienne et excellente famille qui, après avoir végété pendant quelque temps à Amiens, avait su reconquérir la position à laquelle elle avait droit. A la famille de Sacquespée appartenait donc incontestablement Simon

SACQUESPÉE, chevalier, qui fut bienfaiteur des abbayes de Honnecourt et du Mont-Saint-Martin, en 1253, ainsi que Simon SACQUESPÉE qui prit des lettres de noblesse, le 5 février 1376, et Jacques SACQUESPÉE, qui était mayeur d'Arras en 1414.

Si jamais armes furent parlantes, ce sont celles de cette famille : on dit encore, dans le dialecte picard, *sacquer* pour tirer ; *Sacquespée* veut donc dire *tire épée*, et l'aigle, en effet, tire avec son bec une épée de son fourreau.

La famille de Sacquespée s'allia aux meilleures familles de Ponthieu et de Picardie : elle est entièrement éteinte.

1. — Pierre DE SACQUESPÉE, mayeur d'Amiens en 1535, fut père de : 1° Jean, qui suit ; 2° Marie, femme d'Antoine de Riencourt, écuyer, seigneur d'Orival et de Bergicourt.

2. — Jean DE SACQUESPÉE, écuyer, seigneur de Selincourt, Bouillencourt, Hardiville et La Vallée, receveur des tailles du roi, épousa d'abord Françoise Herlin, puis Nicole de Lamiré. De ces deux mariages naquirent : 1° Pierre, écuyer, seigneur de Selincourt, maître-d'hôtel du duc d'Anjou, mort sans postérité ; 2° Gilles, qui suit ; 3° Philippe, auteur de la branche des seigneurs de Thézy, qui suivra à son rang ; 3° Jeanne, mariée d'abord, avant 1566 à Jean de Louvencourt, conseiller au bailliage d'Amiens, puis à Jacques Picard, conseiller ; 4° Marie, alliée d'abord à N. Louvel, puis, le 14 décembre 1599, à Jean de Herte, écuyer, seigneur de Hailles, trésorier de France en Picardie ; 5° Jeanne, mariée le 21 Février 1599 avec Jean Le Caron, écuyer, seigneur de Fontaines, avocat ; 6° Madeleine, mariée dès le 30 août 1604 avec François Le Caron, receveur du domaine.

3. — Gilles DE SACQUESPÉE, écuyer, seigneur de Selincourt, allié à Marguerite de Maupin. Comme il sortait du jeu de paume, à Abbeville, en compagnie de son cousin-germain, M. de Lamiré de Nouvion, il fut attaqué près de l'hôtel de l'Ecu de Brabant par MM. de Calonne-Courtebonne, de Belloy-Landrethun et du Bosc-d'Annebout, et fut tué sur la place, en 1612. Il laissait

deux enfants : 1° Jean, qui suit ; 2° Louis, auteur de la branche des seigneurs de Gorenflos, qui suivra.

4. — Jean DE SACQUESPÉE, écuyer, seigneur de Selincourt, épousa en premières noces Marguerite Paschal-Lavernot, et en secondes noces Suzanne de Monchy-Vismes, sa belle-sœur. De la première il avait eu : 1° Jean, qui suit ; 2° Marguerite, femme de Jean du Mesnil, seigneur d'Ardoncelle, dont elle était veuve, le 3 mai 1668.

5. — Jean DE SACQUESPÉE, chevalier, seigneur de Selincourt, capitaine des chasses de Monseigneur, qui a publié sous le nom de Mr de Selincourt un traité de vénerie fort estimé, épousa Catherine de Saint-Blimond dont il n'eut que des filles : 1° Gabrielle-Angélique, dame de Selincourt, qu'elle porta à Philippe Manessier, écuyer, son mari ; 2° N.. femme de N.. Le Clerc de Bussy, près Poix ; 3° N.. femme du sieur de Pontchevron, à Hesdin.

BRANCHE

des Seigneurs de Thézy.

3. — Philippe DE SACQUESPÉE, écuyer, seigneur de Thézy et Berthaucourt, gentilhomme de la bouche du roi, épousa Antoinette des Groiseliers par contrat du 12 septembre 1585. La terre de Thézy avait été donnée aux chartreux d'Abbeville qui la donnèrent à rente à Philippe, par contrat du 9 juin 1582, à la charge de la tenir d'eux en arrière-fief. Il mourut avant 1617, laissant : 1° François, qui suit ; 2° Françoise.

4. — François DE SACQUESPÉE, chevalier, seigneur de Thézy, Berthaucourt, Fouencamp, Noremont et Fercourt, capitaine au régiment d'Epagny, épousa, par contrat passé le 26 février 1625, Jeanne de Chambly, de laquelle il eut : 1° René, qui suit ; 2° Madeleine, femme d'Antoine de Garge, chevalier, seigneur

d'Ormoy-Villeneuve ; 3° Charlotte ; 4° Marie ; 5° Anne ; 6° Françoise.

5. — René DE SACQUESPÉE, chevalier, seigneur de Thézy, Berthaucourt, Foüencamp, Noremont et Fercourt, allié, par contrat du 27 novembre 1667 à Marie-Charlotte de Chambly, qui le rendit père de : 1° Jean-Charles ; 2° Bernard-Nicolas, mousquetaire du roi, âgé de 18 ans lors de la maintenue de son frère.

6. — Jean-Charles DE SACQUESPÉE, chevalier, seigneur de Thézy, Berthaucourt, Foüencamps, Noremont et Fercourt, d'abord cornette des chevau-légers de Greffoul, par brevet du 25 octobre 1689, puis capitaine de cavalerie au régiment de Glizy, par brevet en date du 9 octobre 1690. Il était âgé de 32 ans et encore à marier quand il fut maintenu dans sa noblesse par jugement de Bignon, intendant de Picardie, du 17 décembre 1700.

BRANCHE

des Seigneurs de Gorenflos.

4. — Louis DE SACQUESPÉE, écuyer, seigneur de Gorenflos, en 1618. De sa femme dont le nom est inconnu, il eut :

5. — Claude DE SACQUESPÉE, écuyer, seigneur de Gorenflos. Il fut père du suivant :

6. — Charles DE SACQUESPÉE, écuyer, seigneur de Gorenflos, allié en premières noces à Isabelle de Tronville, et en deuxièmes noces à N... de Fontaines. Il mourut sans enfants et vendit aux chartreux d'Abbeville, en 1666, la terre et seigneurie de La Bouvaque, dite Beaulieu-lès-Abbeville, ou Beaulieu-Saint-Milfort, qu'il possédait.

BRANCHE

Des Seigneurs de Beaulieu.

dont on n'a point trouvé la jonction avec les précédentes, mais qui porte les mêmes armes.

1. — Guillaume DE SACQUESPÉE, écuyer, seigneur de Gomiecourt, dont vint :

2. — Jean DE SACQUESPÉE, écuyer, seigneur de Gomiecourt, homme d'armes dans la compagnie du seigneur de la Viéville, allié à Marie de Noyelles, par contrat passé le 23 janvier 1554. D'eux sont issus : 1° Simon, qui suit ; 2° Jacques ; 3° Arnould.

3. — Simon DE SACQUESPÉE, écuyer, seigneur de Gomiecourt, marié le 30 janvier 1591 avec Marie de Parthenay, dont il eut :

4. — François DE SACQUESPÉE, écuyer, seigneur de Beaulieu, allié le 25 septembre 1620 à Marie de Béry, dont :

5. — Jacques DE SACQUESPÉE, écuyer, seigneur de Beaulieu : il épousa, par contrat du 30 mai 1662, Catherine de Doncœur de laquelle il eut : 1° François, qui suit ; 2° Joseph, écuyer, âgé de 24 ans en 1699 ; 3° Marie, âgée de 28 ans, et 4° Catherine, âgée de 20 ans, à la même époque.

6. — François DE SACQUESPÉE, écuyer, seigneur de Beaulieu, gendarme de la garde du roi, âgé de 36 ans quand il fut maintenu dans sa noblesse par jugement de Bignon, du 5 novembre 1699. Il avait épousé avant cette époque Marie de Noyelles, et n'en avait pas encore eu d'enfants.

SAINT-DELIS.

Armes : de sinople à l'aigle d'argent, becqué et membré de gueules, tenant en ses serres un perroquet d'or, becqué et membré de même.

On prétend que l'ancien et véritable nom de cette famille était Saint-Déliés qu'elle tenait du fief de Saint-Déliés de la Chapelle, au hameau de ce nom, près de Dreuil, et qu'Antoine de Saint-Déliés (le ve degré de la généalogie) ne trouvant pas agréable la consonnance de Saint-Déliés en fit Saint-Delis qui devint le nom de ses descendants. Cette explication n'est fondée sur rien de sérieux, et les preuves suivantes et irréfutables en auront bientôt fait justice. On trouve, en effet, Maillard de *Saint-Delis*, possesseur d'une portion de la vicomté de Waben, qui mourut avant 1300 : on trouve encore Jean de *Saint-Delis*, écuyer, servant avec un écuyer, dans la compagnie de Jacques de Fricamps, le 27 octobre 1339 : il était père d'Alexandre de *Saint-Delis*, écuyer. Ce triple exemple doit suffire pour justifier de la bonne foi d'Antoine DE SAINT-DELIS, qui n'aurait pu changer son nom puisqu'il le portait tel qu'il l'avait reçu de ses ancêtres.

La famille de Saint-Delis, divisée en deux branches dont l'une s'éteignit à la fin du xviie siècle, et l'autre au xixe siècle, était originaire de Ponthieu. Ses membres occupèrent de hautes positions en Picardie, y furent revêtus de toutes sortes d'honneurs et de dignités et s'allièrent aux meilleures maisons de la province. La généalogie suivie doit s'établir ainsi qu'il suit :

1. — Jean DE SAINT-DELIS, dit Wastard, écuyer, vivant le 27 octobre 1339, époque à laquelle il servait dans la compagnie de Jacques de Fricamps, fut père du suivant :

2. — Alexandre DE SAINT-DELIS, écuyer. De sa femme, dont le nom est inconnu, il eut : 1° Jean, qui suit ; 2° Guillaume, échevin d'Abbeville en 1408.

3. — Jean de Saint-Delis, écuyer, mort en 1433. De N... de Beaurain, sa femme, il avait eu :

4. — Jean de Saint-Delis, écuyer, mayeur de bannière et échevin d'Abbeville en 1430, mort échevin en charge en 1440. Il avait épousé Mahiotte Carue de laquelle il eut : 1° Jean, qui suit ; 2° Pierre, sans suite ; 3° Marie, femme de Porrhus de Lannoy, seigneur de Blancfossé ; 4° N... femme de Philippe de Conty ; 5° N... femme de Ponthus de Fontaines ; 6° N... femme d'Antoine de Soissons, seigneur de Tencques, maître-d'hôtel du comte de Saint-Paul.

5. — Jean de Saint-Delis, écuyer, seigneur de Heucourt, Havernas, Saint-Germain et le Merlier, fut député avec Artus de Longueval par la noblesse de Picardie aux Etats de Tours, en 1485. Il épousa Marguerite Vilain, dame de Bernapré, et alla demeurer avec sa femme à Amiens où il vivait encore en 1496. De son mariage sont issus : 1° Antoine, qui suit ; 2° Adrien, auteur de la seconde branche, qui suivra à son rang ; 3° Robert ; 4° deux filles dont les noms sont inconnus.

6. — Antoine de Saint-Delis, écuyer, seigneur de Heucourt, Havernas et le Merlier, lieutenant-général au bailliage d'Amiens, fut mayeur d'Amiens en 1503 et en 1524. Il était grand chasseur et entretenait chez lui un fort grand équipage de chasse. On raconte que lors de la rédaction de la coutume d'Amiens, lorsqu'on redemanda à Antoine de Saint-Delis les cahiers de la Prévôté du Vimeu que l'on avait déposés chez lui, on ne les retrouva plus par ce que ses levriers les avaient mangés. Ce fait fut, ajoute-t-on, inséré dans la rédaction du procès-verbal de la coutume. — Antoine épousa Marie de May, vicomtesse de Valbonnemain (dans la paroisse de Hanchies-Coulonvillers), dame d'Allonville et de Saint-Gratien, qui lui donna plusieurs enfants, savoir : 1° Robert, qui suit ; 2° Pierre, seigneur de Bernapré, Allonville et Courcelles, gouverneur de Saumur ; de sa femme, dont le nom est inconnu, il eut Marie, alliée le 18 octobre 1595 à Charles Le Comte de Nonant, et

Madeleine, femme de Jean Carpentin, écuyer, seigneur de Berlettes ; 3° Barbe, alliée par contrat du 30 août 1546 à Jean de Buigny, écuyer, seigneur de Cornehotte ; 4° Isabelle.

7. — Robert DE SAINT-DELIS, chevalier, seigneur de Heucourt et Havernas, vicomte de Valbonnemain, capitaine de 1,000 hommes de pied à la légion de Picardie, et de 200 chevau-légers, gouverneur d'Ivoy et du comté de Chiny, capitaine des ville et château d'Abbeville, et enfin commandant du ban et de l'arrière-ban d'Amiens, par commission du 9 mai 1542 : il fut tué le 6 juin 1562, par les habitants d'Abbeville, et enterré dans l'église des Minimes de ladite ville. Il avait épousé Anne de Liéval, de laquelle il eut Robert, qui suit.

8. — Robert DE SAINT-DELIS, chevalier, seigneur de Heucourt, Havernas, et Saint-Gratien, vicomte de Valbonnemain, gentilhomme de la chambre du roi, capitaine de 50 hommes d'armes, et lieutenant de son père au gouvernement d'Abbeville, fut tué le même jour que lui, et dans la même émeute. Il avait épousé Suzanne de Susanne, dame de Hardois et de Seringes, qui lui donna le suivant :

9. — Robert DE SAINT-DELIS, chevalier, marquis de Heucourt, vicomte de Valbonnemain, seigneur de Havernas, Saint-Gratien, gouverneur de Corbie, décapité pour n'avoir pas défendu cette ville, en 1638. De son union avec Madeleine Arnoult il avait eu : 1° Louis, qui suit ; 2° Henri ; 3° Robert ; 4° Suzanne ; 5° Madeleine ; 6° Elizabeth.

10. — Louis DE SAINT-DELIS, chevalier, marquis de Heucourt, vicomte de Valbonnemain, baron de Wargnon et de Havernas, seigneur de Saint-Gratien, Freucourt, Baillon, Arvillers, Villers-le-Vert et Ardois ; il épousa en août 1654 Elisabeth Le Comte de Nonant, sa cousine, et habita d'abord avec elle en Normandie : puis, après la révocation de l'édit de Nantes, car il était huguenot comme ses pères, il se retira en Angleterre où il mourut sans postérité.

DEUXIÈME BRANCHE.

Celle-ci, qui s'éteignit seulement au commencement du xix° siècle, avait fait en 1789 ses preuves de cour. Elle avait fait quelques changements à l'écusson de la branche aînée et portait : *de gueules à l'épervier d'argent tenant dans ses serres une perdrix d'or.*

6. — Adrien DE SAINT-DELIS, écuyer, seigneur d'Aubigny et de La Morlière, épousa Antoinette de Fontaines de Ramburelles, dont il eut : 1° Josse, qui suit ; 2° Marguerite, femme de Jean de Recourt, seigneur des Auteux ; 3° Marie, femme de Robert de Monchy, écuyer, seigneur de La Montagne.

7. — Josse DE SAINT-DELIS, écuyer, seigneur d'Aubigny et de La Morlière, allié à Claude de Louvel de Glizy, de laquelle sont nés : 1° Philippe, qui suit ; 2° François, écuyer ; 3° Jacques, prévôt de l'abbaye de Corbie ; 4° Antoinette, femme de Robert du Quesnoy, écuyer, seigneur de Bosc-Ricart ; 5° Anne, mariée avec Valentin Blondin.

8. — Philippe DE SAINT-DELIS, écuyer, seigneur d'Aubigny, épousa Philippe Sauvage de Rhingrave. De cette union naquirent : 1° Charles, qui suit ; 2° Claude, écuyer, officier au service de France, mort en Hollande ; 3° Charlotte, femme de Philippe Aux-Couteaux.

9. — Charles DE SAINT-DELIS, écuyer, seigneur d'Aubigny, allié à Charlotte Hannicque de laquelle il eut : 1° Charles, écuyer, seigneur de Vaux, qui, de Charlotte d'Ailly eut un fils, Charles, mort sans postérité ; 2° Gilles, écuyer ; 3° Jacques, qui suit ; 4° Marie ; 5° Antoinette.

10. — Jacques DE SAINT-DELIS, écuyer, seigneur du Hamelet, demeurant à Abbeville en 1679. De Marie-Claire de Lesquevin de Baconval, sa femme, il eut : Charles, qui suit ; 2° Marie-Marthe.

11. — Charles DE SAINT-DELIS, écuyer, lieutenant au régiment de Condé, cavalerie, épousa Marie-Christine Le Comte de Cour-

celles, de laquelle naquirent : 1° Léopold-Gabriel-Antoine-Joseph, qui suit ; 2° Elizabeth-Josèphe ; 3° Jeanne-Gabrielle.

12. — Léopold-Gabriel-Antoine-Joseph DE SAINT-DELIS, écuyer, capitaine de grenadiers au régiment de Chabrillan, né le 8 octobre 1706, mort à Minorque en 1758. Il avait épousé Anne-Ursule de Tourelle de Verneuil qui lui donna : 1° Charles-Nicolas-Antoine-Joseph, qui suit ; 2° Jean-Henri-Antoine-Joseph.

13. — Charles-Nicolas-Antoine-Joseph DE SAINT-DELIS, chevalier, comte de Saint-Delis, seigneur de Tillet, Marcy-le-Bas, Higny, Saint-Souplet et Hévry-le-Franc, lieutenant-colonel d'infanterie, chevalier de Saint-Louis ; il naquit le 7 avril 1751, fit en 1789 ses preuves pour monter dans les carrosses du roi, émigra en 1790 et fit toutes les campagnes de l'armée de Condé. Il épousa en 1772 Anne Hesdin de Belchamps de laquelle il eut : 1° Charles-Louis-Joseph, qui suit ; 2° Charles-Henri-François, comte de Saint-Delis, mort au service de l'Autriche pendant l'émigration.

14. — Charles-Louis-Joseph, comte de Saint-Delis, chambellan de l'empereur d'Autriche et capitaine de grenadiers à son service, né le 29 mars 1773, allié à Antoinette, baronne de Dikoff, dont il avait en 1816 : 1° Gustave-Charles ; 2° Charles-Ferdinand-François.

SAINT-JOSSE.

Famille éteinte dès le XIV° siècle. Elle devait son nom au village de Saint-Josse, aujourd'hui canton de Montreuil-sur-Mer, Pas-de-Calais.

— Théobald DE SAINT-JOSSE, témoin dans une charte de 1147.

— Wautier DE SAINT-JOSSE, chevalier, témoin dans une charte de 1172.

— Jean DE SAINT-JOSSE, écuyer, servit du 9 mars au 1er octobre

1340 dans le corps d'armée du comte d'Eu, connétable de France, à Tournai et dans le Tournaisis.

— Jeanne DE SAINT-JOSSE, femme de Simon de Waregnies, écuyer.

1. — N... DE SAINT-JOSSE, chevalier, père de : 1° Wermond, qui suit ; 2° Enguerran.

2. — Wermond DE SAINT-JOSSE, témoin dans une charte de 1144. Il eut pour fils :

3. — Wermond DE SAINT-JOSSE, chevalier, qui souscrit avec Enguerran, son oncle, un accord entre l'abbé de Saint-Josse et celui de Saint-André touchant un droit de dime et de terrage, en 1163. Il assista, en 1171, à la donation des dimes de Sumbres à l'abbaye de Saint-Josse par Pharamond de Tingry. Il fut père de Wermond.

4. — Wermond DE SAINT-JOSSE, chevalier, fut témoin de la charte par laquelle Ide, comtesse de Boulogne, céda à l'abbaye de Saint-Josse le droit de forestage qu'elle avait entre la Canche et l'Authie, vers 1200. Ce fut en qualité de Vavasseur de Marconnelle qu'il fut présent à la cession faite à l'abbaye de Saint-Josse par Hugues de Malaunay et Adéline, sa femme, du droit de mouture qu'eux et leurs hommes avaient au moulin de Marconnelle, en 1209. On pense qu'il eut pour fils :

5. — Wautier DE SAINT-JOSSE, chevalier, qui souscrivit en 1222 la ratification par le seigneur de Maintenay d'une donation de 160 arpents, terre et bois, faite à l'abbaye de Saint-Josse par Mathieu de Montewis, chevalier.

SAINT-MAXENT.

La seigneurie du village de Saint-Maxent-en-Vimeu fut possédée jusqu'au XIV° siècle par une famille du même nom sur laquelle on n'a pu réunir que peu de documents et dont on n'a pu retrouver les armoiries. Cette famille s'éteignit au moyen-âge.

— Bernard de Saint-Maxent sert de témoin dans une charte de 1101.

— Geoffroy de Saint-Maxent, chanoine de Saint-Wlfran en 1121.

— Barthélemy de Saint-Maxent souscrivit la donation du droit d'usage dans les bois de Sery faite aux Templiers par Anseau de Cayeu, en 1128.

— Barthélemy de Saint-Maxent, peut être le fils du précédent, figure en qualité de témoin dans une charte de 1170.

— Robert de Saint-Maxent et Eremburge, sa femme, eurent deux fils : 1° André ; 2° Bernard, qui habitait à Beauchamp, en janvier 1247, quand il donna à l'abbaye du Lieu-Dieu, pour le repos de son âme, de celles de son père, de sa mère et de son frère aîné, un pré auprès de l'aunoie de ladite abbaye.

— Robert de Saint-Maxent amortit huit journaux à Embreville que Girard de Tremblay, son vassal, avait donnés à l'abbaye du Lieu-Dieu, en septembre 1255.

— Ade de la Houle, femme d'Evrard de Saint-Maxent, et Agnès, veuve de Gauthier Le Coq, en février 1259,

— Béatrix, veuve, dame de Saint-Maxent, fille de feu Gauthier de Saint-Maxent, chevalier, sire dudit lieu, donne en octobre 1260 à l'abbaye du Lieu-Dieu 20 livres de cens que lui devait Raoul de Busonville, son homme-lige, au lieu des 20 livres de cens que son père Gauthier avait donnés à ladite abbaye.

— Aléaume de Saint-Maxent, écuyer, seigneur d'Onicourt en partie, homme-lige du chapitre de Saint-Wlfran d'Abbeville, fait, avec le consentement de sa femme et de son fils, quelques ventes audit chapitre, de 1278 à 1300. D'Eléonor, sa femme, il eut pour fils Enguerran de Saint-Maxent, écuyer, qui tenait un manoir à Saint-Maxent en fief de la seigneurie dudit lieu appartenant à Aléaume de Brimeu, en qualité de tuteur de sa fille Isabelle, en 1311 — Le même est au nombre des nobles et fieffés du bailliage d'Amiens qui furent convoqués pour la guerre, le 25 août 1337.

— Guillaume d'Aigneville, écuyer, et Jeanne DE SAINT-MAXENT, sa femme, firent un accord avec l'abbaye du Lieu-Dieu, le 11 juillet 1378, au sujet d'un setier de blé sur la grange de Beauchamp que Robert DE SAINT-MAXENT, ancêtre de Jeanne, avait donnée à ladite abbaye.

SARPE.

Ancienne et noble famille du Vimeu qui s'est éteinte à la fin du xve siècle. Une note manuscrite du xviie siècle que nous avons sous les yeux dit que ses armes étaient : *de sable à l'orle d'argent*. Voici sa généalogie suivie et complète :

1. — Bernard SARPE, prévôt du Vimeu, figure en cette qualité dans un acte du mois d'avril 1304. De lui est issu Jean, qui suit.

2. — Jean SARPE, écuyer, demeurant à Saint-Maulvis, fut nommé arbitre avec frère Thomas Follebarbe, commandeur de Hescamps, d'un différent que le commandeur de Saint-Maulvis avait avec Thomas d'Epaumaisnil, écuyer, en novembre 1334. Il donna, en septembre 1341, la saisine de deux journaux de terre à Saint-Maulvis vendus par différentes personnes et mouvants du fief qu'il tenait du commandeur dudit lieu. De lui est issu Jean, qui suit.

3. — Jean SARPE, écuyer, seigneur de Saint-Maulvis en partie, panetier du roi, servit au commandeur de Saint-Maulvis un aveu pour sa partie de la seigneurie dudit lieu qu'il tenait du commandeur, le 3 avril 1373. De lui est issu Jean, qui suit.

4. — Jean SARPE, écuyer, seigneur de Saint-Maulvis en partie, habitant audit lieu en 1407. De Péronne Quiéret, sa femme, il eut deux enfants : 1° Jean, qui suit ; 2° N... femme de Jean de Drucat, écuyer, morte longtemps avant 1480.

5. — Jean SARPE, écuyer, seigneur de Saint-Maulvis en partie,

capitaine d'un des deux châteaux d'Airaines, le défendit pour le dauphin contre les Anglo-Bourguignons commandés par Jean de Luxembourg, en 1422. Après une résistance désespérée, Jean Sarpe et Coquart de Cambronne, capitaine de l'autre château, furent obligés de se rendre : mais ils obtinrent, ainsi que leurs garnisons composées en totalité de cent hommes d'armes et de cent archers, des sauf-conduits pour se rendre où bon leur semblerait ; et les deux capitaines en profitèrent, fidèles à la cause qu'ils avaient embrassée, pour aller se renfermer dans le Crotoy avec Jacques d'Harcourt, un non moins bon et fidèle serviteur des rois légitimes et du parti national français. Lorsque, l'année suivante, Jacques d'Harcourt fut obligé de rendre le Crotoy aux Anglais, il leur donna des otages comme gage de sa parole ; Jean Sarpe était de ce nombre et il fut mis en liberté avec les autres quand Raoul Le Bouteiller eut pris possession du Crotoy au nom du duc de Bedford. (Chron. de Monstrelet) — On le retrouve en 1427 à Saint-Maulvis où il fut condamné, par une sentence du 15 juillet, à reconnaître le droit d'afforage du commandeur de Saint-Maulvis. Dès 1441, ainsi qu'on l'expliquera au degré suivant, Jean se retira à Beauvoir-sur-Authie, et il y vivait encore le 20 avril 1466, époque à laquelle il fit son testament par lequel il laissait une certaine somme d'argent à Antoinette, sa petite fille. De sa femme dont le nom n'est pas connu, il avait eu : 1° Enguerrand, qui suit ; 2° Jacques, chevalier de l'ordre de Saint-Jean de Jérusalem, commandeur de Troyes.

6. — Enguerrand Sarpe, dit Cugnard, écuyer, seigneur de Saint-Maulvis en partie, Epaumaisnil, Domqueur, Plouy-Domqueur et Gorenflos : En faveur de son mariage avec Jeanne Briet qui eut lieu par contrat du 12 octobre 1441, il reçut de son père son fief de Saint-Maulvis en avancement d'hoirie : il se fixa donc dans le manoir paternel tandis que son père allait s'établir à Beauvoir-sur-Authie où il avait quelques biens et où il vécut encore près de vingt-six ans. De Jeanne Briet, sa femme, Enguerrand eut pour enfants : 1° Antoine Sarpe, écuyer, mort

avant 1431, sans alliance, et laissant tout son héritage à sa sœur aînée ; 2° Antoinette SARPE, dame de Saint-Maulvis, Epaumaisnil, Domqueur, le Plouy-Domqueur et Gorenflos : Elle épousa vers 1466 Jean de Biencourt, dit Jeannet, écuyer, seigneur de Bachimont, Poutrincourt et Fleury : après la mort de son beau-frère, Antoine SARPE, Jean de Biencourt reçut de son beau-père en avancement d'hoirie, la seigneurie de Saint-Maulvis, le 1er mai 1481, et celle d'Epaumaisnil, le 2 décembre 1485 ; 3° Catherine SARPE, femme d'Antoine de Muisson, écuyer, seigneur de Vercamp, par contrat du 28 novembre 1475. Elle reçut par ce contrat, de son père, le fief de Rigauville tenu du connétable à cause de sa seigneurie d'Orville, à condition qu'elle ne prétendrait à rien sur la succession de ses père et mère ; 4° Jeanne SARPE, femme de Jean Perrin, écuyer : Elle était veuve et habitait Morlaines quand elle reconnut, le 22 octobre 1496, avoir reçu de Jean de Biencourt, son beau-frère, tout ce qui lui revenait de la succession de son feu père.

SELINCOURT.

La seigneurie du village de Selincourt, célèbre par l'abbaye qui y fut fondée en 1131 par Guillaume Tyrel, sire de Poix, appartint jusqu'au XVe siècle à une famille du même nom dont nous n'avons pu rétablir qu'une partie de la filiation suivie faute de documents. Nous nous bornerons à y ajouter par ordre chronologique la liste de quelques autres membres de la famille qui nous sont connus.

1. — DREUX DE SELINCOURT, chevalier, sire dudit lieu, témoin dans une charte de 1125, père de : 1° Dreux, qui suit ; 2° Bérold, nommé avec son frère dans une charte de 1160.

2. — DREUX DE SELINCOURT, chevalier, sire dudit lieu, sert de témoin à plusieurs chartes de 1159 à 1180. De lui sont issus : 1° Dreux, qui suit ; 2° Pierre ; 3° Thomas, ces deux derniers

morts en 1206 et inhumés dans l'église de Saint-Martin de Poix.

3. — Dreux DE Selincourt, chevalier, sire dudit lieu, fit une donation à l'église de Poix, en 1206. Il fut père du suivant.

4. — Raoul DE Selincourt, chevalier, seigneur dudit lieu, époux d'Emmeline, en 1252 et 1259, qui lui donna le suivant :

5. — Hugues DE Selincourt, chevalier, seigneur dudit lieu, de 1268 à 1301.

— Guérard DE Selincourt, chevalier, seigneur dudit lieu, en 1361 était probablement le petit-fils de Hugues, et sans doute aussi l'aïeul de la suivante :

— Jeanne DE Selincourt, dame et héritière de la seigneurie dudit lieu, qui céda, le 24 août 1456, aux religieux dudit lieu, le rentage du fief de Bos-Raoul situé à Selincourt.

Après elle, la seigneurie de Selincourt appartint successivement aux de Fer, aux Saquespée et de ceux-ci elle passa par alliance à une branche des Manessier qui la conserva jusqu'en 1789.

SOREL.

Il faut bien se garder de confondre la famille qui nous occupe ici, avec une autre du même nom qui habitait à Sorel-le-Grand, (aujourd'hui canton de Roisel) une forteresse redoutable et qui passait pour une des maisons les plus distinguées du Vermandois. Ces puissants châtelains portaient pour armes : *de gueules à deux léopards d'or*, tandis que nos seigneurs de Sorel (canton de Hallencourt) avaient leur écusson *d'or à une bande de sable cotoyée de deux cotices de même*.

— Enguerran DE Sorel, chevalier, assiste, en 1274, avec le comte et la comtesse de Ponthieu, à un accord avec les mayeur et échevins d'Abbeville.

— Bernard DE Sorel, chevalier, sire dudit lieu, témoin en 1292.

— Jean DE Sorel, trésorier du chapitre de Saint-Wlfran d'Abbeville, en 1294.

— Enguerran DE Sorel, avoue tenir en foi et hommage du roi d'Angleterre, un fief au Tranlay, en décembre 1311.

— Robert DE Sorel, écuyer, sire dudit lieu et du Quesnoy-lès-Airaines, se dessaisit entre les mains du bailli de Picquigny, le 8 octobre 1349, d'une partie du bois du Quesnoy au profit de Jean Mauvoisin, chevalier, seigneur de Fontenay. Il vendit en avril 1352 sa seigneurie du Quesnoy à Brunet de Cambron, écuyer, comme tuteur de Hue et de Blanche Quiéret.

— Enguerran DE Sorel, dit Lionel, chevalier, seigneur de Blangy-sous-Poix, et de Villeroy, capitaine du château de Mortemer, fut présent, le 10 mars 1360, à l'accord que fit Jacques, sire de Beauchamp, avec l'abbaye de Lieu-Dieu. Il donna quittance, le 28 mai 1373, à Pierre le Sene, receveur du Ponthieu, de 36 livres 6 sous tournois pour ses gages de capitaine de Mortemer. Cette pièce est scellée de son sceau *à la bande coticée* Il fit son testament le 23 décembre 1389, et légua « son gris roncin (cheval) » à Hue de Biencourt, bailli de Saint-Valery, qu'il institua son exécuteur testamentaire. Il avait épousé Jeanne de Cayeu qui était remariée en 1393 avec le seigneur de Monchy. De leur union était née une seule fille, Jeanne DE Sorel, dame de Blangy-sous-Poix, qui porta cette seigneurie à son mari Hue d'Ainval, écuyer, seigneur dudit lieu,

T.

TERNISIEN.

Armes : *d'argent à trois étoiles mal ordonnées de gueules, accompagnées de trois fleurs de lys au pied nourri de même.* — Supports et Cimier : *trois sauvages*

On est incertain sur l'endroit d'où cette famille tire son origine ; le grand nobiliaire de Picardie dit qu'elle est du Boulonnais, des notes recueillies par nous portent au contraire qu'elle est de Ponthieu où quoiqu'il en soit, on la trouve déjà établie en 1549, époque depuis laquelle elle a fait ses preuves pour être maintenue dans sa noblesse par Bignon, intendant de Picardie, le 6 juin 1698. Cette famille existe encore en Ponthieu. La branche aînée de Fresnoy s'est éteinte de nos jours dans la famille de Rambures-Poireauville.

1. — René TERNISIEN, écuyer, seigneur de Wavrans, fut allié à Marie du Tertre, dont il eut : 1° Jean, écuyer, seigneur de Wavrans, allié le 8 juillet 1549 à Isabeau de la Fresnoye ; 2° Christophe, qui suit.

2. — Christophe TERNISIEN, écuyer, épousa Michelle Morel par contrat du 12 avril 1558 : d'eux sont issus : 1° Charles ; 2° Antoine ; 3° Christophe.

3. — Charles TERNISIEN, écuyer, allié par contrat du 16 janvier 1621 à Marguerite de Renthière, eut d'elle : Simon, qui suit.

4. — Simon TERNISIEN, écuyer, seigneur de Fresnoy, par achat des Bellengreville en 1650, allié à Françoise Routier le 4 juillet 1652. Il fut père de : 1° Henri, qui suit ; 2° Nicolas, mort sans postérité ; 3° François, écuyer, seigneur de Rousselin, allié le 30 août 1687, à Marie-Anne Le Vasseur, dont François, âgé de 10 ans quand son père et son oncle furent maintenus dans leur noblesse, le 6 juin 1698 ; 5° Etienne, écuyer, seigneur de Valobert, mousquetaire du Roi ; 5° Marie-Anne.

5. — Henri TERNISIEN, écuyer, seigneur de Valencourt et de Fresnoy, allié par contrat passé le 4 août 1687 à Marie-Anne Lardé : il fut maintenu dans sa noblesse par Bignon, intendant de Picardie, le 6 juin 1698, en prouvant la généalogie ci-dessus énoncée. Il était âgé de 40 ans et avait alors pour enfants : 1° Louis-Alexandre-André, âgé de 4 ans ; 2° Charles, âgé de 3 ans ; 3° Henri, âgé de 2 ans ; 4° Philippe-Clément, âgé d'un an ; 5° Marie-Anne ; 6° Emilie ; 7° Françoise ; 8° Marguerite.

TEUFFLES.

Il faut ajouter les quelques documents qui suivent à ce que nous avons déjà dit de cette famille, page 303 de notre premier volume.

— Jean, sire DE TEUFFLES, chevalier, servit avec deux écuyers, à la défense de Douay sous le commandement de Hue Quiéret, du 28 octobre au 6 décembre 1339.

— Marie DE TEUFFLES, femme de Jean du Bus, écuyer, seigneur de Wailly, en 1412.

— Jean de Truffles, écuyer, prévôt du Vimeu en 1416.

— Baugeois de Truffles, écuyer, seigneur de Radépont, allié avant 1490 à Françoise de Fontaines.

— Isabeau de Truffles, alliée vers 1490 à Jean de Belleperche, écuyer, seigneur de Nibat et de Mauconduit.

— Jean de Truffles, écuyer, seigneur de Radépont, époux d'Yolande Quiéret, vers 1540.

TOFFLET.

La seigneurie de Tofflet, située au sommet de la côte de Laviers, près d'Abbeville, a donné son nom à une famille éteinte depuis plusieurs siècles, et sur laquelle nous n'avons pu réunir que les quelques notes suivantes :

— Guy de Tofflet, chevalier, cité comme témoin dans des chartes de 1186, de mai 1190, de 1192 où il est qualifié baron de Ponthieu, de 1196 et de 1206.

— Jean de Tofflet, chevalier, renommé pour sa « preud'homie » est choisi comme arbitre pour régler un différent entre le comte de Dreux, sire de Saint-Valery, et le comte de Ponthieu, en 1247.

— Jean de Tofflet, chevalier, seigneur de Dun, et les hommes dudit lieu reçoivent de la comtesse de Ponthieu le droit de laisser paturer leurs bestiaux dans les marais de Pont-Remy, en janvier 1255.

— Jacques de Tofflet est dit frère de Jacquemon de Tofflet, lequel était *le Baron* (le mari) d'Ade ; ce dernier étant mort, Jacques voulait contraindre Ade à prendre la moitié des meubles de la succession de son mari, et à payer la moitié de ses dettes, mais il fut jugé, en 1204, qu'elle ne pouvait y être contrainte.

— Jacques de Tofflet, chevalier, seigneur de Dun et de Tofflet, sert au roi d'Angleterre, en 1314, un aveu pour sa seigneurie de Tofflet. — Il sert de témoin en 1320.

— Le damoiseau DE TOFFLET et Enguerran DE TOFFLET, figurent parmi les nobles et fieffés du bailliage d'Amiens ajournés pour la guerre le 25 août 1339, et le premier se fait représenter par un homme d'armes à ses gages.

V.

VALENGLART.

Les Le Roy, seigneurs de Moyenneville, adoptèrent au siècle dernier le nom de ce fief pour se distinguer des autres familles Le Roy qui existaient en Ponthieu, et l'ont toujours conservé depuis. Le fief de Valenglart était entré dans cette famille vers 1630, époque à laquelle René Le Roy, écuyer, seigneur de Moyenneville, Bézencourt, Rivery, Yonval et Vaux, l'acheta à Antoine de Runes, écuyer, seigneur de Valenglart et du Vieux-Rouen. Les de Runes, qui s'étaient qualifiés jusque là seigneurs de Valenglart, le possédaient eux-mêmes depuis 1440 environ, par le mariage de David de Runes, écuyer, seigneur du Vieux-Rouen, capitaine d'Aumale, avec Ide de Valenglart, dame et héritière du fief de son nom et la dernière représentante de sa maison. Quand il s'agit donc, dans les siècles antérieurs au xv°, des sires de Valenglart en Vimeu, ce ne sont ni les de Runes ni les Le Roy qu'il faut entendre, mais une vieille et noble famille qui florissait dès le xiii° siècle et qui s'éteignit au xv°, sans jamais avoir eu d'autre nom patronymique que celui de Valenglart qu'elle reçut de son fief. Ce nom, d'une forme peu commune, s'écrivait dans les anciennes chartes Val Engelart (1261) et Val Enguelard (1337) en deux mots, ce qui permet d'en saisir l'étymologie.

Il nous a été impossible de retrouver les armoiries de ces Valenglart.

— Wautier DE VALENGLART, chevalier, fils de monseigneur Wautier DE VALENGLART, chevalier, vend à Robert des Auteux tout ce qu'il tient de Jeannin, seigneur de Valenglart, à Saucourt, en avril 1261.

— Jean DE VALENGLART, du consentement de Jeanne, sa femme, engage à l'abbaye de Saint-Valery tous les biens et droits qu'il possède à Roussigny près de Saint-Valery, et à Saucourt, en novembre 1261.

— Jean et Colart DE VALENGLART, parmi les nobles et fieffés du bailliage d'Amiens convoqués pour la guerre le 25 août 1337.

— Jean DE VALENGLART et Jean de Cheu, son frère, chevaliers, souscrivirent comme hommes-liges de l'abbaye de Saint-Valery les lettres données le 25 janvier 1352 par le bailli de Saint-Valery pour Mme Isabelle de Melun, comtesse de Dreux, contenant saisine pour Jean Mauvoisin, chevalier, seigneur de Fontenai, d'une partie du bois de Longuemort.

— Isabelle de Rubempré, veuve de N... DE VALENGLART, chevalier, et Louis DE VALENGLART, écuyer, seigneur dudit lieu, son fils, donnèrent à l'abbaye du Lieu-Dieu, le 1er avril 1432, une pièce de terre située auprès de ladite abbaye. — On croit que Louis mourut jeune et sans alliance, et qu'il eut pour sœur et héritière la suivante :

— Ide DE VALENGLART, dame dudit lieu, femme, en 1440, de David de Runes, écuyer, seigneur du Vieux-Rouen, capitaine d'Aumale.

VALINES.

La terre de Valines (canton d'Ault), était une des pairies du comté de Ponthieu. Elle donna son nom à une noble famille qui était éteinte dès le xv⁰ siècle. Les armes des Valines étaient : *burelé de...* *et de...*

1. — Guillaume de Valines, chevalier, sire dudit lieu, amortit, en septembre 1224, 150 journaux de terre à Broutelette, donnés à l'abbaye de Sery par Geoffroy de Broutelette, son homme-lige. Il en fit, en août 1233, un accord avec le prieuré de Cayeu. Il souscrivit en 1336 des lettres d'amortissement général données par Girard d'Abbeville, sire de Boubers et depuis peu de Fressenneville, de tout ce que l'abbaye du Lieu-Dieu avait acquis à Fressenneville. Il amortit enfin en octobre 1241 le fief de Broutelette que Thomas de Frieucourt avait vendu à l'abbaye du Lieu-Dieu. Il était mort avant 1246 puisqu'au mois d'août de cette année, sa veuve renouvelle ce dernier amortissement, et au mois d'octobre suivant donne à l'abbaye de Sery une masure à Valines en échange de 20 journaux de terre donnés à ladite abbaye par son fils ainé. D'Ermengarde, sa femme, Guillaume avait donc eu pour fils : 1° Jean, qui suit ; 2° Henri, chevalier, qui reçoit en dot de son père et de son frère Jean, en octobre 1224, l'hommage du fief de Broutelette que Thomas de Frieucourt tenait d'eux. Lorsqu'en conséquence Thomas vendit ce fief en 1244 à l'abbaye du Lieu-Dieu, il déclara que ledit fief devait hommage à Henri, et était tenu envers lui au service de « roncin », à l'aide pour la chevalerie et pour le mariage d'une fille. Henri, en qualité de bailli de Valines, donna en octobre 1249 à l'abbaye du Lieu-Dieu l'amortissement du fief de Broutelette : Il ratifia, en juillet 1258 la vente des marais de Broutelette faite à l'abbaye de Sery par Jean, son frère ainé, et consentit, comme seigneur de fief, en janvier 1263, à l'échange d'un tènement à Valines entre l'abbaye de Sery et

Foulques de Gapennes; 3° Guillaume, chevalier, mentionné dans une charte de son père, en 1244; 4° Richard, chevalier, mentionné dans la même charte de 1244; il ratifie en mai 1258 la vente des marais de Broutelette par son frère aîné, Jean.

2. — Jean DE VALINES, chevalier, sire dudit lieu : Il amortit, en juillet 1235, huit journaux de terre à Valines que Jean de Gamaches donnait à l'abbaye de Sery : Il donna en avril 1238 à Godard de Chepy l'investiture de quatre journaux de terre à Valines. Il inféoda en décembre 1237 à Renaut d'Allenay, son homme-lige, son pré de Broutelette avec l'usage pour faire de la tourbe dans ses marais. Il reconnut en avril 1255 tenir de Guillaume, sire de Cayeu, moyennant dix francs de franc service ce qu'il possède en marais à Broutelette. Il vendit, en mai 1258, à l'abbaye du Lieu-Dieu, ce même marais, et donna en avril 1265 à l'abbaye de Sery des héritages à Valines. D'Alix, sa femme, il avait eu deux fils : 1° Guillaume; 2° Jean, qui confirmèrent en mars 1272, comme héritiers de leur père, la vente des marais de Broutelette qu'il avait faite à l'abbaye du Lieu-Dieu, en mai 1258.

A cette famille appartenait encore :

— Jean DE VALINES, dit Cornu, au nombre des nobles et fieffés du bailliage d'Amiens convoqués pour la guerre le 25 août 1337.

VAUDRICOURT.

La généalogie de cette famille n'est pas complète comme nous l'avons donnée, pages 316-319 du premier volume de ce nobiliaire. Puisque, entre autres choses, ce second volume est destiné à rectifier les notices qui ne sont pas complètes dans le premier, il convient de restituer ici à la famille de Vaudricourt l'ancienneté de sa noblesse sur laquelle on n'avait pas assez appuyé dans le travail primitif. Nous allons donc donner d'abord les personnages qui n'ont pu trouver place dans la filiation ; nous donnerons en second lieu un fragment de généalogie qui comprend une partie du xiii° siècle, et enfin nous ajouterons cinq nouveaux degrés à la généalogie précédemment publiée, ce qui, au lieu de la fin du xv° siècle, la fait remonter aux premières années du xiv°.

— Guy DE VAUDRICOURT, chevalier, vend des terres au comte de Ponthieu en 1239.

— Jean DE VAUDRICOURT tenait un fief de Drievon d'Amiens, chevalier, en 1267.

— N... DE VAUDRICOURT, écuyer, fils de Gaillard DE VAUDRICOURT, écuyer, en 1378, possesseur d'un fief dépendant de la seigneurie d'Yvrench.

1. — Raoul DE VAUDRICOURT, chevalier, possédait des terres à Broutelles, en décembre 1250. On le croit père du suivant.

2. — Hue DE VAUDRICOURT, chevalier. Il avait été pendant quelque temps en guerre avec Drievon de Granssart, chevalier, mais par l'entremise du comte et de la comtesse de Ponthieu et de Jean, sire de Bailleul, la paix fut faite, et Hue, en signe de réconciliation, donna sa fille en mariage au fils de son ennemi, en lui assignant pour dot vingt livrées de terre sur le tiers de la dîme de Vaudricourt. Hue fut donc père de 1° Thomas, qui suit ; 2° Pérotte, alliée en 1266 à Wautier de Granssart, chevalier.

3. — Thomas DE VAUDRICOURT, chevalier, et Marguerite, sa femme, reconnurent que la haute justice d'un pré qu'ils tenaient à Roussigny de Jean du Quesnoy, appartenait à l'abbaye de Saint-Valery, en février 1293.

La généalogie suivie de la famille de Vaudricourt doit commencer ainsi qu'il suit :

1. — Mathieu de VAUDRICOURT, écuyer, prévôt de Saint-Riquier, bailly d'Abbeville, en 1328, père de :

2. — Mathieu DE VAUDRICOURT, écuyer, allié à Marie Hermer, de laquelle il eut : 1° Jean, qui suit ; 2° Fremin, conseiller en la

sénéchaussée de Ponthieu : il reçut, le 22 janvier 1442, de Robert de Lisques, chevalier, seigneur de Welle et de Frenq, et de Marie de la Haye, sa femme, *ses bons amis*, certains cens assis sur une maison à Abbeville. De Jeanne Dominus, sa femme, il eut pour fils Pierre, écuyer, allié à Honorée de Hénault, demeurant à Toutencourt en 1451 ; 3° Ferry, écuyer, allié à Marie de Noyelles, et demeurant avec elle à Abbeville en 1450.

3. — Jean DE VAUDRICOURT, écuyer, capitaine du château de Mareuil pour les Anglais et les Bourguignons en 1422. De Marie de Landhères, sa femme, il eut :

4. — Josse DE VAUDRICOURT, écuyer, seigneur dudit lieu et de Nempont, allié à Marie de Biencourt, dame d'Arry et de Mayoc. de cette union naquit Adrien.

5. — Adrien DE VAUDRICOURT, écuyer, seigneur dudit lieu et de Nempont, en 1483, père de : 1° Jean, écuyer, seigneur dudit lieu et de Nempont, allié à Hélène de Monchy, dame d'Aussenne, de laquelle il n'eut qu'une seule fille, Anne, dame d'Aussenne, qui épousa Louis de Monchy, seigneur d'Inquessen, gouverneur de Laon et du Laonnais ; 2° Antoine, qui suit ; 3° Raoul, dit Raoulquin (indiqué à tort dans le premier volume comme père d'Antoine dont il était en réalité le frère puîné) il fut écuyer, seigneur de Broutelette et homme-lige de Bailleul en 1507.

6. — Antoine DE VAUDRICOURT, écuyer, seigneur d'Allenay, vivant en 1523.

Le reste comme au tome premier, pages 217 et suivantes. Antoine, qui y est désigné comme le second degré de la généalogie, en est donc au contraire le sixième.

VAUX.

La famille de Vaux, qui possédait au XVI° siècle la seigneurie d'Hocquincourt, était originaire, à ce que l'on pense, du village de

Vaux-Marquenneville, situé aujourd'hui, comme Hocquincourt, dans le canton d'Hallencourt. Elle s'éteignit dans la maison de Monchy, Jean DE VAUX, chevalier, seigneur d'Hocquincourt, et Marguerite de Framecourt, sa femme, ayant marié leur fille unique et seule héritière, Jeanne de VAUX, dame d'Hocquincourt, à François de Monchy, chevalier, seigneur de Montcavrel, le 18 novembre 1535. — Les armes des de Vaux étaient : *d'argent à trois têtes de maures de sable, tortillées d'argent.*

— Hue et Jean DE VAUX, au nombre des nobles et fieffés du bailliage d'Amiens convoqués pour la guerre, le 25 août 1337.

— Nicolas DE VAUX, écuyer, demeurant à Oisemont, tenait à Fresne en Vimeu un fief noble mouvant de la seigneurie dudit lieu, le 15 novembre 1390.

— Pierre DE VAUX, chevalier, fut condamné à payer un cens sur une maison située à Saint-Riquier, rue de Neuville, à l'abbaye dudit lieu, par sentence du 30 janvier 1394.

— Colart DE VAUX, neveu et héritier de feu Jean d'Airaines, dit Saigremor, releva le 27 août 1461 un fief assis à Hiermont et à Roquemont.

La généalogie suivie s'établit de la manière suivante :

1. — Guillaume DE VAUX, écuyer, seigneur dudit lieu, vivant en 1402 et en 1415. De Jeanne Quesnel, sa femme, il eut :

2. — Mathieu de VAUX, écuyer, seigneur dudit lieu, allié à Marie de Friencourt, mort avant le 13 juillet 1440, laissant le suivant :

3. — Hue DE VAUX, écuyer, seigneur dudit lieu, père de

4. — Pierre DE VAUX, écuyer, seigneur dudit lieu et d'Hocquincourt, allié à Marguerite de Gribauval; de cette union naquirent : 1° Jean, qui suit ; 2° Claire, alliée par contrat du 15 septembre 1507 à Jacques de Biencourt, écuyer, seigneur dudit lieu, Poutrincourt, Epaumaisnil et Saint-Maulvis.

5. — Jean DE VAUX, chevalier, seigneur de Hocquincourt. De Marguerite de Framecourt, il n'eut qu'une seule fille et héri-

tière, Jeanne, dame d'Hocquincourt, qui apporta cette seigneurie à François de Monchy, chevalier, seigneur de Montcavrel, qu'elle épousa le 18 novembre 1535.

VILLEROY.

C'est de Villeroy, section de la commune de Vitz-sur-Authie, canton de Crécy, que cette famille était originaire : C'est de ce village qu'elle possédait la seigneurie, c'est de lui qu'elle avait pris son nom, et non pas, comme on pourrait le croire, du village de Villeroy, situé dans le canton d'Oisemont. Ses armes étaient : *de... à un sautoir engrêlé de...*

— Henri DE VILLEROY, chevalier, témoin dans une charte de 1152, doit avoir été l'aïeul de Nicolas par qui commence la filiation suivie.

1. — Nicolas DE VILLEROY, chevalier, sire dudit lieu, donne à ses hommes de Villeroy une coutume à l'instar de celle d'Abbeville, en novembre 1211. Il donna, en avril 1224, à l'abbaye de Saint-Riquier une masure à Willencourt, sous le moulin dudit lieu. Après qu'il eut défriché le bois de Villeroy avec l'autorisation de l'abbaye de Saint-Riquier, il reconnut que l'abbaye y aurait dorénavant la moitié du terrage, et il transporta en conséquence le douaire de sa femme sur le cens du Hamel, en novembre 1228. De Mahaut de Maintenay, sa femme était issu :

2. — Guillaume DE VILLEROY, chevalier, sire dudit lieu : Il assigna aux maïeur et échevins de Villeroy, par ordre de Guillaume, sire de Maintenay, son oncle, 110 livres parisis sur tout le fief qu'il tenait du comte de Ponthieu, en mars 1237. De sa femme, dont le nom n'est pas connu, il eut : 1° Jean, qui suit ; 2° Luce, qui vendit, en juillet 1278, du consentement de Huon, *son baron*, 13 journaux de terre à Villeroy aux maïeur et échevins dudit lieu.

3. — Jean DE VILLEROY, chevalier, sire dudit lieu, ratifie une vente de 28 journaux de terre faite à l'abbaye de Willencourt, en octobre 1272. Il vendit en 1272 également aux maïeur et échevins d'Abbeville, moyennant 146 livres parisis une rente de 10 livres parisis qu'il tenait du comte de Ponthieu sur le poids de ladite ville. Il ratifia, en juillet 1278 la vente faite par sa sœur Luce. En qualité d'homme-lige de l'abbaye de St.-Riquier, il fit un accord avec elle, en 1279, touchant diverses acquisitions faites par elle à Willencourt. Il assista avec les autres pairs et hommes-liges du comté de Ponthieu à la déclaration de Guillaume, sire de Drucat, qu'après son décès son héritier serait tenu de remettre au comte de Ponthieu, sa terre de Drucat, le 16 août 1289. Il était mort avant 1299, laissant de damoiselle Enghelars (sic), sa femme : 1° Guillaume, qui suit ; 2° Anseau, qui suivra après son frère ; 3° Pierre, procureur de la ville d'Abbeville, qui scelle de son sceau une requête des maïeur et échevins de la même ville au sénéchal de Ponthieu afin qu'il leur fût permis de lever une taille, le 1er avril 1321.

4. — Guillaume DE VILLEROY, seigneur dudit lieu, prêtre, doyen d'Arras, ratifia en 1299, comme fils aîné et héritier de Jean DE VILLEROY, la vente faite par Jean aux maïeur et échevins d'Abbeville en 1272. Il fit en 1309 le partage de l'eau de Willencourt avec l'abbaye de Saint-Riquier de laquelle il tenait son fief. On pense qu'il laissa ses biens à son frère Anseau, qui suit, car celui-ci, comme on va le voir, était dès 1311 en possession de la seigneurie de Villeroy.

4 bis. — Anseau DE VILLEROY, chevalier, seigneur dudit lieu, sert pour Villeroy un aveu au roi d'Angleterre, comme comte de Ponthieu en 1311. Comme pair du Ponthieu, il scella également la charte du 1er avril 1321 dont on a parlé à l'article de son frère Pierre. Son sceau portait un écusson *à un sautoir engrêlé*.

VISME.

L'important village de Visme (canton de Gamaches), a donné son nom à une noble famille qui en a possédé la seigneurie jusqu'au milieu du xiv° siècle. Les armes de ces premiers sires de Visme étaient *un fretté* : c'est du moins ainsi qu'on les voit sur le sceau de Robert, sire de Visme, chevalier, en 1299. Après eux la seigneurie de Visme passa par alliance aux Cayeu, puis et encore par alliance aux Monchy, et enfin, elle fut achetée à ces derniers par les Le Blond du Plouy.

Parmi les personnages qui ne peuvent trouver place dans la filiation suivie, nous citerons :

— Théobald DE VISME, chevalier, accompagna Guillaume de Normandie à la conquête de l'Angleterre, en 1066.

— Pierre et Adolphe DE VISME, en 1105.

— Raoul DE VISME, signataire de la charte de commune d'Abbeville, en 1184, alla avec Guillaume DE VISME à la 5ᵐᵉ croisade, en 1215.

— Odon DE VISME, part pour la 6ᵐᵉ croisade, en 1240.

— Jean DE VISME figure parmi les nobles et fieffés du bailliage d'Amiens ajournés pour la guerre, le 25 août 1337.

La généalogie suivie peut s'établir de la manière suivante :

1. — Roger DE VISME, chevalier, sire dudit lieu, en 1084, père de : 1° Barthélemy, qui suit ; 2° Robert, dit Frétel, chevalier, allié à Agnès de Todencourt, dont un fils, Robert, dit Frétel, en 1134.

2. — Barthélemy DE VISME, sire dudit lieu, père de :

3. — Richard DE VISME, chevalier, sire dudit lieu, souscrivit une charte de confirmation accordée par le comte de Ponthieu à l'abbaye de Sery, en 1162. D'Eve, sa femme, il eut :

4. — Barthélemy DE VISME, chevalier, sire dudit lieu. Il donna à

l'abbaye de Sery un champ appelé le champ du Chatelet, en 1191. On le croit père de :

5. — Guillaume DE VISME, chevalier, sire dudit lieu ; il partit en 1215 pour la croisade. De lui est issu Enguerran.

6. — Enguerran DE VISME, chevalier, sire dudit lieu, amortit comme seigneur de fief, en février 1256, 8 journaux de terre près de Maigneville qu'Enguerran du Maisnil avait donnés, à l'abbaye de Sery. De sa femme, dont le nom est inconnu, il eut Robert, qui suit :

7. — Robert DE VISME, chevalier, seigneur dudit lieu ; il promit, en 1299, de payer à l'abbaye du Gard le demi muids, moitié avoine moitié froment, de rente que Gilbert de Dun, dont il était l'héritier, avait assigné à ladite abbaye, soixante-seize ans auparavant, à prendre à Fricamps. Il donna en avril 1302 une procuration à son fils pour avouer au comte de Ponthieu qu'il devait 40 jours de stage à Abbeville, comme pair de Ponthieu. De lui est né :

8. — Jean DE VISME, chevalier, sire dudit lieu : Il fut témoin d'une vente sur la vicomté d'Abbeville faite au roi d'Angleterre, le 3 avril 1307, par Renaud de Villers, chevalier. Il reconnut en avril 1326 qu'il n'avait aucun droit d'amende à Busmenard qui appartenait à l'abbaye de Sery. On ne lui connait pas d'autre enfant que Jeanne, qui suit.

9. — Jeanne DE VISME, dame et héritière dudit lieu, porta vers 1330 cette seigneurie à son mari Mathieu de Cayeu, chevalier, seigneur de Senarpont.

WABEN.

Famille qui avait emprunté son nom au village de Waben (aujourd'hui Pas-de-Calais, canton de Montreuil-sur-Mer). Elle occupait le premier rang dans la noblesse du Ponthieu et Guillaume DE WABEN, chevalier, se servait en 1290, d'un sceau sur lequel il était représenté à cheval et armé de toutes pièces. On sait qu'au moyen-âge ce genre de sceau était particulier aux plus grands seigneurs. Les armes des Waben étaient : *de.... à trois lions de.... posés 2 et 1.*

— Eustache DE WABEN, époux de Bélos, veuve de Bernard de Rue, et père de Jean DE WABEN, donne, vers 1150, la dîme de Robastre à l'abbaye de Sery.

— Gauthier DE WABEN, chevalier, témoin en 1208. — Avec Enguerran DE WABEN, chevalier, il souscrivit, en août 1222, la notification faite par le seigneur de Maintenay d'une donation à l'abbaye de Saint-Josse par Mathieu de Montewis.

— Guillaume DE WABEN, chevalier, déclare en mai 1270 que Gilles de Campigneulles, Marguerite, sa femme, et Jean, son fils, ont vendu 33 journaux de terre à la maison du Val des malades de Montreuil. — Il possédait en 1284 des terres à Conchy. — Il scelle, en qualité de l'un des francs-hommes de l'abbaye de Sainte-Saulve, un traité entre ladite abbaye et Jean Du Fresne, écuyer.

— Guillaume DE WABEN, chevalier, seigneur de Framezelles, scelle un échange entre l'abbaye de Sainte-Saulve et Hue de Hodicq, écuyer, en juin 1304.

— Jean DE WABEN, comme feudataire du roi, prétendait exercer certaine juridiction dans la ville de Montreuil, malgré le maïeur et les échevins, mais il fut condamné par un arrêt du parlement du 30 mars 1317.

WAILLY.

Famille originaire du village de Wailly, (canton de Montreuil-sur-Mer, Pas-de-Calais), dont elle possédait encore la seigneurie à la fin du XIVe siècle. Ses armes étaient : *de.... à trois bandes de.... à un franc-quartier vairé de trois traits.*

— Wermond DE WAILLY, chevalier, témoin en 1144.

— Regnier DE WAILLY, chevalier, témoin en 1150.

— Gislebert DE WAILLY, chevalier, témoin en 1151.

1. — Robert DE WAILLY, chevalier, sire dudit lieu, et pair du Ponthieu, souscrit une charte de 1168 De lui est issu Eustache.

2. — Eustache DE WAILLY, chevalier, sire dudit lieu et pair du Ponthieu, témoin d'une charte par laquelle la comtesse de Boulogne cède en 1200 à l'abbaye de Saint-Josse le droit de forestage qu'elle avait entre la Canche et l'Authie. De lui sont nés : 1° Gauthier, qui suit; 2° Robert, chevalier, mort avant 1210.

3. — Gauthier DE WAILLY, chevalier, seigneur dudit lieu, et pair du Ponthieu, témoin en 1215. Il ratifie en avril 1224 la donation faite par Eustache son père, à l'abbaye de Saint-Josse, de la dîme de Wailly après la mort de son frère Robert. Il fut témoin, en octobre 1227, d'un accord par lequel Enguerran de Fressenneville et l'abbaye de Saint-Josse partagent entre eux la terre de Fressenneville. De lui sont issus : 1° Guillaume, qui suit ; 2° autre Guillaume, témoin d'une charte de son frère, en 1240.

4. — Guillaume DE WAILLY, chevalier, seigneur dudit lieu et pair du Ponthieu, témoin en février 1236. Il fut nommé, en octobre 1238, par le comte de Ponthieu, arbitre de ses différents avec la comtesse de Dreux. En juillet 1240 il se porta garant d'une vente faite à l'abbaye de Saint-Josse par Gauthier de Lattre, de toute la dîme qu'il tenait de lui à Saint-Aubin. Il fut père de Jean.

5. — Jean DE WAILLY, chevalier, seigneur dudit lieu, pair du Ponthieu ; il vendit en décembre 1250 à l'abbaye du Lieu-Dieu 10 journaux de terre à Broutelles. D'Ade, sa femme, naquirent : 1° Jean, qui suit ; 2° Thomas, chevalier, sénéchal de Ponthieu, en 1274.

6. — Jean DE WAILLY, chevalier, seigneur dudit lieu, pair du Ponthieu, scelle de son sceau un traité passé en juin 1290 entre l'abbaye de Saint-Josse et Jean Du Fresne, écuyer. De lui est issu le suivant.

7. — Guillaume DE WAILLY, chevalier, seigneur dudit lieu, pair du Ponthieu, qui fut nommé avec trois autres chevaliers pour faire l'évaluation de la terre d'Airaines que Hugues de Fontaines, chevalier, voulait échanger avec le comte de Ponthieu, en avril 1303. — De Guillaume sont issus, probablement, après deux ou trois générations, les personnages qui suivent :

— Robert DE WAILLY, chevalier, sire dudit lieu ; il avoua, le 11 janvier 1377 tenir en fief du roi, à cause de la châtellenie de

Waben, la vicomté qu'il avait sur la terre de Wailly tenue par lui du seigneur de Maintenay.

— Pierre DE WAILLY, écuyer, dit Moriaus, tient à Wailly des terres de Guillaume de Maisnières, chevalier, seigneur de Maintenay, le 12 mai 1376.

— Jacques DE WAILLY, avoua tenir du roi, le 14 novembre 1377, un fief noble à Waben appelé le manoir du Bus, avec justice et seigneurie vicomtière.

et Jean de Wailly qui était à Levallois-Perret avant la guerre de 39 ?

Y.

YAUCOURT.

La seigneurie d'Yaucourt-Bussus qui a donné son nom à cette famille est située dans le canton d'Ailly-le-Haut-Clocher. Les d'Yaucourt portaient pour armes *de.... à trois aigles de.... 2 et 1.*

1. — Hugues D'YAUCOURT, dit de Beauflos, chevalier, sire dudit lieu, vivant encore en 1237, père de : 1° Regnier, qui suit; 2° Thibaut; 3° Thomas; tous deux ratifient une charte de leur frère, en avril 1239. Ils ratifient en juin 1239 un acte par lequel leur frère Regnier engage un fief pour les envoyer en Terre-Sainte; 4° Marie, alliée en 1239 à Jean de Vaux. Elle fut dotée par son père de 400 livres et de 30 journaux de terre.

2. — Regnier D'YAUCOURT, chevalier, sire dudit lieu; il s'obligea envers l'abbaye de Saint-Riquier en 1232, à ne rien vendre de sa seigneurie d'Yaucourt : son sceau porte trois aigles; il engagea en avril 1237 son fief de Beauflos à l'abbaye de Saint-

Riquier, pour 240 livres ; il l'engagea encore pour 25 livres en juin 1239, afin de pouvoir envoyer ses frères Thomas et Thibaut, en Terre-Sainte. Il vendit enfin à la même abbaye tout son fief de Beauflos, en janvier 1245, moyennant 580 livres 8 sous parisis. Ses deux fils Hugues, l'ainé, et Bertrand, le puiné, consentirent à cette vente.

3. — Hugues D'YAUCOURT, chevalier, sire dudit lieu, père de :

4. — Enguerran D'YAUCOURT, chevalier, sire dudit lieu, allié à N... Lessopier : Il donna à Jeanne La Puloize, femme de Nicolas Lessopier, son beau-frère, une pièce de terre pour y fonder une chapelle en l'honneur de Saint-Nicolas. De lui et de N.. Lessopier, sa femme, naquit :

5. — Jean D'YAUCOURT, écuyer, seigneur dudit lieu, confirma en 1323 la donation de la pièce de terre faite par son père. Il n'eut qu'une fille, N... qui épousa Jean de Dargnies, écuyer, et lui apporta la seigneurie et le manoir d'Yaucourt, dont celui-ci servit un aveu à l'abbaye de Saint-Riquier, le 3 décembre 1363.

CHEVALIERS ET GENTILSHOMMES

DU PONTHIEU

QUI ASSISTÈRENT AUX CROISADES.

PREMIÈRE CROISADE.

(1096 à 1145.)

— Le sire d'Airaines. — Renouard d'Arguel. — Le sire de Beauchamp. — Eustache Cholet. — Le sire de Domart-en-Ponthieu. — Dreux de Monchy. — Gauthier et Bernard de Saint-Valery.

SECONDE CROISADE.

(1145 à 1183.)

— Le sire de Brimeu. — Le sire de Crésecques. — Dreux de Monchy, IIme du nom. — Guillaume Talvas, comte de Ponthieu, et Guillaume II, comte de Ponthieu, son fils. — Renaud de Saint-Valery.

TROISIÈME CROISADE.

(1188 à 1195.)

— Poncet d'Anvin de Hardenthun. — Guillaume de Baconel. — Haimfroy de Biencourt. — Aléaume de Fontaines. — H. de

Fontaines. — Hugues le Ver. — Godefroy de Monthomer. — Guy de Noyelles. — Jean 1er, comte de Ponthieu. — Jean de Rambures. — Robert de Saint-Riquier. — Simon de Saint-Sauflieu. — Bernard de Saint-Valery. — Raoul de Vismes.

QUATRIÈME CROISADE.

(1195 à 1198.)

CINQUIÈME CROISADE.

(1198 à 1220.)

— Henri d'Airaines. — Anseau de Cayeu. — Eustache de Cayeu. Aléaume de Fontaines. — Nicolas de Fontaines. — Bernard de Moreuil.

SIXIÈME CROISADE.

(1220 à 1248.)

— Gauthier d'Aigneville. — Pierre de Belloy. — Robert de Lisques. — Odon de Vismes.

SEPTIÈME CROISADE.

(1248 à 1268.)

— Gérard d'Ailly. — Eustache d'Auxy. — Philippe, sire et ber d'Auxy. — Henri de Boufflers. — Enguerran Bournel. — Guillaume de la Chaussée. — Thomas et Thibaut d'Gaucourt.

HUITIÈME CROISADE.

(1268 à 1270.)

— Philippe, sire d'Auxy. — Le comte de Ponthieu.

CHEVALIERS DU PONTHIEU

qui combattirent à Bouvines.

Comtes.

Le comte de Ponthieu.

Barons.

Thomas de Saint-Valery.

Châtelains.

Hugues d'Auxy.

Vavasseurs.

Robert de Belloy.

Chevaliers, Bannerets.

— Jean et Ansel de Boulainvillers. — Guillaume de Crésecques. — Enguerran de Hesdin. — Raoul d'Airaines. — Hugues de Bailleul. — Rogues de Beauchamp. — Guillaume de Beaurain. — Hugues Boutery. — Anseau de Cayeu. — Hugues de Fontaines. — Gauthier de Hallencourt. — Gauthier de La Ferté. — Jean de Maisnières. — Le sire de Maintenay. — Hugues de Mareuil.

GENTILSHOMMES DU PONTHIEU

qui, sous les ordres du sire de Lisques, assistèrent à la destruction du bourg et du château d'Oisy, en 1254.

Jean d'Avesnes, fils aîné de Marguerite, comtesse de Flandres, guerroyait contre sa mère avec l'appui de son beau-frère, Guillaume, comte de Hollande. Le sire de Lisques, qui était resté fidèle à la comtesse, et qui combattait sous l'étendart de Flandres à la tête d'une compagnie composée de vingt-quatre chevaliers, de cent onze écuyers et de vingt-deux archers, fut chargé de détruire le bourg d'Oisy et la forteresse qui le défendait. Il s'acquitta de la première partie de sa tâche : du bourg, il ne resta pas pierre sur pierre, mais on ne put jamais parvenir à brûler le château, et le sire de Lisques s'en vengea en ravageant tout le pays environnant.

Nous extrayons de la longue liste de ses compagnons d'armes ceux qui appartenaient à notre Ponthieu.

Chevaliers.

— Le sire de Lisques. — Le sire d'Ivregny (d'Abbeville). — Messire Anseau d'Anvin.

Écuyers.

— Wautier de Lisques. — Willaume de Boubers. — Jean de Haucourt. — Enguerran de Fontaines. — Enguerran de Pont-Remy. — Soyer de Fontaines. — Gillekin de Fontaines.

GENTILSHOMMES DU PONTHIEU

qui accompagnèrent le comte d'Artois à l'armée de Guyenne, en 1295.

— Enguerran Quiéret, seigneur de Ramecourt. — Jean de Friencourt. — Renaud de Boubers. — Enguerran d'Airaines, et ses frères Henri et Godart. — Jean de Croquoison. — Adam Becquet. — Hugues de Cambron. — Théobald de Pont-Remy. — Pierre de Rogeant. — Jean de Saint-Blimond. — Pierre de Boufflers.

ROLE

des nobles convoqués, en 1304, pour la guerre de Flandres.

— Le seigneur de Biencourt. — Le comte d'Aumale. — Le sire de Poix. — Le sire d'Ailly. — Le vidame de Picquigny. — Renaud de Picquigny. — Hue de Caumont. — Le seigneur de Brimeu. — Le vicomte de Pont-Remy. — Le comte de Vendôme.

GENTILSHOMMES DU PONTHIEU

qui assistèrent à la journée de Saint-Omer, au mois de juillet 1340.

Bannerets.

— Le sire de Crésecques, avec un chevalier et dix écuyers.

Chevaliers-Bacheliers.

— Gallehaut d'Occoches, avec six écuyers. — Le seigneur de Nouvion, avec sept écuyers, dont l'un fut fait chevalier et l'autre tué dans le combat. — Le sire d'Ailly, avec trois écuyers — L'hermite de Caumont, avec un chevalier et six écuyers. — Le seigneur de Vaudricourt, avec deux écuyers. — Huon d'Occoches, avec sept écuyers. Il fut fait chevalier le 27 juillet.

GENTILSHOMMES DU PONTHIEU

qui assistèrent à la bataille de Poitiers, le 19 septembre 1356.

Morts.

Hémond de Belleval.

Ceux qui ne furent ni tués ni faits prisonniers.

— Enguerran de Rambures. — Pierre d'Auxy. — Pierre Bournel. — Jean et Pierre de Caumont. — Jean de Boufflers. — Robert de Longroy. — Hue de Rubempré.

GENTILSHOMMES DU PONTHIEU

qui assistèrent à la bataille d'Azincourt, le 25 octobre 1415.

Morts.

— Baudoin d'Ailly, vidame d'Amiens. — David, sire d'Auxy. — Le sire de Brimeu. — Le sire de Longroy. — Philippe d'Auxy, seigneur de Dompierre, bailli d'Amiens, et son fils. — Hutin Quiéret. — Le bègue de Cayeu et son frère Payen. — Enguerran et Charles de Fontaines, frères. — Bertrand de Belloy. — Le baudrain de Belloy. — Charles Boutery, vicomte de Mainières. — Guy et Jean Gourle, frères. — Le Ploutre de Griboval. — Simon de Monchaux. — Renaut de Griboval. — Gilbert de Griboval. — Baudoin de Belleval, chambellan du duc de Bourgogne. — Baugeois de Griboval. — Le vicomte de Domart. — Aléaume de Gapennes. — Guillaume le Ver. — Jean et Oranglois d'Anvin de Hardenthun. — Reginald, Guilbert et Alain d'Auxy.

Prisonniers.

— Guy Quiéret, dit Boort, seigneur de Heuchin et de Tours-en-Vimeu. — Pierre Quiéret, seigneur de Hamicourt. — Athis de Brimeu. — Le sire d'Occoches. — Aléaume de Boufflers.

Ceux qui ne furent ni tués ni pris.

— Raoul d'Ailly. — Binet Pappin, seigneur de Coquerel. — Louis Bournel. — Hue et Jean de Franqueville. — Jean Quiéret, dit Rifflart. — Rogues de Belleval.

ARMORIAL DE PONTHIEU

DE LA FIN DU XIVᵉ SIÈCLE.

L'armorial de France, duquel nous extrayons le passage concernant le Ponthieu, appartient à la Bibliothèque impériale où il est conservé sous le nº 254 ²⁵ du *supplément français*. Il a été publié en entier par M. Douet-d'Arcq, employé aux archives de l'Empire, qui, en calculant d'après les noms des princes cités dans ce manuscrit, croit pouvoir établir qu'il a été composé de 1396 à 1397. — Un armorial de France ne comprenant que 1264 noms ne pouvait pas être complet, aussi n'y rencontre-t-on que les plus grandes familles de chaque province, et souvent même tous les personnages de ces familles alors actuellement existants, afin d'enregistrer chacune des brisures qu'ils ajoutaient à l'écusson paternel. Malgré cela, malgré que la plupart des noms soient défigurés, et que les désignations héraldiques soient souvent difficiles à comprendre, nous avons cru indispensable de faire entrer dans notre Nobiliaire tout ce qui, dans cette œuvre d'un héraut d'armes inconnu, était relatif au Ponthieu, à cause de l'intérêt qu'il offre pour plusieurs familles encore existantes, et aussi parce que cet armorial est sans contredit le plus ancien que l'on ait retrouvé jusqu'à ce jour.

Nous ajouterons au texte, soigneusement révisé sur le manuscrit original, des notes et des éclaircissements partout où il en sera besoin.

Bannerets.

1. — Le comte de Pontif-Bannerois [1]. — D'or à III bendz d'azur.
2. — Le comte d'Aumasle. — Semblablement, à une bordeure de gueules.
3. — Le sire de Piqueny [2]. — Fessés d'argent et d'azur de VI pièces, à une bordeure de gueules.
4. — M. Robert de Piqueny. — Semblablement à la bordeure besantée d'argent.
5. — M. Ferry de Piqueny. — Semblablement, à roses d'argent sur la bordeure.
6. — Le sire de Varennes. — De gueules à une croiz d'or.
7. — Le sire de Pois. — De gueules à une bende d'argent, à croixètes d'argent recroixetées [3].
8. — Le sire d'Airainnes [4]. — D'argent à trois fesses de gueules.
9. — Le sire de Sénarpont. — Parti d'or et d'azur à un fer de moulin de gueules, à cinq coquilles d'argent sur le fer de moulin [5].
10. — Le sire de Loray [6]. — De gueules à 1 chief d'argent.
11. — Le sire de Beauchain. — Fessé d'hermine et de vert [7].
12. — Le sire de Mairicourt. — D'argent à trois mailles noires [8].
13. — Le sire d'Ilhe. — Eschiqueté d'argent et d'azur à un chief de gueules.

---

[1] C'est-à-dire le comte de Ponthieu-banneret.

[2] Picquigny.

[3] C'est-à-dire accompagnée de croisettes... etc.

[4] Airaines. — Fesses est mis pour *fasces*.

[5] Ce n'était pas une *anille ou fer de moulin* que portaient les sires de Cayeu-Senarpont, mais *une croix ancrée*.

[6] Longroy.

[7] Beauchamp. — *Fascé d'hermines et de sinople*.

[8] Méricourt. — *Mailles* est pour maillets. On trouve ailleurs : *d'argent à trois marteaux de gueules*.

14. — Lermite de Caumont. — De gueules à III mollettes d'or à croixètes d'or recroixetées.

15. — M. Louys de Ducivert. — D'ermine à III fleurs de lis de gueules découpées [1].

16. — Le sire de Silienes. — D'or à III mollettes de gueules à croixètes d'or recroixetées,

17. — Le sire de Beauval. — De gueules à une fesse d'argent à une demi-fesse d'argent damchiée en chef [2].

18. — Le sire d'Amfigues [3]. — D'argent à un sauteur de gueules.

19. — Robert de Pineguy. — Escartellé de Navarre et de Pillegny.

20. — M. Tritam d'Ailly. — De gueules à 1 chief encrementé [4] d'argent et d'azur.

Bachelers.

21. — M. Herpin de Saint-Saulier. — D'azur à une croiz d'or acroixetée recroixetée [5].

22. — Le sire de Caieu. — Parti d'or et d'azur [6].

23. — M. Hue de Beauval. — De gueules à une fesse d'argent, à une demi-fesse d'argent danchié en chef à un lion sur la fesse [7].

24. — M. Jametz de Beauval. — Semblablement, à une molette noire sur la fesse.

25. — M. Pierres de Beauval. — Semblablement, à un escuçon d'or à une fesse de gueules sur l'escuçon.

---

[1] Dourrier. — C'est un Quiéret.

[2] C'est-à-dire une *vivre d'argent en chef*.

[3] Qui reconnaîtrait dans ce nom celui de la famille d'Offignies dont il s'agit pourtant ici ?

[4] Echiqueté.

[5] Saint-Saufflieu. — *D'azur semé de croisettes recroisettées au pied fiché d'or, à la croix de même sur le tout.*

[6] On a oublié la croix ancrée.

[7] C'est-à-dire : *de gueules à une fasce d'argent chargée d'un lion de... et surmontée d'une vivre d'argent en chef.*

26. — M. Florent de Varennes. — De gueules a une croiz d'or, à un lioncheau d'argent en premier quartier à la queue fourchiée.

27. — M. Mahieu de Varennes. — Semblablement, à une meslete d'argent.

28. — M. Robert de Loray ¹. — De gueules à un chief d'argent à un escuçon d'or à une bende d'azur en l'escuçon, à une molete d'argent sur la bende ².

29. — M. Baudram de Pois. — De gueules à une bende d'argent à croixètes d'argent recroixetées à 1 lambel d'azur.

30. — M. Jehan de Baucham. — Fessé d'ermine et de vert à 1 escuçon de gueules à une bende d'or à VI mesletez d'or.

31. — M. Jehan de Belleperche. — D'argent à un croixant de gueules.

32. — M. Hérouart de Belleperche. — Semblablement, à un lambel d'azur.

33. — M. Sagremor d'Airainez ³. — D'argent à III fesses de gueules, à 1 baston d'azur.

34. — Leigle de Croy. — Semblablement, à 1 lambel d'azur.

35. — M. Hérouart d'Aregny ⁴. — D'argent à III fesses d'azur.

36. — M. Fremin d'Oste. — D'or à III fesses noires.

37. — M. Pierres de La Mote. — D'azur à 1 fer de moulin d'or ⁵.

38. — M. Blanchart de Bastorel ⁶. — De gueules à II bars d'argent, croixeté d'argent recroixeté au pied long ⁷.

39. — M. Adam Grollay. — D'argent à un fer de moulin noir ⁸.

---

¹ Longroy.
² C'est-à-dire : *brisé d'un écusson d'or à une bande d'azur chargée d'une molette d'argent*, qui sont les armes de Trie.
³ Airaines.
⁴ De Dargnies.
⁵ Une *croix ancrée*.
⁶ Bacouel.
⁷ C'est-à-dire : *semé de croisettes recroisetées au pied fiché*.
⁸ Gourlay. — C'est une *croix ancrée de sable*.

40. — Le sire de Brimam [1]. — D'argent à trois esglees de gueules.

41. — Le sire de Buliert [2]. — D'argent à trois escuçons de gueules.

42. — M. Enguerrant Quiéret. — D'ermine à III fleurs de lis de gueules coupées, à 1 baston d'azur.

43. — Le Valquier Quiéret. — Semblablement, à 1 lambel d'azur.

44. — M. Tritam Quiéret. — Semblablement, à une bordeure d'azur.

45. — Le sire Duvegny [3]. — D'argent à trois escuçons noirs.

46. — M. Jehan de Croqueoison. — D'argent à un quartier de gueules.

47. — M. Robert de Varignies. — Semblablement, à un lambel d'azur.

48. — M. Estourmy de Quernay [4]. — D'or à un esgle noir à deux testes.

49. — M. Gualehault de Fieuferri. — Quevronné de vair et de gueules.

50. — M. Guillaume de Bours. — De gueules à une bende de vair.

51. — Le sire de Lainguières [5]. — D'argent à une bende de gueules.

52. — M. Aatis de Languières. — Semblablement, à une sonnete d'or sur la bende.

53. — Lermite de Camproy. — D'or à III fesses de gueules fretées d'argent [6].

54. — Le sire de Sordinay. — Semblablement, à un lambel d'azur.

---

[1] Brimeu.

[2] Abbeville, seigneurs de Boubers.

[3] Yvregny, cadets des d'Abbeville.

[4] Du Quesnoy.

[5] Lignières.

[6] Caurroy. — On trouve aussi : *Fascé d'or et de gueules de 8 pièces, l'or fretté de gueules.*

55. — M. Lamcuras de Lainguieres. — D'argent à une bende de gueules, l'escu triefflé de gueules à 1 escuçon de Piquegny.

56. — Le Becques de Créquie [1]. — D'or à 1 créquier de noir.

57. — Le sire de Conces. — De gueules à un créquier d'argent.

58. — Le sire de Frouefaiz. — D'azur à 1 lion d'argent.

59. — M. Jehan d'Ausigny [2]. — Escarteley d'argent à un sauteur de gueules, contre d'argent à III fesses de gueules à 1 lambel d'azur.

60. — Le sire de Rambules [3]. — D'or à III fesses de gueules.

61. — Le sire de Pierecourt. — D'argent à III fesses noires.

62. — M. Lionnet de Pierrecourt. — Semblablement à un lion de gueules.

63. — Le Gualles [4] de Pierrecourt. — Semblablement, à un baston de gueules.

64. — M. Lionneaulx de Areines [5]. — D'argent à III fesses de gueules à 1 baston d'azur.

65. — M. Jehan Butery [6]. — D'argent à III bouteilles d'azur.

66. — Le sire d'Ausy [7] — Eschiqueté d'or et de gueules.

67. — Le seigneur de Donquerre. — D'argent à III quevrons d'azur [8].

68. — M. Pierres Lournel [9]. — D'argent à I quevron noir.

69. — Le seigneur de Feincourt [10]. — D'argent à VI lozenges noires.

---

[1] Le bègue de Créquy.
[2] Offignies.
[3] Rambures.
[4] Le Galois.
[5] Lionel d'Airaines.
[6] Boutery.
[7] Auxy.
[8] Erreur. — Les seigneurs de Donquerre ont toujours porté : *d'or au chevron de gueules*.
[9] Bournel.
[10] Friscourt.

70. — Le sire de Maillé. — D'argent à III esgletes de gueules à un quevron d'azur¹.

71. — Le sire de Villiers-les-Glaves. — D'argent à III glaives noires enferrez de gueules, à croixetes noires croixetés au pied long².

72. — Le sire de Donnut³. — D'argent à I quevron de gueules à III mosletes⁴ de meismes.

ARMORIAL DE PONTHIEU

DE L'AN 1425

« Recueil des armes des Rois pers et seigneurs de France et aultres Rois et seigneurs de pluseurs pais faict par Secille, hérault mareschal d'armes de Hainault, demourant en la bonne ville de Mons, pris en partie dans le recœuil de Vermandois hérault du noble Roy Charles de France. — Faict en l'an mil quatre cent vingt-cinq. » — Tel est le titre du manuscrit, jusqu'à présent inédit mais dont on a fait de nombreuses copies, dans lequel nous avons pris les 55 noms qu'on va lire. — Celui que nous possédons est composé de 189 feuillets *in-folio*, et chaque page porte cinq écussons coloriés

---

¹ On ne trouve en Ponthieu personne de ce nom : à moins peut-être qu'il ne s'agisse ici d'un cadet de la famille de Brimeu, désigné seulement sous son nom de fief.

² C'est-à-dire : *d'argent semé de croisettes recroisetées au pied fiché de sable, à 3 épées de même, garnies de gueules.*

³ Domart-en-Ponthieu, que l'on ne reconnaîtrait certes pas dans *Donnut*.

⁴ *Merlettes.*

avec le plus grand soin : il comprend les Pairs de France, les Grands seigneurs de la Cour, la Flandre, le Brabant, la Hollande, le Hainaut, l'Artois, le Boulonnais, le Ponthieu, l'Amiénois, le Vermandois, le Beauvoisis, la Normandie, le Maine, la Touraine, l'Anjou, la Bretagne, la Guyenne, le Languedoc, le Dauphiné, le Bourbonnais, l'Auvergne, le Berry, la Bourgogne, la Franche-Comté, le Barrois, la Lorraine, l'Allemagne, la Savoie, l'Angleterre, l'Ecosse.

Il est bien difficile, on le voit, qu'un cadre aussi étroit contienne à l'aise un aussi vaste sujet. L'armorial de « Secille » est donc loin d'être complet. Le chapitre du Ponthieu, le seul qui ne soit pas terminé et pour lequel l'auteur ou le copiste avait réservé plusieurs pages supplémentaires, offre pourtant plusieurs noms que l'on n'a encore rencontré dans aucun des deux armoriaux qui précèdent. C'est donc là ce qui nous a engagé à le publier ici.

1. — Le prince et sieur de Poix. — De gueules à la bande d'argent à six croix croisetées.
2. — Le sieur de Gamache : crie son nom. — D'argent au chef d'azur au baston de gueules.
3. — Le sieur de Pincquigny. — Facé d'argent et d'azur de six (pièces), à la bordure de gueules.
4. — Le sieur de Beauchamp. — Facié d'hermine et de sinople de six (pièces).
5. — Le sieur de Croy. — D'argent à trois faces de gueules.
6. — Le sieur de Boubers. — D'argent à trois escus de gueules.
7. — Le sieur de Rambures. — D'or à trois faces de gueules.
8. — Le sieur de Domart. — D'argent au chevron de gueules à deux merles de même.
9. — Le sieur de Pont-Remy. — De gueules au chef d'argent.
10. — Le sieur de Donqueurre. — D'argent au chevron de gueules.
11. — Le sieur d'Argny. — D'argent à trois faces d'azur.
12. — Le sieur de Namps. — D'or à trois lions de sable.
13. — Le sieur de Bulleux, crie : Auchy ! d'azur au chef d'or.

14. — Le sieur de Flignières ¹, crie son nom. — D'argent à la bande de gueules.

15. — Le sieur de Bouvaincourt. — D'or au chevron de gueules.

16. — Le sieur d'Ococh d'Izencourt. — D'argent à la face de gueule et sur le chef trois cocletz de sable membrés de gueules.

17. — Le sieur de Cambron. — Facé d'or et de gueule de huict (pièces).

18. — Le sieur de Friscourt. — D'argent à VI points de sable.

19. — Le sieur de la Motte. — D'azur à la croix ancrée d'or.

20. — Le sieur de Saulie ², crie : Boulogne! — D'azur à la croix d'or.

21. — Le sieur de Rivery. — De gueules à trois pals de vair au canton d'or.

22. — Le sieur de Nouvion. — D'azur à trois aigles d'or.

23. — Le sieur de Béthune. — De gueules à deux bars addossez semé de croix croizées de mesme.

24. — Le sieur d'Auxy. — De gueules au lion d'or ³.

25. — Le sieur de Montrelez ⁴. — D'or au sautoir de vair.

26. — Le sieur d'Auffines ⁵. — D'argent au saulteur de gueules.

27. — Le sieur de Moreul. — D'azur au chef d'or et un léopard lionné de gueules sur le chef, mais à present de Moreul c'est d'azur semé de fleurs de lis d'or au lion d'argent naissant sur le tout que luy donna le Roy.

28. — Le sieur de Hardicourt. — De gueules à trois pals de vair.

29. — Le sieur de Vergy ⁶. — D'argent à trois escus de sable.

---

¹ Lignières.

² Saint-Saulieu ; voir à l'armorial précédent pour les véritables armes.

³ Erreur : tout le monde sait que l'écusson des Bers d'Auxy était : *échiqueté d'or et de gueules.*

⁴ Monstrelet.

⁵ Offignies.

⁶ Yvregny.

30. — Le sieur d'Araines. — Facéz d'argent et de gueules de sept (pièces).
31. — Le sieur de Méricourt. — D'argent à trois marteaulx de gueules.
32. — Le sieur de Walloy. — Burelé d'argent et de gueule de dix (pièces).
33. — Le sieur de Beaucamp. — D'argent à la bende de sable frettée d'or.
34. — Le sieur de Drucat. — D'azur fretté d'argent.
35. — Le sieur de Wailly. — D'argent à la face de gueule a trois cocletz d'or.
36. — Le sieur de Liestes. — D'argent à l'aigle de sable.
37. — Le sieur de Noully [1]. — De gueules à trois garbes d'or (gerbes d'or) au chevron de même.
38. — Le sieur Diancourt. — De sable à deux léopards d'or.
39. — Le sieur de Riencourt. — D'argent à trois faces de gueules fretté d'or.
40. — Le sieur de Bours. — De gueule à la bende de vair.
41. — Le sieur de Corroy. — Facé d'or et de gueule de huict, fretté d'or sur le gueules.
42. — Le sieur de Pulles. — D'argent à la croix ancrée de sable.
43. — Le sieur de Senarpont, baron [2]. — De gueules à trois mailletz d'or.
44. — Le baron de Hellicourt [3]. — De sable à deulx léopards d'or.
45. — Le seigneur de Caieu. — De gueules parti d'argent à la croix ancrée partie de l'un en l'autre.
46. — Le sieur des Granges [4]. — D'azur à trois moulettes d'argent.
47. — Le sieur de Belloy. — D'argent à trois faces de gueulles.

[1] De la famille de Le Moictier.
[2] De la maison de Monchy.
[3] De la maison de Rouault.
[4] L'Esperon.

48. — Le sieur de La Neufville ¹. — D'or à trois escussons de vair.

49. — Le sieur de Belleval. — De gueulles à la bende d'or accompagnée de sept croisettes de même, quatre en chef, trois en pointe ; lesdites croisettes recroisetées au pied fiché.

50. — Le sieur de Beaucorroy ². — De sable à trois molettes d'argent.

51. — Le sieur de Toflet ³. — Bandé d'argent et d'azur de six pièces à la bordeure de gueules.

¹ Fontaines, seigneur de la Neufville.
² Rumet.
³ Lisques, seigneurs de Tofflet.

CHEVALIERS DE SAINT-JEAN DE JÉRUSALEM (MALTE)

APPARTENANT AU PONTHIEU.

(La preuve était de huit quartiers, quatre paternels et quatre maternels.)

Aigneville. — Jean d'Aigneville de Harcelaines, en 1546.

Allegrin. — François Allegrin du Dian, en 1605.

Aumale. — Antoine d'Aumale, en 1543.

Aoust. — Joseph-Eustache-Ghislain d'Aoust, 10 novembre 1770. — Marie-Eustache-Bernard d'Aoust, 9 novembre 1780.

Belleval. — Charles-Philippe de Belleval, 30 juin 1789. — François-Hyppolite de Belleval, vers 1800. — Gabriel-Philibert de Belleval, vers 1810. — Marie-René de Belleval, 19 mai 1860.

Belloy. — Louis de Belloy, 1542. — Jacques de Belloy, 1549. — Antoine de Belloy de Saint-Martin, 1581. — Jacques de Belloy de Francières, 22 août 1630. — Joachim de Belloy de Saint-Martin, 26 mai 1638. — Jérôme de Belloy de Castillon, 14 septembre 1657. — Charles-Louis de Belloy, 7 juillet 1691. — Auguste-Eugène de Belloy de Castillon, 18 juillet 1692. — Louis-François de Belloy de Francières, 14 juin 1696. — Charles de Belloy de Francières, 28 mai 1700. — Alexandre de Belloy de Castillon, 6 août 1712. — Marie-Bonaventure de Belloy de Morangles, page du Grand-Maître, 23 juillet 1768. — Antoine de Belloy-Rogean, vers 1580. — Jean de Belloy-saint-Léonard, vers 1550. — Claude de Belloy d'Amy, vers 1630. — Philibert-Emmanuel de Belloy, vers 1630. — Claude de Belloy-Francières, vers 1630.

BIENCOURT. — Jacques de Biencourt-Poutrincourt, 1545. — Michel de Biencourt-Poutrincourt 1611 ; commandeur de Chantraine et de Fieffes. — Nicolas de Biencourt, vers 1630.

BLOTTEFIÈRE. — Nicolas de Blottefière, 15 juin 1697. — Alexandre de Blottefière de Vauchelles, 18 septembre 1711.

BOUBERS. — Pierre de Boubers-Vaugenlieu, 1624. — Louis de Boubers-Vaugenlieu, 23 décembre 1626. — André de Boubers, 17 décembre 1766. — Nicolas-François de Boubers, 2 avril 1768. — Bonaventure-Alexandre-Daniel de Boubers, 29 octobre 1769.

BOUFFLERS. — Antoine de Boufflers, 1529. — Philibert de Boufflers, 1607. — Charles de Boufflers, 29 mai 1619. — Hugues de Boufflers, commandeur de Villedieu, vers 1540. — Renaud de Boufflers, commandeur de Fieffes en 1482. — Nicolas de Boufflers en 1620. — Robert de Boufflers, commandeur de Cury et bailli de la Morée en 1640.

BOURNEL. — Antoine Bournel, commandeur d'Auxonne et de Villemoisson en 1482.

BRÉTEL. — Antoine de Brétel, 21 juin 1464.

BULEUX. — Jacques de Buleux de Cresménil, 23 juillet 1613.

CACHELEU. — Charles-François de Cacheleu de Baromesnil, 24 mai 1733, depuis commandeur. — Bernard-Louis-Ferdinand de Cacheleu de Maisoncelles, 26 mars 1785. — Alexandre-Gabriel de Cacheleu, 8 février 1786.

CALONNE. — Jean-François de Calonne d'Avesne, 19 novembre 1751. — François-Charles de Calonne d'Avesnes, 22 juin 1746, commandeur en 1779. — Bon Louis-Thomas de Calonne d'Avesnes, 17 septembre 1780.

DANZEL. — François-Henri Danzel de Boffle, 5 octobre 1775.

DOMQUEUR. — François de Domqueur, 1523.

FONTAINES. — Claude de Fontaines, 1524. — Baugeois de Fontaines-la-Neufville, 1541. — Antoine de Fontaines, 1541. — Jean de Fontaines-la-Neufville, 1595. — René de Fontaines, vers 1720. — Aléaume-René-François de Fontaines, 13 mars 1771.

Franqueville. — Colart de Franqueville, écuyer, le 24 février 1373.

Grambus. — Pierre de Grambus, 1583.

Hallencourt. — Hugues de Hallencourt, 1541. — Frédéric de Hallencourt, commandeur de Fontaines, vers 1580.

La Chaussée-d'Eu. — Antoine de La Chaussée d'Arrest, 1555. — Jérome-François de La Chaussée d'Arrest, 30 mai 1672, depuis commandeur de Saint-Maulvis.

Lamiré. — Robert de Lamiré, vers 1580.

Le Fèvre-Caumartin. — Robert Le Fèvre de Caumartin, 15 septembre 1662, depuis commandeur de Loison et de Chanteraine. — Félix Le Fèvre de Caumartin-Saint-Port, 15 septembre 1662. — Médéric Le Fèvre de Mormans, 15 septembre 1664. — Paul-Victor-Auguste Le Fèvre de Caumartin, 14 novembre 1695. — Alexandre-Louis-François Le Fèvre de Caumartin, en 1765.

Le Moictier. — Philippe Le Moictier de Tumberel, 19 novembre 1660.

Le Roy. — Louis Le Roy de Valanglart, 28 mai 1632. — Alexis-Hilarion Le Roy de Bardes, 20 mai 1784. — Marie-Charles Le Roy de Valanglart, 16 février 1784.

Le Ver. — Jacques Le Ver de Caux, 25 décembre 1633. — Jérome-Alexandre Le Ver de Caux, 22 août 1695. — Jérome-Alexandre Le Ver, 15 février 1715.

Manssel. — François de Manssel-Saint-Léger, 1588. — François de Manssel-Saint-Léger, 1625.

Monchy. — Nicolas de Monchy d'Inquessent, 1559. — Dominique de Monchy d'Hocquincourt, 20 avril 1637. — Honoré de Monchy d'Hocquincourt, 10 janvier 1658. — Jean-George de Monchy d'Hocquincourt, 17 avril 1668. — Georges de Monchy, 29 avril 1687 — Gabriel de Monchy d'Hocquincourt, 18 juin 1686. — Jean-François de Monchy de Visme, 12 janvier 1702.

Rambures. — Guillaume de Rambures, 1597.

Rouault. — Ignace Rouault de Gamaches, 1639.

SAINT-BLIMOND. — Oudart de Saint-Blimond, 1545, commandeur de Beauvoir et de Saint-Maulvis en 1583. — Jacques de Saint-Blimond, 1580. — Jacques de Saint-Blimond-Souplicourt, 1589. — Nicolas de Saint-Blimond-d'Ordre, 1614. — Oudart de Saint-Blimond, 30 mars 1620. — Claude de Saint-Blimond, 31 mars 1688.

SARPE. — Jacques Sarpe, vers 1440, commandeur de Troyes.

TILLETTE. — Louis-Eugène Tillette de Mautort de Clermont-Tonnerre, 24 novembre 1818. — Prosper-Abbeville Tillette de Mautort de Clermont-Tonnerre, 24 novembre 1818.

VAUX. — Claude de Vaux-Hocquincourt, 1523.

VINCENT. — Aloph Vincent d'Hantecourt, 9 septembre 1786.

CHEVALIERS DE SAINT-MICHEL OU DE L'ORDRE DU ROI APPARTENANT AU PONTHIEU.

(La preuve était de trois degrés avec les dispenses habituelles).

AILLY. — Claude d'Ailly, vers 1580.

AUMALE. — Louis d'Aumale, vers 1560. — Jacques d'Aumale, avant 1620.

BAYNAST. — Charles de Baynast, vers 1580.

BELLEVAL. — Jean de Belleval, vers 1600.

BELLOY. — Jean de Belloy, vers 1605.

BIENCOURT. — Jacques de Biencourt, vers 1590. — Jean de Biencourt, vers 1635.

BLOTTEFIÈRE. — Charles de Blottefière, vers 1550.

BOUFFLERS. — Adrien de Boufflers, vers 1615.

Fontaines. — Jean de Fontaines, vers 1580.

La Chaussée-d'Eu. — Pierre de La Chaussée, vers 1500. — Charles de La Chaussée, vers 1575. — Laurent de La Chaussée, vers 1610.

Lamiré. — Gilles de Lamiré, tué à la bataille d'Ivry.

Le Fournier. — Hugues Le Fournier, vers 1590.

Monchy. — François de Monchy, vers 1535. — Jacques de Monchy, vers 1550. — Jean de Monchy-Senarpont, vers 1560. — Antoine de Monchy-Senarpont, vers 1570.

Rambures. — Jean de Rambures, vers 1580.

Rouault. — Nicolas Rouault, vers 1575.

Saint-Blimond. — François de Saint-Blimond, en 1558.

CHEVALIERS DU SAINT-ESPRIT OU DES ORDRES DU ROI

APPARTENANT AU PONTHIEU.

(La preuve était de quatre degrés).

Auxy. — Jacques, marquis d'Auxy, promotion du 2 février 1743.

Bellengreville. — Joachim de Bellengreville, promotion du 31 décembre 1619.

Boufflers. — Louis-François, duc de Boufflers, promotion du 31 décembre 1688. — Joseph-Marie, duc de Boufflers, promotion du 2 février 1743.

Monchy. — Jean de Monchy, marquis de Montcavrel, promotion du 14 mai 1633. — Georges de Monchy, marquis d'Hocquincourt, promotion du 31 décembre 1688.

Rambures. — Charles de Rambures, promotion du 31 décembre 1619.

Rouault. — Nicolas-Joachim Rouault, marquis de Gamaches, promotion du 31 décembre 1661.

CHEVALIERS DE LA TOISON D'OR.

Auxy. — Jean, sire d'Auxy, en 1445.
Boufflers. — Louis-François, duc de Boufflers, mort en 1711.
Lisques. — François de Lisques, comte de Rupermonde, vers 1450.

CHEVALIERS DE L'ORDRE DE SAINT-LAZARE ET DU MONT-CARMEL

(La preuve était de quatre degrés et depuis 1778 de neuf degrés pour les chevaliers de justice).

Ailly. — Philippe d'Ailly, 8 mars 1704.
Aumale. — Charles d'Aumale, 17 décembre 1706, commandeur de Doudeville, en 1710.
Blottefière. — Pierre-Louis de Blottefière, 1785.
Danzel. — Antoine Danzel de Beaulieu, 1665.
Forceville. — N... de Forceville, 1726.
Hallencourt. — Joseph-Maximilien-Louis de Hallencourt de Dromesnil, le 22 mars 1722.

La Chaussée-d'Eu. — Constantin-Alexandre de La Chaussée, 24 juillet 1721. — Louis-Charles de La Chaussée, 10 août 1724.

Le Blond. — N... Le Blond du Plouy, 1724.

Le Boucher. — N... Le Boucher du Plouy, 1725.

Monchy. — Gabriel de Monchy, marquis d'Hocquincourt, vers 1680.

Truffier. — François Truffier, comte de Villers, commandeur en 1697.

GRANDS-CROIX, COMMANDEURS ET CHEVALIERS DE L'ORDRE ROYAL ET MILITAIRE DE SAINT-LOUIS

APPARTENANT AU PONTHIEU.

Aigneville. — Charles d'Aigneville, lieutenant de roi à Cambrai, chevalier en 1702.

Ailly. — N... d'Ailly, lieutenant de chevau-légers, chevalier en novembre 1740. — Louis-Joseph, comte d'Ailly, chevalier en 1772.

Ainval. — Jacques-Antoine d'Ainval du Frestoy, gendarme de la garde, chevalier le 20 août 1814.

Arrest. — Philippe d'Arrest, capitaine au régiment de Billy, chevalier avant 1698.

Aumale. — Jacques-Antoine d'Aumale, sous-lieutenant aux gardes-françaises, chevalier en 1718. — Charles, comte d'Aumale, commandeur en 1744. — Charles-François-Marie d'Aumale, colonel d'artillerie, chevalier en 1757. — Louis-Stanislas d'Aumale, major du régiment provincial de Péronne, chevalier en 1772. — Louis-Anne-Antoine, vicomte d'Aumale, mestre de camp en second du régiment de Blaisois, chevalier en 1784.

Auxy. — Jacques, marquis d'Auxy, colonel du régiment Royal-Comtois, chevalier avant 1745.

Baynast. — Le marquis de Baynast de Septfontaines, chevalier le 24 août 1814. — Charles-François de Baynast, capitaine des carabiniers du roi, chevalier vers 1723. — Alexandre-Honoré de Baynast, capitaine aux carabiniers du roi, chevalier le 29 février 1744.

Belleval. — N... de Belleval, capitaine au régiment de Cambis, chevalier en 1756. — Etienne de Belleval, capitaine au régiment du roi-infanterie, chevalier en 1731. — François de Belleval, chevau-léger de la garde du roi, chevalier en 1734. — Pierre-Nicolas de Belleval, sous-brigadier des chevau-légers de la garde du roi, chevalier le 20 juin 1751. — Antoine de Belleval, brigadier des gardes du corps, compagnie de Beauvau, chevalier le 27 février 1753. — Pierre de Belleval, lieutenant-colonel du régiment de Bretagne-Infanterie, chevalier le 23 septembre 1756. — Louis-René de Belleval, marquis de Bois-Robin, chevau-léger de la garde du roi, capitaine de cavalerie, lieutenant des maréchaux de France pour Abbeville et le Ponthieu, chevalier le 11 avril 1786.

Belloy. — N... de Belloy, capitaine au régiment de Navarre, chevalier en 1740. — Louis-Vincent de Belloy, enseigne de vaisseau, chevalier en 1718. — Popon de Belloy, major de la citadelle de Lille, chevalier vers 1735. — Antoine-Emmanuel de Belloy, lieutenant-colonel du régiment de Kermellec, chevalier vers 1750. — Hippolyte-Timothée de Belloy, commissaire ordinaire d'artillerie, chevalier vers 1750. — Noël-Louis de Belloy, lieutenant de vaisseau, chevalier vers 1720. — Joseph-François de Belloy, capitaine au régiment de Bourbon-Infanterie, chevalier vers 1740. — Louis-Vincent de Belloy, enseigne de vaisseau, chevalier le 10 mars 1728. — Charles, comte de Belloy, brigadier des armées du roi, chevalier en 1720.

Biencourt. — De Biencourt, capitaine au régiment de Navarre-infanterie, chevalier en 1760. — Michel-Charles-Louis de Biencourt-

Poutraincourt, capitaine au régiment de Bourbon, chevalier en 1777. — Charles de Biencourt, colonel en second du régiment de Berry, chevalier en 1779. — Jean-Séraphin de Biencourt, lieutenant-colonel de cavalerie, chevalier vers 1750. — Louis-Charles de Biencourt, chevalier vers 1730. — Charles-Augustin et Christophe-Augustin de Biencourt, chevaliers vers 1760. — Sylvain-Jacques de Biencourt, lieutenant-colonel, chevalier vers 1795. — Armand-François-Marie de Biencourt, sous-lieutenant de la compagnie de grenadiers à cheval de la garde du roi, chevalier le 11 octobre 1814.

BLOTTEFIÈRE. — N... de Blottefière, capitaine au régiment des Croates, chevalier en 1740. — N... de Blottefière, capitaine au régiment de Cambraisis, chevalier en 1747. — Pierre-François de Blottefière, capitaine au régiment de Cambis, chevalier en 1756. — N... de Blottefière, chevalier en 1714. — N... de Blottefière, capitaine au régiment de Navarre, chevalier vers 1745. — N... de Blottefière, lieutenant de vaisseau, chevalier en 1754. — Pierre-Louis de Blottefière, major du régiment de La Sarre, chevalier en 1785. — François-Joseph de Blottefière, capitaine au régiment de Forez, chevalier en 1791.

BOUBERS. — Louis de Boubers, maréchal des logis dans la compagnie des gendarmes de Flandre, chevalier en 1772. — Marc-Hyacinthe de Boubers, capitaine au régiment de Limousin, chevalier le 29 juillet 1781. — Philippe-César de Boubers, brigadier des gendarmes de Flandre, chevalier en 1781. — Victor-Chrysostome de Boubers, porte-étendart au régiment mestre-de-camp général, cavalerie, chevalier en 1791. — Alexandre-François-Joseph, comte de Boubers-Mazinghan, maréchal de camp, chevalier vers 1780.

BOUFFLERS. — Charles-François, marquis de Boufflers, maréchal de camp, commandeur vers 1718. — Le marquis de Boufflers, colonel du régiment-dauphin, infanterie, chevalier en 1762. — Stanislas, vicomte de Boufflers, maréchal de camp, chevalier en 1791. — Louis-François, duc de Boufflers, maréchal de France, chevalier en avril 1693.

BOURNEL. — Jean-Charles Bournel, baron de Monchy, maréchal de camp, commandeur en 1716.

BUISSY. — Pierre-Joseph de Buissy, capitaine au régiment de Flandre, chevalier en 1785. — Charles-Laurent-Pierre de Buissy, sous-lieutenant au régiment de Mortemart, chevalier le 12 avril 1706. — Victor-Honoré de Buissy, chef de bataillon, porte-drapeau de la compagnie des cent-suisses, chevalier en 1814. — Paul-François-Joseph de Buissy, chevalier en 1815. — Charles-Louis-Auguste de Buissy, chef de bataillon dans la garde royale, chevalier en 1815.

DANZEL. — Antoine-César Danzel de Boffle, chevalier en 1774.

DESCAULES. — N... Descaules, capitaine au régiment de Hainaut, chevalier en 1763.

DOUVILLE. — Pierre-Jean-Louis Douville de Maillefeu, gendarme de la garde, réformé, chevalier en 1791. — Nicolas Douville de Saint-Alire, capitaine au régiment de Bourgogne, chevalier en 1791.

FONTAINES. — Claude-Aléaume de Fontaines, lieutenant-colonel au régiment de Conty, chevalier vers 1720. — Jean-Charles, marquis de Fontaines, capitaine de cavalerie au régiment Royal-Piémont, chevalier vers 1730. — Pierre-Hubert de Fontaines, chevalier vers 1750. — Hubert de Fontaines, mestre de camp de cavalerie, chevalier vers 1715. — Charles-Louis de Fontaines, capitaine de cavalerie, chevalier vers 1727. — Charles-Philippe-Aymard, marquis de Fontaines, mestre de camp de cavalerie, chevalier vers 1765.

FORCEVILLE. — N... de Forceville, garde du corps, chevalier en 1815.

GAUDE. — François-Léonard de Gaude, comte de Martainneville, mestre de camp de cavalerie, chevalier vers 1730.

GUESCHARD. — Charles de Gueschard, brigadier des chevau-légers de la garde du roi, chevalier vers 1730. — Jacques-Léonard de Gueschard, capitaine de dragons au régiment de Languedoc, chevalier vers 1750.

HALLENCOURT. — Maximilien-Louis de Hallencourt, sous-lieutenant aux Gardes-Françaises, chevalier vers 1722.

HAMEL (DU). — Louis du Hamel, chevalier vers 1740. — François-Louis-Théoneste du Hamel, capitaine de cavalerie, chevalier vers 1780. — François-Guillaume-Louis-Berthélemy du Hamel de Canchy, capitaine au régiment Royal-Allemand, chevalier en 1778.

LA HOUSSOYE. — Louis-François de La Houssoye, capitaine de cavalerie au régiment dauphin, chevalier vers 1700.

LE BLOND. — Charles-François-Antoine-Marie Le Blond du Plouy, maréchal de camp, chevalier vers 1755.

LE BOUCHER. — Jean Le Boucher d'Ailly, lieutenant-colonel de la brigade des carabiniers de Rouvray, chevalier vers 1706. — Joseph Le Boucher d'Ailly, lieutenant de roi à Amiens, chevalier vers 1750. — François-Marie Le Boucher de Richemond, lieutenant-colonel du régiment d'infanterie de la reine, chevalier vers 1750.

LE ROY. — François-Léonard Le Roy, marquis de Valanglart, mestre de camp de cavalerie, chevalier vers 1770. — François-Marie-Joseph-Raoul Le Roy, marquis de Valanglart, capitaine au régiment de colonel-général, chevalier vers 1792. — Alexandre Isidore Le Roy de Barde, capitaine de cavalerie, chevalier sous la restauration. — Armand-Nicolas Le Roy, comte de Barde, capitaine de cavalerie, chevalier après 1814.

LESPERON. — Philippe Lesperon, lieutenant-colonel de cavalerie, chevalier avant 1736.

LE VER. — Jean-Louis-Hubert Le Ver, marquis de Caux, brigadier d'infanterie des armées du roi, chevalier vers 1743. — Louis-Augustin, marquis Le Ver, colonel de cavalerie, chevalier depuis 1814. — Jérome-Alexandre Le Ver, comte de Caux, mestre de camp de cavalerie, chevalier en 1755.

MAISNIEL (DU). — Pierre du Maisniel, vicomte d'Applaincourt, capitaine au régiment de Hainaut, chevalier le 19 juin 1762. — Antoine-Joseph du Maisniel, capitaine aide-major au régiment provincial de Péronne, chevalier le 7 août 1778. — Antoine-Joseph du Maisniel, garde du corps, capitaine de cavalerie, chevalier le 17 mars 1782. — Pierre du Maisniel d'Applaincourt, ancien lieutenant au régiment de Condé-Infanterie, chevalier le 25 décembre 1815. — Pierre-François du Maisniel de Saveuses, chevau-léger de la garde du roi, chevalier le 20 avril 1791. — Pierre du Maisniel, chevalier d'Applaincourt, sous-lieutenant au régiment Royal-Navarre, cavalerie, puis cavalier au régiment noble à cheval d'Angoulême à l'armée de Condé, chevalier le 15 septembre 1800.

Monchy. — André-Honoré, marquis de Monchy, capitaine de cavalerie, chevalier vers 1736. — André-Théodose de Monchy, capitaine au régiment royal des carabiniers, chevalier vers 1730.

Rambures. — N... de Rambures, lieutenant de vaisseau, chevalier en 1740. — N... de Rambures, lieutenant de vaisseau, chevalier en 1752.

Rouault-Gamaches. — Claude-Jean-Baptiste-Hyacinthe Rouault, marquis de Gamaches, lieutenant-général, chevalier en 1694.

Tillette. — N... Tillette, chevalier de Buigny, chevalier depuis 1814.

Truffier. — François Truffier, comte de Villers, capitaine au régiment de la reine, chevalier avant 1699.

Saint-Delis. — Charles-Nicolas-Antoine-Joseph, comte de Saint-Delis, lieutenant-colonel d'infanterie, chevalier vers 1790.

Vincent. — Pierre Vincent d'Hantecourt, capitaine au régiment de Picardie, chevalier vers 1707. — Charles Vincent de Mérival, capitaine au régiment d'Aunis, chevalier le 9 novembre 1740. — Charles Vincent, chevalier d'Hantecourt, capitaine de grenadiers au régiment de Champagne, chevalier vers 1760. — Joseph-Nicolas Vincent de Tournon, commandant de bataillon au régiment d'Orléans, chevalier vers 1714.

OFFICIERS-GÉNÉRAUX

DES ARMÉES DE TERRE ET DE MER

APPARTENANT AU PONTHIEU.

(Les dates sont celles des promotions; quand il a été impossible de se les procurer exactement, on y a suppléé en indiquant l'époque à laquelle on a trouvé les officiers-généraux revêtus de leurs titres et dans l'exercice de leurs fonctions).

Maréchaux de France.

BOUFFLERS. — Louis-François, duc de Boufflers, maréchal de France le 27 mars 1693.

MONCHY. — Charles de Monchy, marquis d'Hocquincourt, maréchal de France, le 5 janvier 1651.

ROUAULT. — Joachim Rouault, maréchal de France, le 3 août 1461.

Amiraux.

MAISNIÈRES. — Enguerran de Maisnières, amiral de France, le 29 avril 1359.

QUIÉRET. — Hugues Quiéret, amiral de France en 1336. — Enguerran Quiéret, amiral de France, en 1357.

Grands-Maîtres des Arbalétriers de France.

AUXY. — Jean, sire et ber d'Auxy, grand-maître des arbalétriers, le 14 août 1461.

Rambures. — David de Rambures, grand-maître des arbalétriers, le 20 février 1411.

Grands-Maîtres de l'Artillerie de France.

Bournel. — Guillaume Bournel, grand-maître de l'artillerie, le 15 août 1473.

Busserade. — Paul de Busserade, grand-maître de l'artillerie, le 23 juin 1504.

Lieutenants-Généraux.

(Supprimé sous le premier Empire, rétabli à la Restauration, ce titre a été de nouveau supprimé en 1848 et remplacé par celui de général de division).

Aumale. — Charles, comte d'Aumale, lieutenant-général, en 1748.

Boufflers. — Joseph-Marie, duc de Boufflers, lieutenant-général, le 1er juillet 1744. — Charles-François, marquis de Boufflers, lieutenant-général, le 23 décembre 1731.

Monchy. — Georges de Monchy, marquis d'Hocquincourt, lieutenant-général, en 1655.

Rouault. — Nicolas-Joachim Rouault, marquis de Gamaches, lieutenant-général, avant 1661. — Claude-Jean-Baptiste-Hyacinthe Rouault, marquis de Gamaches, lieutenant-général, le 23 décembre 1702.

Roussel. — Daniel Roussel de Miannay, lieutenant-général, vers 1660.

Maréchaux de camp.

(Supprimé sous le premier empire, rétabli à la Restauration, ce titre a été de nouveau supprimé en 1848 et remplacé par celui de général de brigade.

Ailly. — Charles d'Ailly, maréchal de camp, vers 1640. — Philippe, chevalier d'Ailly, maréchal de camp, vers 1700.

Aumale. — Le comte d'Aumale, maréchal de camp, en 1780. — Louis-Stanislas, vicomte d'Aumale, maréchal de camp, en 1791.

BIENCOURT. — Charles de Biencourt, maréchal de camp, le 9 mars 1788.

BOUBERS. — Alexandre-François-Joseph, comte de Boubers-Mazinghan, maréchal de camp d'artillerie, depuis 1814.

BOUFFLERS. — François de Boufflers, comte de Cagny, maréchal de camp, en 1652. — Louis-François, marquis de Boufflers, maréchal de camp, en 1748. — Charles-Marie-Jean, marquis de Boufflers, maréchal de camp, le 15 juillet 1762. — Edouard, comte de Boufflers, maréchal de camp, le 25 juillet 1762.

BOURNEL. — Jean-Charles Bournel, baron de Monchy, vicomte de Lambercourt, maréchal de camp, le 30 mars 1710.

FONTAINES. — Nicolas, comte de Fontaines, maréchal de camp, vers 1703. — Charles de Fontaines, maréchal de camp, en 1667.

HALLENCOURT. — Charles-François-Gabriel de Hallencourt, marquis de Dromesnil, maréchal de camp, le 1er janvier 1748.

LE BLOND DU PLOUY. — Charles-François-Antoine-Marie Le Blond du Plouy, maréchal de camp, le 20 février 1761.

LE ROY D'HANTECOURT. — N... Le Roy d'Hantecourt, maréchal de camp, après 1814.

MANNAY. — Charles de Mannay, maréchal de camp, vers 1620.

MONCHY. — Henri, marquis de Monchy, maréchal de camp, le 24 février 1738.

RAMBURES. — Charles de Rambures, maréchal de camp, dès 1619, Jean de Rambures, maréchal de camp, en 1632.

ROUAULT. — Jean-Joachim Rouault, marquis de Gamaches, maréchal de camp, le 7 mars 1734. — Charles-Joachim Rouault, marquis de Gamaches, maréchal de camp, le 25 juillet 1762.

Chefs-d'Escadre.

(C'est ce que l'on appelle aujourd'hui contre-amiral).

RAMBURES. — Le chevalier de Rambures, chef d'escadre, mort en 1784.

Brigadiers des Armées du Roi.

(Ce grade n'a plus d'équivalent dans la hiérarchie militaire moderne. Il a été supprimé en 1788. Il y avait des brigadiers d'infanterie et des brigadiers de cavalerie : ils avaient sous leurs ordres une brigade de l'arme à laquelle ils appartenaient; mais il arrivait souvent aussi qu'un colonel ou un lieutenant-colonel, car tous deux pouvaient également prétendre à ce titre, tout en étant brevetés brigadiers des armées du roi, ne cessaient pas d'appartenir à leurs régiments et continuaient d'y exercer les mêmes fonctions. Quoiqu'il en soit, les brigadiers, classés parmi les officiers-généraux, marchaient immédiatement après les maréchaux de camp, et avant les mestres de camp ou colonels).

BELLEVAL. — Pierre de Belleval, chevalier de La Salle, brigadier d'infanterie, le 1er mars 1780.

BELLOY. — Charles, comte de Belloy, brigadier vers 1720. — Le marquis de Belloy, brigadier d'infanterie, le 1er mars 1780. — Le chevalier de Belloy, brigadier de cavalerie, le 1er mars 1780.

BOUFFLERS. — Charles-Joseph, duc de Boufflers, brigadier avant 1751. — Le comte de Boufflers, brigadier de cavalerie, le 5 décembre 1781.

FONTAINES. — Pierre-Claude de Fontaines, brigadier, le 20 février 1734. — Charles-Philippe-Aymard, marquis de Fontaines, brigadier de cavalerie, le 1er mars 1780.

LE VER. — Jean-Louis-Hubert Le Ver, marquis de Caux, brigadier d'infanterie, le 10 mai 1748.

ROUAULT. — Joseph-Emmanuel-Joachim Rouault, marquis de Saint-Valery, brigadier, en 1688.

Officiers supérieurs.

(Nous comprenons, sous ce titre, les colonels et les lieutenants-colonels. Les premiers seront divisés en deux séries, les mestres de camp, qui étaient les colonels de cavalerie, et les colonels d'infanterie. Le rang du mestre de camp et celui du colonel étaient absolument identiques : la qualification de mestre de camp s'appliquait seulement et exclusivement à l'officier commandant en chef un régiment de cavalerie ou un régiment de dragons, et celle de colonel à l'officier commandant en chef un régiment d'infanterie. Elle ne servait donc qu'à distinguer les différentes armes dont était composée l'armée française. Il y avait aussi, et cette remarque s'applique également à tous les grades militaires de l'ancienne monarchie, des mestres de camp et des colonels *à la suite* de tel ou tel régiment. C'étaient des officiers jouissant de tous les honneurs et prérogatives de leurs titres, mais momentanément sans emploi, qui, en attendant du service actif figuraient dans l'état-major du régiment auquel on les avait attachés, ou bien qu'..., comme récompense de leurs longs services, obtenaient de figurer à titre honc: à la tête d'un régiment qu'ils avaient longtemps commandé).

Mestres de camp.

AUXY. — Henri d'Auxy, comte d'Hanvoiles, mestre de camp de dragons, en 1740.

BELLEVAL. — Louis-René de Belleval, marquis de Bois-Robin, lieutenant des maréchaux de France pour Abbeville et le Ponthieu, mestre de camp à la suite du régiment de dragons de Penthièvre, en 1785 [1].

BLOTTEFIÈRE. — Nicolas de Blottefière, marquis de Vauchelles, mestre de camp de cavalerie, vers 1750.

BOURNEL. — Charles-Germain Bournel, baron de Monchy et de Thiembronne, mestre de camp de cavalerie, en 1740.

FONTAINES. — Hubert de Fontaines, mestre de camp de cavalerie, en 1743. — Charles-Philippe-Aimard, marquis de Fontaines, mestre de camp de cavalerie, en 1764.

GAUDE. — François-Léonor de Gaude, comte de Martainneville, mestre de camp de cavalerie, en 1749.

LAMIRÉ. — Charles de Lamiré, mestre de camp de cavalerie, tué en 1650.

---

[1] L'amitié dont Son Altesse Royale Mgr le duc de Penthièvre (Louis-Jean-Marie de Bourbon, né en 1725, mort en 1793) daignait honorer son mestre de camp fut cause que le fils de M. de Belleval, Louis de Belleval, né le 21 octobre 1781, reçut du prince en 1786, à l'âge de cinq ans, une commission de capitaine en premier au même régiment de dragons de Penthièvre dont son père était depuis peu mestre de camp.

Le Roy. — François-Léonard Le Roy, marquis de Valanglart, mestre de camp de cavalerie, en 1785.

Le Ver. — Jérome-Alexandre Le Ver, comte de Caux, mestre de camp de cavalerie, en 1755. — Louis-Augustin, marquis Le Ver, colonel de cavalerie, le 4 février 1815.

Saint-Blimond. — Claude, marquis de Saint-Blimond, mestre de camp de cavalerie, mort le 10 mars 1743.

Lieutenants-Colonels de Cavalerie.

Biencourt. — Jean-Séraphin de Biencourt, lieutenant-colonel de cavalerie, vers 1750. — Sylvain-Jacques de Biencourt, lieutenant-colonel à l'armée des princes, en 1795.

Le Boucher. — Jean Le Boucher d'Ailly, lieutenant-colonel des carabiniers de Rouvray, vers 1706.

Lesperon. — Philippe Lesperon, lieutenant-colonel de cavalerie, avant 1736.

Maisniel (du). — Henri du Maisniel de Longuemort, lieutenant-colonel au régiment de dragons de La Suze, en 1741.

Colonels d'Infanterie.

Aumale. — Le comte d'Aumale, colonel à la suite du régiment de Poitou, en 1728. — Louis-Anne-Antoine, vicomte d'Aumale, colonel du régiment de Blaisois, en 1784. — Jacques-Antoine d'Aumale, colonel réformé au régiment de Poitou, le 27 juillet 1721.

Auxy. — Jacques, marquis d'Auxy, colonel du régiment Royal-Comtois, en 1740.

Belloy. — Jacques de Belloy, colonel d'infanterie, en 1608. — Charles de Belloy, colonel d'infanterie, en 1620.

Biencourt. — Jean de Biencourt, colonel d'infanterie, en 1615.

Boubers. — Henri-Louis de Boubers, vicomte de Bernâtre, colonel du régiment de Lannoi, puis du régiment de Fontenilles, en 1750.

Boufflers. — Le marquis de Boufflers, colonel du régiment dauphin, en 1762. — Henri, comte de Boufflers, colonel d'infanterie, mort en 1693, âgé de 22 ans. — Antoine-Charles-Louis, comte de Boufflers, colonel d'infanterie en 1711, à l'âge de 15 ans. — Edouard, marquis de Boufflers-Rouverel, colonel du régiment de Chartres, en avril 1746.

Bournel. — François-Annibal Bournel, vicomte de Lambercourt, colonel d'infanterie, en 1610.

Fontaines. — François de Fontaines, colonel d'infanterie, en 1720.

La Chaussée. — Antoine de La Chaussée-d'Eu, comte d'Arrest, colonel d'un régiment d'infanterie de milices, vers 1750.

Monchy. — Robert de Monchy, colonel d'infanterie, vers 1635. — André, marquis de Monchy, colonel d'infanterie, en 1695.

Rambures. — François de Rambures, colonel d'infanterie, en 1642. — Louis-Alexandre, marquis de Rambures, colonel d'infanterie, tué en 1676.

Lieutenants-Colonels d'Infanterie.

Belloy. — Antoine-Emmanuel de Belloy, lieutenant-colonel du régiment de Kermellec, en 1750.

Biencourt. — Charles de Biencourt, lieutenant-colonel du régiment de Berry, en 1779.

Danzel. — Antoine Danzel de Beaulieu, lieutenant-colonel d'infanterie, en 1704.

Fontaines. — Claude-Aléaume de Fontaines, lieutenant-colonel au régiment de Conti, en 1718.

Le Boucher. — François-Marie Le Boucher de Richemont, lieutenant-colonel au régiment de la reine, vers 1750.

Le Ver. — Nicolas Le Ver, lieutenant-colonel au régiment de Lorraine, en 1636.

Saint-Delys. — Charles-Nicolas-Antoine-Joseph, comte de Saint-Delys, lieutenant-colonel d'infanterie, vers 1790.

Vincent. — André Vincent d'Hantecourt, lieutenant-colonel au régiment de milices de Méricourt, en 1710.

MAISON CIVILE DU ROI.

(La maison civile du roi comprenait le clergé de cour, les officiers de la bouche du roi, les officiers de la chambre du roi, les officiers des bâtiments, les officiers des logis, les officiers de la grande et de la petite écurie, les officiers des postes et relais de France, les officiers de la vénerie, les officiers des cérémonies et les trésoriers du roi. A chacun de ces divers services nous consacrerons un chapitre particulier en rapportant la liste des gentilshommes du Ponthieu qui y ont figuré à quelque époque que ce soit, et en indiquant, s'il y a lieu, les différentes preuves de noblesse exigées pour l'obtention de ces charges de cour).

Clergé de la Maison du Roi.

AILLY. — Pierre d'Ailly, cardinal, grand-aumônier de France, en 1388.

OFFICIERS DE LA BOUCHE DU ROI.

Maîtres d'Hôtel.

AUXY. — Georges, bâtard d'Auxy, maître d'hôtel de Louis XII. — Jean d'Auxy de Monceaux, maître d'hôtel de Louis XI. — Guy d'Auxy de Monceaux, maître d'hôtel des rois François II et Charles IX.

BELLEPERCHE. — Hérouart de Belleperche, maître d'hôtel du roi, en 1329.

BELLOY. — Jean de Belloy, maître-d'hôtel du roi Henri III, en

1582. — Jean de Belloy, maître-d'hôtel du roi en 1590. — Guérard de Belloy, maître-d'hôtel du roi en 1533.

BIENCOURT. — Florimond de Biencourt, maître-d'hôtel ordinaire du roi, le 6 juillet 1544. — Charles de Biencourt, maître-d'hôtel ordinaire du roi, le 6 mars 1636.

GAILLARD. — Pierre Gaillard, maître-d'hôtel du roi en 1652. — Jacques Gaillard, maître-d'hôtel ordinaire du roi en 1660.

LE VER. — Jacques Le Ver, baron de Villers, maître-d'hôtel ordinaire du roi, le 20 juillet 1651.

LONGROY. — Clément de Longroy, maître-d'hôtel du roi et de la reine en 1377.

MONCHY. — Jean de Monchy, maître-d'hôtel du roi en 1508.

Panetiers du Roi.

AUMALE. — Louis d'Aumale, vicomte du Mont-Notre-Dame, panetier ordinaire du roi Henri II.

BELLOY. — Thomas de Belloy, panetier du roi Philippe V, en 1346. — Jean de Belloy, panetier du roi en 1570. — Jean de Belloy, panetier du roi Henri III en 1585.

BOURNEL. — Louis Bournel, panetier du roi avant 1474.

DOMQUEUR. — Roland de Domqueur, grand panetier de France, le 23 mai 1419.

MALICORNE. — Hugues Malicorne, grand panetier du roi Louis XI dès 1463.

SARPE. — Jean Sarpe, panetier du roi en 1373.

Echansons du Roi.

BELLOY. — Anseau de Belloy, échanson du roi en 1410. — Jean de Belloy, échanson du roi en 1589. — Théseuse de Blloy, échanson du roi en 1592.

RAMBURES. — Jean de Rambures, comte de Dammartin, échanson du roi en 1557.

Ecuyers tranchants du Roi.

Belloy. — Jean de Belloy, écuyer tranchant du roi Henri III en 1580.

Ecuyers de cuisine du Roi.

Carue. — Jean Carue, écuyer de cuisine du roi, en 1442.

Gentilshommes servants du Roi

Arrest. — Claude d'Arrest, gentilhomme servant du roi en 1639.

Belloy. — Jean de Belloy de Rogeant, gentilhomme servant du roi en 1565. — Jean-Baptiste de Belloy, gentilhomme servant du roi, le 15 janvier 1623.

Forceville. — Hugues de Forceville, gentilhomme servant du roi vers 1619.

Groiseliers (des). — François des Groiseliers, gentilhomme servant du roi, en 1599.

La Houssoye. — Adrien de La Houssoye, gentilhomme servant du roi, vers 1484

Le Cordelier. — N.... Le Cordelier, gentilhomme servant du roi, en 1690.

Le Ver. — Flour Le Ver, gentilhomme servant du roi, le 22 avril 1607. — Nicolas Le Ver, en 1649.

Sacquespée. — Philippe de Sacquespée, gentilhomme servant du roi en 1585.

OFFICIERS DE LA CHAMBRE DU ROI.

Chambellans du Roi.

Ailly. — Baudoin d'Ailly, tué à Azincourt en 1415.

AUMALE. — Louis d'Aumale, vicomte du Mont-Notre-Dame, en 1550.

AUXY. — Philippe, ber d'Auxy, mort en 1418.

BELLOY. — Jean de Belloy en 1411.

BOURNEL. — Jean Bournel de Thiembronne, en 1490. — Louis Bournel de Thiembronne, en 1480. — Julien Bournel de Thiembronne, en 1480.

GAPENNES. — Antoine de Gapennes en 1473.

GOURLE. — Nicolas Gourle, en 1470.

MONCHY. — Pierre de Monchy, en 1486.

PONCHES. — Pierre de Ponches, en 1400.

RAMBURES. — David de Rambures, en 1411. — André de Rambures, vers 1385. — Jacques de Rambures, vers 1465. — Robert de Rambures, en 1462. — André de Rambures, en 1498.

ROUAULT. — Jean Rouault, vers 1430. — Aloph Rouault, le 3 août 1515.

Premiers Gentilshommes de la chambre du Roi.

ROUAULT. — Claude-Jean-Baptiste-Hyacinthe Rouault, marquis de Gamaches, premier gentilhomme de la chambre du roi, en 1702.

Gentilshommes de la chambre du Roi.

AILLY. — Charles d'Ailly, baron d'Annery, en 1640.

AUMALE. — Jacques d'Aumale, vicomte du Mont-Notre-Dame, mort en 1625. — Nicolas d'Aumale, mort en 1619. — Catherin d'Aumale, mort vers 1615.

AUXY. — Jean d'Auxy de Monceaux, vers 1530. — Guy d'Auxy de Monceaux, en 1550. — Guy d'Auxy d'Hanvoiles, en 1589.

BELLEVAL. — Jean de Belleval, baron de Longvillers, en 1600.

BELLOY. — Antoine de Belloy, en 1550. — Jacques de Belloy, vers 1608. — Antoine de Belloy, en 1630. — Nicolas de Belloy, en 1628. — Louis de Belloy-Rogeant, en 1604. — Théseus de Belloy, en 1592.

BIENCOURT. — Florimond de Biencourt, le 27 octobre 1532. — Jacques de Biencourt, vers 1560. — Jean de Biencourt, vers 1610.

BOUFFLERS. — Adrien de Boufflers, vers 1580.

FONTAINES. — Jacques de Fontaines, le 12 avril 1613. — Louis de Fontaines, en 1490. — François de Fontaines, vers 1640.

LA CHAUSSÉE-D'EU. — Charles de la Chaussée-d'Eu, avant 1584. Laurent de La Chaussée-d'Eu, en 1590. — François de La Chaussée-d'Eu, en 1624.

LAMIRÉ. — André de Lamiré, en 1620.

MONCHY. — Géraud de Monchy, en 1612.

ROUAULT. — Nicolas Rouault, marquis de Gamaches, vers 1620.

SAINT-BLIMONT. — Jean de Saint-Blimont, vers 1559.

SAINT-DELYS. — Robert de Saint-Delys, en 1560.

ÉCURIES DU ROI.

Écuyers d'écurie du Roi.

(La preuve de noblesse demandée était de 200 ans.)

AUMALE. — Louis d'Aumale, écuyer d'écurie du roi, en 1550.

BELLEVAL. — Rogues de Belleval, écuyer d'écurie du roi Charles VII, en 1440.

BELLOY. — Denis de Belloy, écuyer de la grande écurie du roi en 1647.

BIENCOURT. — Charles de Biencourt, écuyer de la grande écurie en 1636. — Antoine de Biencourt, id. en 1645. — François-Séraphin, comte de Biencourt, écuyer du roi, en 1770.

FONTAINES. — Pierre de Fontaines, écuyer d'écurie du roi Charles VII. — Louis de Fontaines, id. du roi Charles VIII, le 3 juin 1482.

HARDENTHUN (ANVIN DE). — Laurent d'Anvin de Hardenthun, premier écuyer du corps du roi Jean, en 1354.

LE CORDELIER. — Robert Le Cordelier, écuyer du roi, en 1416.

Rouault. — Joachim Rouault, premier écuyer du corps du roi Charles VII, en 1440.

Pages de la grande écurie du Roi.

(Preuves de noblesse militaire depuis l'an 1550, sans anoblissement connu.)

Belloy. — Popon de Belloy, en 1710. — Jean-Louis de Belloy, en 1712. — Sébastien de Belloy de Morangles, en 1706.

Biencourt. — Louis de Biencourt, en 1550. — Jacques de Biencourt, en 1570.

Bournel. — Jean-Charles Bournel, baron de Monchy, en janvier 1683.

La Houssoye. — Louis-François de La Houssoye, en 1710.

Le Roy. — Jean-Baptiste Le Roy de Valanglart, en 1721.

Le Ver. — Jean-François Le Ver de Caux, en 1721.

Monchy. — François de Monchy-Vismes, en 1679.

Saint-Blimond. — Claude de Saint-Blimond, en 1699.

Pages de la petite écurie du Roi.

(Mêmes preuves de noblesse que pour les pages de la grande écurie).

Ainval. — N... d'Ainval de Brache, en 1730.

Auxy. — N... d'Auxy, en 1734.

Biencourt. — Adam-Séraphin de Biencourt, 1774.

Danzel. — N... Danzel de Boffle, en 1775.

Forceville. — N... de Forceville, en 1724.

Groiseliers (des) — N... des Groiseliers d'Erveloy, en 1705.

La Chaussée-d'Eu. — N... de La Chaussée-d'Eu, en 1703.

Le Roy. — Armand-Nicolas Le Roy de Bardes, en 1787.

Lisques. — François-Joseph de Lisques, en 1690.

Monchy. — Charles de Monchy-Senarpont, en 1685.

Monthomer. — Michel de Monthomer, en 1690.

VÉNERIE DU ROI.

Grand-Fauconnier.

HARDENTHUN. — Philippe d'Anvin de Hardenthun, grand-fauconnier de France, de 1338 à 1353.

Gentilshommes de la Vénerie du Roi.

MAISNIEL. (DU) — Pierre du Maisniel, vers 1650. — Pierre du Maisniel, fils du précédent, en 1687. — Pierre du Maisniel, fils du précédent, en 1722.

OFFICIERS DES CÉRÉMONIES.

Grand-Prévot de France.

BELLANGREVILLE. — Joachim de Bellangreville, prévot de l'hôtel du roi et grand-prévot de France, le 20 janvier 1604.

MONCHY. — Georges de Monchy-Hocquincourt, prévot de l'hôtel, grand-prévot de France, le 25 février 1630.

GARDE DES SCEAUX DE FRANCE:

LE FÈVRE. — Louis Le Fèvre de Caumartin, garde des sceaux de France, du 23 septembre 1622 au 21 janvier 1623.

OFFICIERS DE LA MAISON DES REINES

ET DES PRINCES DU SANG.

(La preuve de noblesse pour les pages et les écuyers de la reine était de 200 ans, ainsi que pour ceux de Monsieur et du comte d'Artois — pour ceux des autres princes, ducs d'Orléans, princes de Condé, etc., la preuve depuis 1550, sans anoblissement connu).

Aumale. — Louis d'Aumale, vicomte du Mont-Notre-Dame, panetier ordinaire du duc d'Orléans, vers 1542. — Nicolas d'Aumale, gouverneur et premier chancelier du prince de Condé, mort en 1619. — Daniel d'Aumale, premier chambellan du prince de Condé, mort vers 1630.

Auxy. — Pierre d'Auxy de Monceaux, premier chambellan du duc de Bourgogne, vers 1360. — Mathieu d'Auxy de Monceaux, chambellan du duc de Bourgogne, vers 1399.

Bellengreville. — Nicolas de Bellengreville, gentilhomme ordinaire du duc d'Alençon, vers 1573.

Belleval. — Beaudoin de Belleval, chambellan du duc de Bourgogne, dès 1405, tué à Azincourt, en 1415. — Jacques de Belleval, gentilhomme du cardinal de Bourbon, en 1582. — Antoine de Belleval, gentilhomme du prince de Condé et capitaine de ses chasses, en 1760.

Belloy. — Hippolyte-Timothée de Belloy, gentilhomme du prince de Dombes, vers 1735. — Jean de Belloy, panetier du duc de Bourgogne, en 1418. — Jean de Belloy, chambellan du duc de Bourgogne, en 1411. — Charles de Belloy-Saint-Léonard, lieutenant de la vénerie de Gaston, duc d'Orléans, en 1630. — Louis de Belloy, page de la reine-mère, en 1630.

Biencourt. — Louis-Charles-Michel de Biencourt, marquis de Poutraincourt, page de la reine, en 1760. — Ange-Pierre-Louis-

François de Biencourt, page de Monsieur, frère du roi, le 23 juin 1776. — Charles de Biencourt, page de la reine, en 1764.

Bournel. — Jean-Charles Bournel, baron de Monchy, maitre de la garde-robe du duc de Berry, en 1712.

Boutery. — Charles Boutery, vicomte de Maisnières, chambellan du duc de Bourgogne, en 1412.

Briet. — Jean Briet, panetier de Mme de Guyenne en 1407.

Domqueur. — Roland de Domqueur, chambellan du duc de Bourgogne en 1418.

Fontaines. — Jean-Charles, marquis de Fontaines, page de la duchesse de Bourgogne, vers 1703.

Gourle. — Guy Gourle, premier écuyer tranchant du duc d'Orléans, en 1405. — Nicolas Gourle, conseiller et chambellan du duc de Bourgogne, en 1470.

Hamel (du). — Antoine du Hamel de Canchy, gentilhomme du duc d'Alençon, en 1567.

La Chaussée-d'Eu. — Adrien de La Chaussée-d'Eu, chambellan de Robert, comte de Clermont, mort en 1317. — François de La Chaussée-d'Eu, surintendant de la maison de Claude de Lorraine, duc de Guise et comte d'Eu, mort avant 1561.

Le Boucher. — Joseph Le Boucher, vicomte de Plouy, écuyer du duc de Chartres, en 1720.

Le Fèvre. — François Le Fèvre de Caumartin, écuyer de la reine, mort en 1711.

Le Roy. — Jacques Le Roy de Valines, gentilhomme de la reine en 1626.

Le Roy. — François Le Roy de Valanglart, écuyer du duc d'Aumale, vers 1587. — Adrien Le Roy de Barde, gentilhomme ordinaire de la maison du duc de Guise, vers 1613.

Le Ver. — Jean Le Ver, sommelier de l'échansonnerie du comte de Charolais, en 1454.

Longroy. — Jacques de Longroy, conseiller et chambellan du duc de Bourgogne, en 1398. — Jean de Longroy, écuyer et échanson du duc de Bourgogne, en 1407.

Massue. — Henri Massue, marquis de Ruvigny et de Rayneval, premier fauconnier de Monsieur, frère du roi, en 1685.

Monchy. — Jean de Monchy, échanson du duc de Bourgogne, tué à Montlhéri.

Occoches. — Jean d'Occoches, conseiller et chambellan du duc de Bourgogne, en 1475.

Ramburelles. — Hue de Ramburel's, maître-d'hôtel du comte de Saint-Pol, en 1463.

Sacquespée. — Pierre de Sacquespée, maître-d'hôtel du duc d'Anjou, en 1570. — Jean de Sacquespée de Selincourt, capitaine des chasses de Monseigneur le Dauphin, en 1690.

Saint-Souplis. — Louis de Saint-Souplis, gentilhomme ordinaire de la duchesse d'Angoulême, en 1604.

Tillette. — Antoine Tillette, gentilhomme servant du comte de Soissons, en 1684.

FIN

TABLE
DES GÉNÉALOGIES

CONTENUES DANS CE VOLUME.

	Pages.		Pages.
Agenvillers.	1	Bouvaincourt.	39
Ailly	2	Brestel	40
Airaines.	9	Broullart	42
Alliel	12	Broutin	43
Andainville	13	Buines	44
Argoules.	13	Buleux	45
Arrest.	14	Buissy.	47
Auxy	15	Busserade	53
Beauchamp	23	Bussu	54
Becquet.	25	Cambron.	55
Béhen.	26	Canaples.	61
Bellencourt	27	Candas	61
Bellengreville	28	Canteraine.	63
Belleperche	31	Cateux	64
Bersacles	35	Caumont.	64
Beuzin	36	Cayeu	68
Bos-Raoul	38	Caieu	71

	Pages.		Pages.
Cholet.	71	Godart.	132
Conteville	72	Gourle.	134
Cornehotte.	73	Grambus.	144
Coulars	74	Grébaumaisnil	146
Cramaisnil.	75	Guébienfay.	147
Crécy.	76	Hallencourt	151
Crésecques.	77	Hantecourt.	155
Croquoison.	81	Harcelaines	156
Damiette.	83	Haterel	157
Dargnies.	86	Haucourt.	158
Descaules	87	Hermant.	159
Desrobert	89	Hiermont	160
Domart	90	Hocquélus	161
Dominois	91	Houdenc.	162
Domqueur.	93	Lambercourt.	165
Doudeauville.	98	La Chaussée d'Eu.	166
Doudelainville	99	Lamaurry	172
Doullens.	100	Lansseray	172
Dourier	100	Laviers	173
Dourlens.	102	Le Caucheteur	174
Drucat.	103	Le Comte	174
Earcourt.	107	Le Cordelier	175
Embreville.	108	Le Fèvre.	176
Ercourt.	109	Le Fèvre-Caumartin.	178
Esquincourt.	110	Le Fournier	183
Flexicourt.	113	Le Fuzelier.	184
Framicourt.	114	Le Prévost.	185
Francières.	115	Longroy.	187
Franquéville.	118	Longuemort	191
Fressenneville	119	Maisniel (du)	193
Fretin.	121	Maisnières	198
Frettemeule	123	Maisons.	205
Frieucourt.	124	Mautort.	205
Friville	127	Mérélessart	206
Gallet.	129	Miannay	207
Gapennes	130	Monchaux	208

	Pages.		Pages.
Monchy	211	Sacquespée	263
Montreuil	226	Saint-Delis	268
Morival	227	Saint-Josse	272
Neuville	229	Saint-Maxent	273
Nibas	230	Sarpe	275
Nouvion	232	Selincourt	277
Noyelles	234	Sorel	278
Occoches	237	Ternisien	281
Oisencourt	242	Teuffles	282
Oneux	243	Tofflet	283
Ponches	245	Valanglart	285
Ponthoiles	248	Valines	287
Pont-Remy	249	Vaudricourt	288
Quesne (du)	251	Vaux	290
Quesnoy (du)	252	Villeroy	292
Rabot	255	Visme	294
Raimbehan	256	Waben	297
Ramburelles	257	Wailly	298
Rue	260	Yaucourt	301

Chevaliers et gentilshommes du Ponthieu qui assistèrent aux Croisades	303
Chevaliers du Ponthieu qui combattirent à Bouvines	305
Chevaliers du Ponthieu qui assistèrent à l'incendie d'Oisy	306
Gentilshommes du Ponthieu qui accompagnèrent le comte d'Artois à l'armée de Guyenne	307
Rôle des nobles convoqués en 1304 pour la guerre de Flandres	307
Gentilshommes qui assistèrent à la journée de Saint-Omer	308
Gentilshommes qui assistèrent à la bataille de Poitiers	308
Gentilshommes qui assistèrent à la bataille d'Azincourt	309
Armorial de Ponthieu du XIVe siècle	311
Armorial de Ponthieu de l'an 1425	317
Chevaliers de Malte appartenant au Ponthieu	323
Chevaliers de Saint-Michel	326
Chevaliers du Saint-Esprit	327
Chevaliers de la Toison-d'Or	328
Chevaliers de Saint-Lazare et du Mont-Carmel	328

	Pages.
Chevaliers de Saint-Louis	329
Maréchaux de France	335
Amiraux	335
Grands-Maîtres des arbalétriers	335
Grands-Maîtres de l'artillerie	336
Lieutenants-Généraux	336
Maréchaux de camp	336
Chefs d'Escadre	337
Brigadiers des armées du Roi	338
Mestres de camp	339
Lieutenants-Colonels de cavalerie	340
Colonels d'infanterie	340
Lieutenants-Colonels d'infanterie	341
Clergé de la maison du Roi	343
Maîtres d'hôtel	343
Panetiers du Roi	344
Echansons du Roi	344
Ecuyers tranchants du Roi	345
Ecuyers de cuisine du Roi	345
Gentilshommes servants du Roi	345
Chambellans du Roi	345
Premiers gentilshommes de la Chambre du Roi	346
Gentilshommes de la Chambre du Roi	346
Ecuyers d'écurie du Roi	347
Pages de la grande écurie	348
Pages de la petite écurie	348
Grand Fauconnier	349
Gentilshommes de la vénerie du Roi	349
Grand Prévôt de France	349
Gardes des sceaux de France	349
Officiers de la maison des Reines et des Princes du sang	350

FIN DE LA TABLE.

Amiens. — Lenoel aîné, Imp. de la Société des Antiquaires de Picardie.

PL. 1.

ABBEVILLE    ABRAHAM

ACHEU    AIGNEVILLE    AILLY

AINVAL 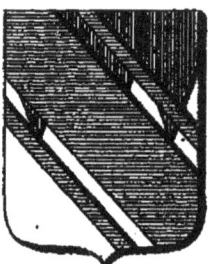   AIRAINES

ALEGRIN 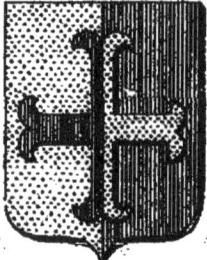   AOUST    ARREST

PL. 2.

AU-COSTÉ  AULT

AUMALE  AUXY  AUXY-MONCEAUX ET D'HANVOILES

BACOUEL

(avant 1500) (depuis 1500)

BAILLEUL  BALLEN  BEAUCHAMP

BAYNAST

(XIV.e Siècle)

XV.e Siècle)

BEAUVARLET

(S.grs de Drucat)

(S.grs de Bomicourt)

BECQUET

BELLEPERCHE

(Issu de la famille de Belleval, XIII.e Siècle)

BELLEVAL

(Jusqu'au XV.e Siècle)

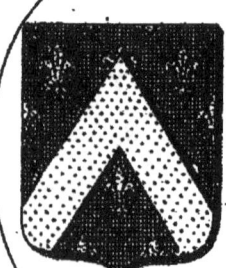
(1352)

(Depuis le XV.e Siècle)

Pl. 4.

BELLANGREVILLE   BERNARD

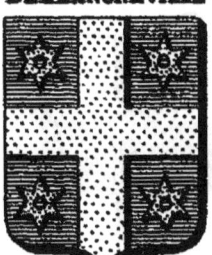

BELLOY

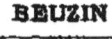

(S⁲ʳ d'Amy)   (S⁲ʳ de Morangles)

BERSACLES   BEUZIN

BIENCOURT   BLOTTEFIÈRE   BOMMY

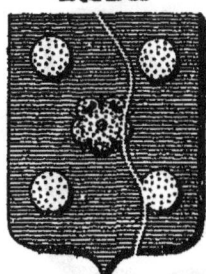

PL. 5.

BOUBERS

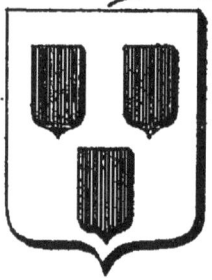
(Anciennes)

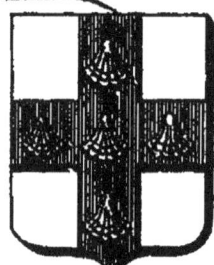
(Modernes)

BOS-RAOUL

BOULOGNE

(avant 1700)

(depuis 1700)

BOUFFLERS

BOURDIN

BOURNEL

(avant le 15.e Siècle)

(depuis le 15.e Siècle)

BOUSSART

PL. 6.

BOUTERY  BOUVAINCOURT

BRESDOUL BRIET

(avant 1700)   (depuis 1700)

BRESTEL   BRISTEL

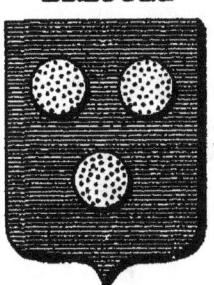

BUIGNY   BUINES   BULEUX

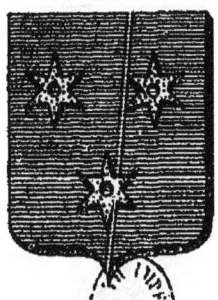
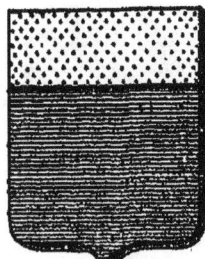

PL. 7.

BUS

BUISSY

BUSSERADE
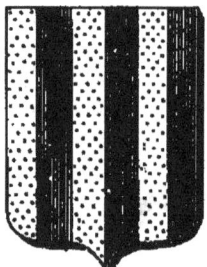

CACHELEU

CACHELEU

CALONNE

CAMBRON

CANNESSON
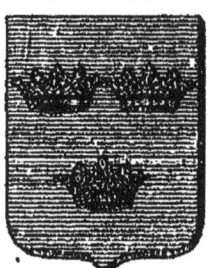

CANDAS

(en 1208)

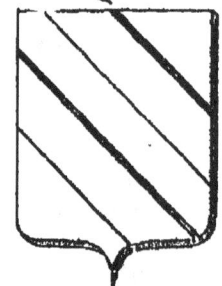
(en 1229)

PL. 8.

CANDAS (du)
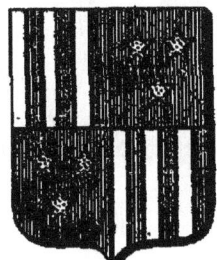

CANTERAINE

CARPENTIN

CARUE

CATEU

CAUMONT

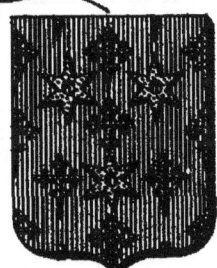

CAYEU
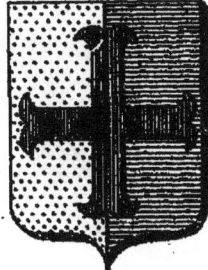

CHEPY
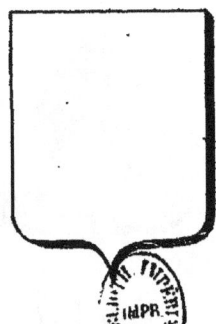

CHOLET

CLABAULT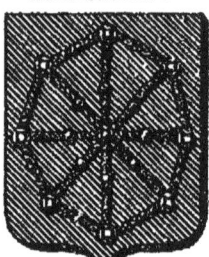

COPPEQUESNE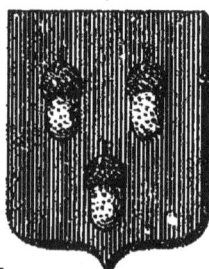

CORNEHOLTE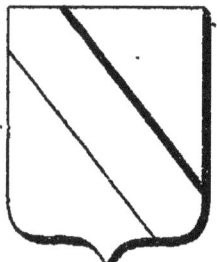

CORNU

COULARS

CRAMAISNIL

CRESEQUES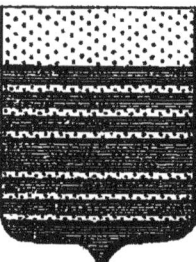

CROQUOISON

DAMIETTE

DANZEL

PL. 10

DANZEL

DARGNY

DESCAULES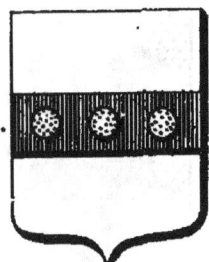

DESROBERT

DOMART

DOMART (Vicomtes de)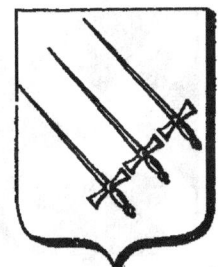

DOMINOIS

DONCŒUR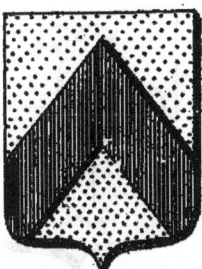

DOUDEAUVILLE

DOULLENS

DOURLENS

(avant 1700)

(depuis 1700)

DRUGAT

ESQUINCOURT
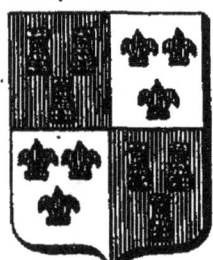

FELIN

FORCEVILLE

(Branche aînée)

(Branche cadette)

FONTAINES

FRANCIÈRES
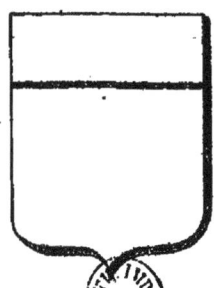

FRESSENNEVILLE

PL. 13.

FRETIN  FRETTEMEULE

FRIEUCOURT  FROHEN

(en 1237.)   (depuis 1300)

GAILLARD  GALLET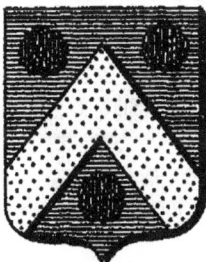

GAUDE  GODARD  GOURGUECHON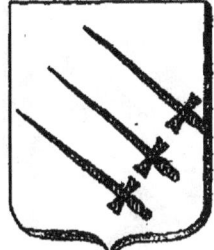

GOURLAY  GRAMBUS.

GRÉBAUMESNIL  GRIBAUVAL  GROISELIERS (des)

GROUCHES  GUÉBIENFAY

GUESCHARD  HALLENCOURT  HALWIN

PL. 14.

HAMEL (du)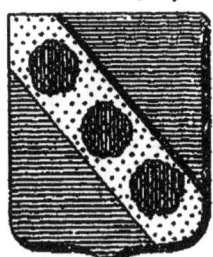

HARDENTHUN (ANVIN de)

HATEREL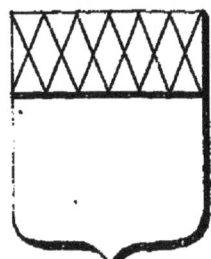

HAUCOURT

HERMANT

HESDIN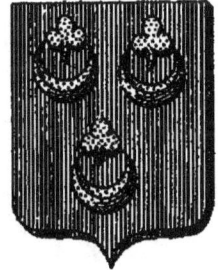

HEUDAIN

HIERMONT

JOURNE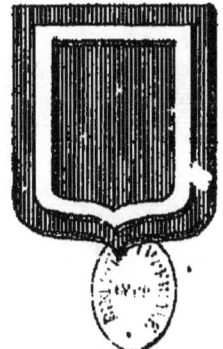

LA CHAUSSÉE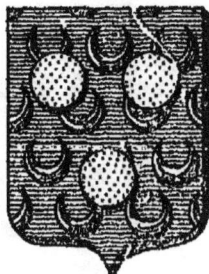

PL. 15.

LA FRESNOYE  LA HOUSSOYE

LAMAURRY  LAMIRÉ  LAMBERCOURT

LAUDÉE  LAVERNOT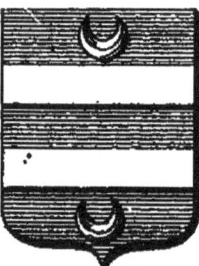

LE BEL 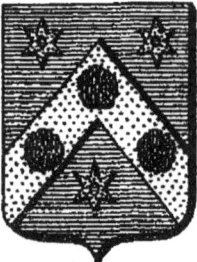 LE BLOND  LE BOUCHER

PL. 16.

LE BOUCHER 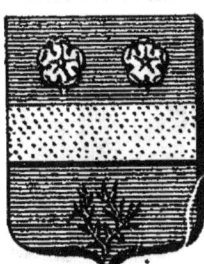 LE BRIOIS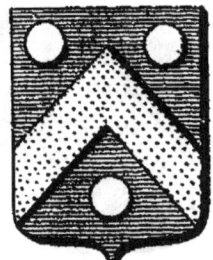

LE CAUCHETEUR  LE COMTE 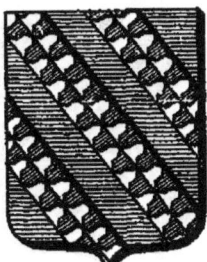 LE CORDELIER

LE FÈVRE CAI MARTIN  LE FÈVRE-D'ANSENNE ET DE MILLY

LE FLAMENG  LE FOURNIER  LE FUZELIER.

LE MOICTIER

LENGANEUR

LENGLACÉ

LE PREVOST

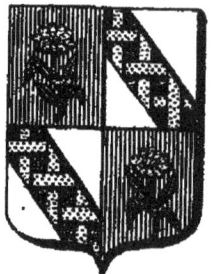
LE PREVOST

LE QUIEU

LE ROY VALINES

LE ROY VALENGLART

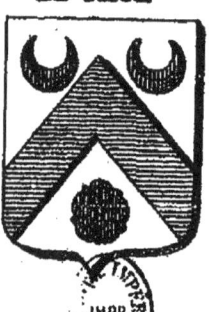
LE SAGE

LESPERON

LESSOPIER L'ÉTOILE

LE VASSEUR LE VASSEUR LE VASSEUR

LE VER LIMEU

LISQUES LONGROY LOURDEL

PL. 19

L'YVER

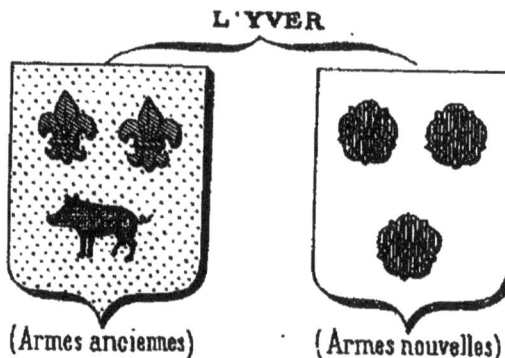

(Armes anciennes)   (Armes nouvelles)

MONCHY   MACHY   MACQUET

MAILLEFEU   MAISNIEL (du)

 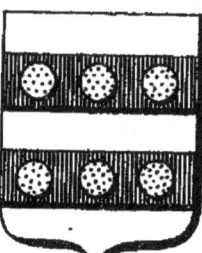

MAISNIÈRES   MAISNIÈRES-MAINTENAY   MALICORNE

PL. 20.

MANESSIER  MANNAY

MANSSEL  MARTAINNEVILLE  MASSUE

MAUPIN

(Armes anciennes) (Armes nouvelles)

MATIFFAS  MAUTORT  MAY

MONCHAUX

(1302)

MONTHOMER

MONTREUIL

MOYENNEVILLE

NOUVION

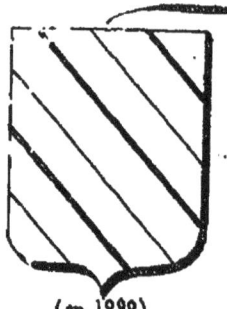
(en 1222)

(depuis 1271)

NIBAT

NOUVILLERS

NOYELLES

o' Koch

COCOCHES   PAPPIN

POCHOLLES   POLHOY   PONCHES

PONT-REMY   POSTEL

QUESNE (du)   QUESNOY (du)   QUIERET
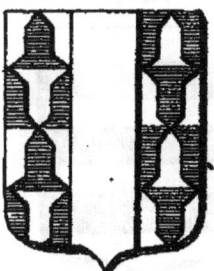 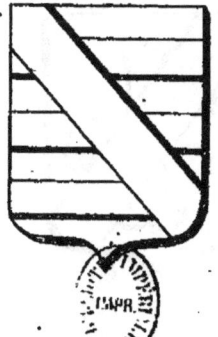 

PL. 93.

RAMBURELLES  RAMBURES

RAMBURES-POIREAUVILLE

(avant 1676) (depuis 1676)

ROUAULT-GAMACHES

ROUSSEL  ROUTIER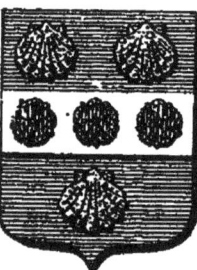

RUMET  RAIMBEHEN  RUE

PL. 84

SACQUESPÉE SAINT-BLIMOND

 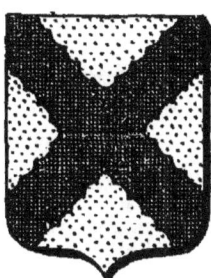

SAINT-DELYS SAINT-SOUPLIS SARPE

SOREL TEUFFLES

TERNISIEN TILLETTE TOFFLET

PL. 25.

TRUFFIER

VAILLANT

VALINES
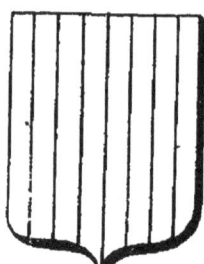

VAUDRICOURT

VAUX

VILLEROY

VISME

VINCENT

(Branche ainé)

(Branche de Tournon)

WABEN

WAILLY	WAVRANS	WIERRE
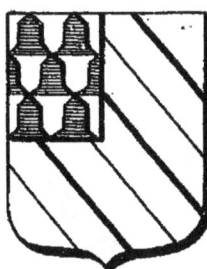		

YAUCOURT

FIN

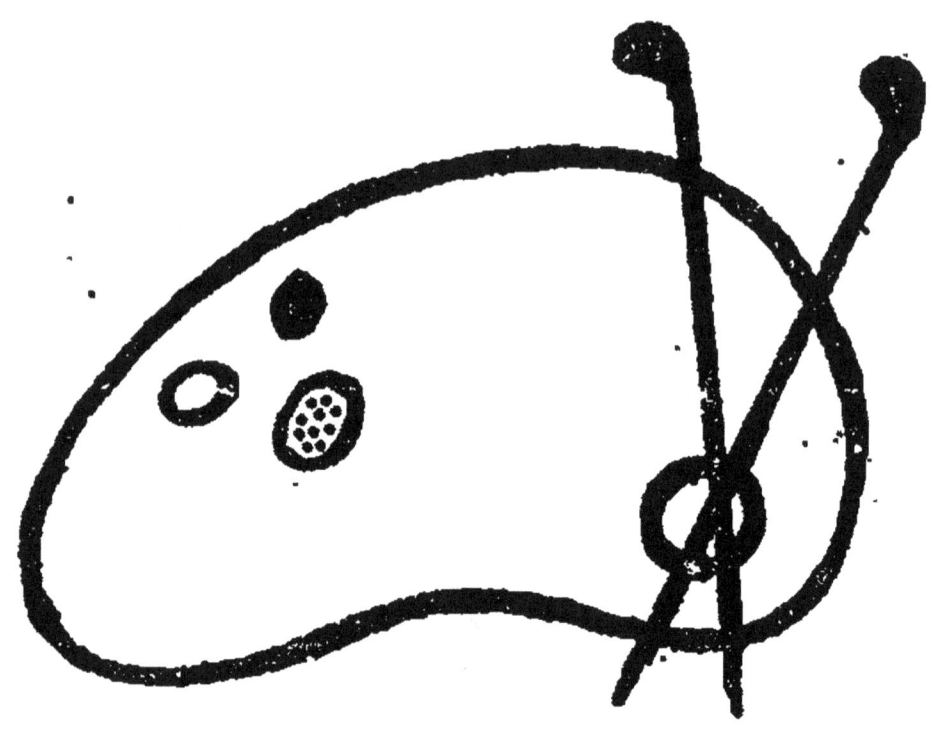

Original en couleur
NF Z 43-120-8

www.ingramcontent.com/pod-product-compliance
Lightning Source LLC
Chambersburg PA
CBHW060602170426
43201CB00009B/871